U0561827

True Believer:The Rise and Fall of Stan Lee

漫威先生
斯坦·李的传奇人生

〔美〕亚伯拉罕·里斯曼(Abraham Riesman) 著
一文林 马越 译

中国出版集团
中译出版社

图书在版编目（CIP）数据

漫威先生：斯坦·李的传奇人生 /（美）亚伯拉罕·里斯曼（Abraham Riesman）著；一文林，马越译. -- 北京：中译出版社，2022.3
书名原文：True Believer: The Rise and Fall of Stan Lee
ISBN 978-7-5001-6919-2

Ⅰ. ①漫… Ⅱ. ①亚… ②一… ③马… Ⅲ. ①斯坦·李－传记 Ⅳ. ①K837.125.78

中国版本图书馆CIP数据核字(2022)第044471号

True Believer: The Rise and Fall of Stan Lee by Abraham Riesman
Copyright © 2021 by Abraham Riesman   All rights reserved.
This translation published by arrangement with Crown, an imprint of Random House, a division of Penguin Random House LLC.
The simplified Chinese translation copyrights © 2022 by China Translation and Publish House
ALL RIGHTS RESERVED

版权登记号：01-2021-7439

漫威先生：斯坦·李的传奇人生

出版发行	中译出版社
地　　址	北京市西城区新街口外大街28号普天德胜大厦主楼4层
电　　话	(010) 68359373、68359827（发行部）68357328（编辑部）
邮　　编	100088
电子邮箱	book@ctph.com.cn
网　　址	http://www.ctph.com.cn

出 版 人	乔卫兵
策划编辑	赵　青
责任编辑	郭宇佳　赵　青
文字编辑	赵　青
封面设计	张梦凯

排　　版	北京竹页文化传媒有限公司
印　　刷	北京中科印刷有限公司
经　　销	新华书店

规　　格	880毫米×1230毫米　1/32
印　　张	12.5
字　　数	231千字
版　　次	2022年3月第一版
印　　次	2022年3月第一次

ISBN 978-7-5001-6919-2　　定价：98.00元

版权所有　侵权必究
中　译　出　版　社

致汤姆·斯伯根（Tom Spurgeon），

他对漫画足够认真。

致我的父亲，

家族中的第一位传记作者。

没有一种力量可以鞭策我实现自己的意图,
可是我的跃跃欲试的野心,
却不顾一切地驱使着我去冒颠踬的危险。

《麦克白》,第一幕·第七场
(莎士比亚 著;朱生豪 译)

目录
CONTENT

序言　所需代价　　　　　　　　　　　　　i

第一部分　壮志未酬
第一章　全力逃离（1939年前）　　　　　3
第二章　晋升手段（1939—1945年）　　　29
第三章　无声绝望（1945—1961年）　　　57

第二部分　漫威先生
第四章　胜利何价（1961—1966年）　　　99
第五章　高位独寒（1966—1972年）　　 147
第六章　高层龃龉（1972—1980年）　　 183
第七章　纸醉金迷（1980—1998年）　　 213

第三部分　一夜骤富
第八章　伟大尝试（1998—2001年）　　 251
第九章　聚光灯下（2001—2017年）　　 281
第十章　分崩离析（2017—2018年）　　 327
致　谢　　　　　　　　　　　　　　 361

序　言

所需代价

我们无从确定所罗门夫妇索菲和赞菲尔（Sofie and Zanfir Solomon）是否见到了那位名人归来，但可以推测出他们应当很快就得到了对方抵达的消息。那是1899年的严冬，这对夫妇当时都已年过而立，结婚16年了，孩子的数量也越来越多。他们的家乡瓦斯卢伊（Vaslui）是罗马尼亚东部一块人烟稀少的土地，只有11万多人，其中大约有6800名像所罗门家这样的犹太人。所有人都在毁灭性的经济衰退中挣扎求生。但即使在那样漫长而严寒的冬夜，当地的犹太社区仍是十分兴奋：游子归乡了！

与所罗门一家同时代的瓦斯卢伊人马库斯·伊莱·拉瓦格（Marcus Eli Ravage）写道："几个月以来，如果把耳朵贴在地上，你可能会听到他走近时远远传来的隆隆声，而整个瓦斯卢伊不仅把耳朵贴在地上，还屏住了呼吸，在大街上、在市场中、在犹太教堂里，我们不断互相询问一个问题：'他什么时候会到？'"终于，这位大家期待已久的同胞乘坐午夜的火车进城了。在他那件裁剪精细的大衣外套上沾着一些难以察觉的尘埃，那是从一个几乎无法想象的地方带来的：那是一个旧世界的法律不适用的地方，一个犹太人可以做任何事情的地方（鉴于它在世界的另一端，也许甚至连物理学的法则都会被颠覆，据说那里的人倒着走路[1]）。"我听说有人去奥地利、德国和法国，甚至去英国做生意或游玩，但据我所知，从没有人是自愿去美国的。"然而，现在就有一位他们的同胞，在被他们称为"纽沃"（Nev-York）的地方度过了14年后，穿着他们从未见过的上好衣服回到此地。

"街道两旁挤满了伸长脖子、瞪着眼睛、踮着脚尖的瓦斯卢伊人，还有议论纷纷的农民以及来自邻近城镇、穿着鲜艳服饰度假的游客，他们听说瓦斯卢伊迎来了'荣光'，便驾着牛车和狗车来沾沾喜气。"拉瓦格回忆道。

也许赞菲尔、索菲和他们9岁的女儿西莉亚（Celia）也在这群好奇的人中，如果是这样，他们会对这个人的钻石、用异乡口音堆砌着的词汇，以及一箱箱的礼物感到震惊。拉瓦格继续描述道："有像钟表一样上了发条的铁路玩具，能像真正的火车一样在轨道上跑来跑去；还有跳舞的黑人，会尖叫的洋娃娃，犹太人的竖笛，以及其他十好几种充满想象力和新鲜感的有趣玩意儿。"这位归国者说他正在美国政府任高级职位，尽管他举止谦逊，但他暗示自己得到了一笔巨大的财富。当然，所罗门家也听闻了这位归国者星期六获得的荣誉——"阿里亚"（Aliyah，归乡之人），这是一种在神圣的托拉书卷旁诵读祝福的机会，往往伴随着义务捐款。而这个人没有按照惯例只捐几个铜板，而是平静地捐出了125法郎。"从那天起，"拉瓦格写道，"瓦斯卢伊变了。"突然间，似乎每个人都有了收拾行李离开的想法。

---

[1] 编者注：这里指人们幻想中地球另一端的美国。

但是就像一位目光深远的当地人所质疑的那样，这个人莫不是在吹嘘自己吧？是的。拉瓦格后来是否发现了这位出手阔绰的归乡者只是一个床用弹簧工厂的工头，他的妻子是一个裁缝，而他"在纽约的豪宅"只是一个寒酸的小房间？当然了，拉瓦格给他起的绰号是"库扎"（Couza），这是一个表示皇室的罗马尼亚词，无疑充满了嘲讽和鄙夷。但这重要吗？一点也不。"在大洋彼岸的某个国家，任何人都不用在意信仰和出身，"拉瓦格沉思着，"即使告密者是对的，库扎的事是个骗局，美国也肯定不是骗局。"也许我们应该把这个故事当作寓言；无论如何，重点在于被他们称为"美国"的"新耶路撒冷"（New Jerusalem），即使是一个夸夸其谈的人也能混得不错。

索菲和赞菲尔生下了西莉亚。西莉亚和杰克·利伯（Jack Lieber）生下了斯坦利（Stanley），他们还生下了不太出名的拉里（Larry）。他们就生了这两个儿子。现在看来，斯坦利仿佛重塑了自己：他发明并扮演了"斯坦·李"（Stan Lee）的角色，从此再也没能变回"斯坦利"。这个角色在美国乃至全球的范围内为无数人所熟知：一个活泼幽默、精力充沛的人，他有着漫画背景，戴着深色眼镜，留着白色唇髭，带着对生活和社会的热情活跃在这个世界上，嘴里说着一些口头禅："面向前方！（Face front!）""还用说嘛！（Nuff said!）""精益求精！（Excelsior!）"，他赢得了年轻人和那些心态年轻的人的喜爱。2018年，斯坦·李去世，而拉里是唯一在世并且记得斯坦·李原本样貌的人。

在蜘蛛侠（Spider-Man）、复仇者联盟（the Avengers）、X战警（X-Men）和神奇四侠（Fantastic Four）之前；在漫威漫画（Marvel

Comics)、亚特兰斯漫画（Atlas Comics）和时代漫画（Timely Comics）之前；在斯坦·李媒体公司（Stan Lee Media）、POW娱乐公司（POW Entertainment，下简称POW）之前；在这两家公司被指控欺诈投资者并促使员工犯下一系列重罪之前。在斯坦·李开始客串电影之前；在手机游戏、网络剧和无人问津的DVD电影之前；在《双面艳舞女郎》(Stripperella) 第一季和第二季之前。在虐待老人、性侵害、打报警电话和用血签名之前；在诉讼、逮捕、最高法院和认罪之前。在杰克·柯比（Jack Kirby）、史蒂夫·迪特科（Steve Ditko）、彼得·保罗（Peter Paul）、克林顿夫妇（Clintons）、吉尔·钱皮恩（Gill Champion）、杰里·奥利瓦雷兹（Jerry Olivarez）和凯亚·摩根（Keya Morgan）出现之前；在琼（Joan）、扬（Jan）和JC之前。在"斯坦·李"这个名字被注册为商标之前，在它被签走之前，在它再次被签走之前，在人们开始像豺狼争夺染血的野马一般争夺它之前。在一切都建成之前，在一切都崩溃之前。在所有这一切开始之前，斯坦的人生里就有拉里。

而在所有这一切结束之后，拉里仍在。斯坦差一点就年满96岁，可他在生日的45天前去世了。87岁的拉里住在曼哈顿上东区，一个小得像面包箱一般的单间公寓里。他坐在米色沙发上，裤子提过肚脐，一件绿色的羽绒服遮住了他萎缩的胸膛。拉里的住所景象很混乱：文件堆在一个废弃的画板上，一箱箱杂物胡乱堆放在地板上；一张来自《美国队长》(Captain America) 创作者的无价亲笔素描，被挂在一个廉价的画框里，纸张已经发黄；一个卧室的枕头绑在电脑椅上，他已故爱人的照片装饰着毫无特色的层架。他的下半张脸杂乱地长着山羊胡，眼睛在可乐瓶底般的镜片后面显得很哀伤。他看上去垂头丧气。

"他有着许多不同的面孔，"拉里在谈到他已故的兄弟时，用他们俩相同而现今几乎绝迹的纽约犹太口音说道，"我感觉我几乎是在谈论查尔斯·福斯特·凯恩[1]（Charles Foster Kane）。他是谁？他是做什么的？他是什么样的人？"拉里停顿了一下，思索着自己提出的问题。他的回答很简单，但又十分准确："这取决于你是在什么时候与什么样的他交谈。"

举例来说，就在这段谈话发生的几周前，好莱坞著名的中国剧院举行了一场大规模地对斯坦·李的悼念活动。在那里，数以千计的崇拜者排队等待着进入剧院，最便宜的门票也要150美元。他们在剧院里聆听各位娱乐界人士谈论斯坦·李对他们生活的影响。场外，一位粉丝说出他来到这里的原因。"我觉得这是纪念和庆祝斯坦·李一生的最好方式，"他说，"他创作的漫画从很多方面塑造、影响了今天的我。"

另一个人称斯坦是"漫威的马克·吐温（Mark Twain）"并认为他应在"漫画书的拉什莫尔山"（Mount Rushmore）[2]占有一席之地。还有人说："他是一个象征。你无法打败斯坦·李这个人，也无从拿走他的遗产。"一位支持者从拉斯维加斯一路开车赶来，理由令人动容："对我来说，斯坦·李非常接近一个父亲的形象，因为我是在他的漫画中成长起来的。我来自一个单亲家庭，我的生活里并没有父亲，很高兴能有一个可以仰望的男性，让我从漫画中学习到很多做人的道理，并且有了许多可以和别人讨论的话题。"他们热情地赞颂

---

[1] 编者注：即《公民凯恩》中的男主角。
[2] 编者注：即美国总统山。

着他的故事、他与粉丝的互动以及他出现在十几部超级英雄电影中的镜头。他经常突然出现在这些电影中，提供一些智慧的箴言或穿插一些幽默的片段。对这些人来说，斯坦·李一直是一个典范，一个接近于神的存在。

几个月后，斯坦·李的前雇主漫威公司（Marvel），在纽约市第42街的新阿姆斯特丹剧院为他举行了一次更高调的悼念活动，并且在美国广播公司（ABC）进行了播出。在那里，人们对他的赞誉甚至更加热情洋溢。漫威电影演员汤姆·希德勒斯顿（Tom Hiddleston）说："斯坦·李开创了一个没有尽头的故事，而它改变了世界。"脱口秀主持人吉米·基梅尔（Jimmy Kimmel）说："对我来说，斯坦·李可能是我生命中最重要的作家和艺术家。"迪士尼首席执行官鲍勃·艾格（Bob Iger）说："在创造伟大的角色和讲述令人难忘的故事方面，斯坦是一位超级英雄。"漫威电视明星克拉克·格雷格（Clark Gregg）说："斯坦是一位有远见的人，他对艺术和讲述故事的热情对流行文化和娱乐业产生了持久的影响。"《星球大战》（Star Wars）的代表人物马克·哈米尔（Mark Hamill）说："我非常感激他能成为我童年的一个重要部分，我从来无法抛开这些。"漫威漫画编辑萨纳·阿马纳特（Sana Amanat）说："他是美国神话的奠基人之一，我认为那将会超越我们所有人而长存。"伴随着笑声、欢呼声和温柔的默哀，场内人人都眼含热泪。

新阿姆斯特丹的活动是邀请制，斯坦亲密关系里的大部分成员都不在场，这也合理，因为当时他们中的大多数人不是在相互起诉、等待审判，就是在媒体上抨击漫威——其中有人甚至同时做了这3件事。因此，在中国剧院举行的悼念活动几乎就是斯坦·李的葬礼，而他的亲弟弟拉里却没有出席。拉里并不完全确定自己是否被邀请了，但即使他被邀请了可能也不会出席。

首先是拉里对飞行的恐惧。其次是在谈到斯坦时，他也有一种挥之不去的苦涩情绪。尽管作为作家和画师，拉里先后为斯坦工作了50余年，在情感上却总是与他的兄弟保持着距离。拉里眼中噙着泪花，用颤抖的声音回忆起20世纪70年代的一个故事，当时他极力想从斯坦那里获得一份工作，斯坦却一直在推卸责任。斯坦表示他现在是漫威漫画的出版商，而不是编辑，而且这件事根本不在他的掌控之中。拉里知道这是一派胡言，转而向一位编辑寻求帮助。他记得这位编辑说："是这样，拉里，大家的共识是，斯坦只会考虑他自己和他的家人，但这并不包括你。"

斯坦的家庭实际上只包括两个人：他的妻子和女儿。前者名为琼·布科克·李（Joan Boocock Lee），在他去世前一两年就已去世，所以这三人中目前唯一还在世的成员是他们68岁的女儿，琼·西莉亚·李（Joan Celia Lee）[1]，通常被称为"JC"。

JC总会成为一些非常糟糕的新闻主角。有报道称，她在父母垂暮之年对他们进行了言语和身体上的虐待，挥霍父亲的钱财并竭尽全力地想要夺取信托基金，而这个基金正是为了防止她在父母去世后花光斯坦的钱财而设立的。不过她也理应得到一些同情：据称她有精神分裂症和躁郁症，而且是个瘾君子（她父亲私下里也认同了这个评价）。我花了几周时间试图让她的律师、公关、商业伙伴柯克·申克（Kirk Schenck）安排一次采访。他说可以，但他从未兑现，

---

[1] 以索菲和赞菲尔的孩子命名，以表对家族祖先的敬意，这种做法比较少见。

而且奇怪的是，他反而试图让我参与他和 JC 正在筹划的一个电影项目。在采访完拉里的几天后，我从一个渠道获得了 JC 的电话号码并决定试试运气，希望能取得一次初步的通话，以便将来进行正式的采访。她接了电话。

"这比假新闻还令人讨厌，"在我们开始交谈后不久，JC 这样谈及那些令她讨厌的媒体报道，"真是糟糕透了，我父亲过了一段很煎熬的日子，我母亲过了一段很煎熬的日子，现在我也过得很煎熬。"她开始哭泣。"任何人都没有受到伤害！"她说，"这都是关于爱。"这显然是一个她喜欢用的短语：几年前她曾自费出版了一本奇怪的家庭照片说明书，题为《斯坦·李的爱情故事："这都是关于爱！"》(*Stan Lee's Love Story*: "*It's All About Love!*")当她继续谈论父亲时，她啜泣了起来，话语开始变得难以理解。然后，她调整情绪，在话题并未涉及的情况下，开始自顾自地谈论关于她消费习惯的传闻。"就算我买了 1 双鞋或者 30 双鞋，这与任何人有关吗？我让别人买单了吗？这关谁的事？谁的？"她的言辞变得偏执，"我只是好奇：谁派来的卑鄙小人？他们是下流的人。派他们来的人又是谁？谁是幕后推手？那些靠我父亲得到里尔喷气飞机飞来飞去的人。我真觉得这一切都是个阴谋。你想说斯坦·李的女儿是疯子？那随便吧。我随时可以见任何医生和律师！"最后，她表示愿意为我的文章接受采访。我告诉她一定是有什么误会，我写的是传记，而不是文章。她马上就改变了主意。"告诉兰登书屋（Random House），JC 要来纽约……我有一本 2 000 页的书，"她的语气开始变得挑衅，"他们知道我的名字，从 80 年代开始就知道了。"突然间，她大叫起来，"我对你的书不感兴趣，我只对一本书感兴趣：我的书！"她吼道，"它叫'我爸给我买了一栋房'。这本书必须从这里开始!"她挂断了电话,我们的谈话只持续了大约3分钟。

过了一会儿,与斯坦·李关系亲密的某人(这些人尽管互相憎恨,但一直保持着即时沟通)给我发短信说,JC正在告诉大家我偷了她的书稿,并试图用自己的名字出版。我给申克发短信,为背着他联系JC而道歉,并询问我们下一步该怎么做。他在电话里疲惫地说:"现在你知道我在面对些什么了吧。"关于斯坦唯一在世的后人,唯一可以预测的是她的不可预测性,这一点在几个月后我收到彼得·保罗的短信时最为明显。短信写道:"JC给我寄了一个装有斯坦·李骨灰的小盒。"这有点令人震惊,因为斯坦至死都厌恶保罗,而且这种情感是相互的。当我表达我的惊讶时,保罗给我发了一张小盒的照片,里面应当是这位已故大师的一点骨灰。"哇……"我缓缓敲出了几个字母。保罗的回复是:"亚伯(Abe)……我不瞎说的。"

这个特别的声明还是值得怀疑的,因为保罗有太多让人觉得太过神奇而不真实的故事。在20世纪90年代,他和斯坦·李曾是最亲密的朋友,当斯坦在漫威公司觉得无用而受挫时,他们经常聚在一起纾解怨气和共进晚餐。保罗,一个幕后推手,推动着各种名人的职业生涯,法比奥(Fabio)和巴兹·奥尔德林(Buzz Aldrin)是其中最知名的两个。他决定帮助斯坦解除与漫威公司的合同。随后,二人一起做起了生意,在2000年前后成立了一家名为"斯坦·李媒体"的在线娱乐公司。

这家公司在早期是一棵摇钱树,在华尔街引起了轰动并短暂地超过了漫威公司的市值。但是到2000年年底,由于互联网泡沫的结束和某些违法行为,以及司法部和证监会对公司高层犯下的重大金融犯罪的打击，它在公众面前轰然倒闭了。斯坦洗清了所有罪嫌，保罗却受到了一大堆指控，他对其中一项认了罪并被送入监狱。不管你信不信，这已是他第 4 次被判犯有重罪。早在 20 世纪七八十年代，他就曾因持有大量可卡因、使用亡者的身份穿越加拿大边境和欺骗古巴政府（这是个很长的故事）而入狱。斯坦认为，保罗对"斯坦·李媒体"的毁灭负有责任，曾在多个场合公开谴责他。正如斯坦在第二本回忆录中描述的那样："我再也不会如此愚蠢地信任别人了。"

如果真如他所言就好了。斯坦看人的眼光差得惊人，非常容易受人摆布与欺骗，他生命里的每时每刻都在后悔这种事。在他人生的最后时光里，他的亡妻无法再充当他对抗骗子的堡垒，斯坦·李便被卷入了虐待和盗窃的巨大旋涡。但那是谁的错呢？这就像一个线索游戏。最大的恶棍是谁？是凯亚·摩根[1]吗？他是一个纪念品收藏家和好莱坞逢迎者，因涉嫌各种与斯坦有关的犯罪而多次被捕。是杰里·奥利瓦雷兹[2]吗？他建立了一个虚假的营利性慈善机构，并把斯坦拉入其中，然后从斯坦的银行账户中兑走了一张被认为是伪造的巨额支票。是麦克斯·安德森吗？他是斯坦的行程负责人，被指控从斯坦的职业生涯中偷走了无数昂贵的艺术品。是 JC 吗？是他们中的某些人或所有人组成的某种联盟吗？上述这些人都会告诉你，他们才是唯一一个为斯坦着想的好人，而其余人都是爱偷东

---

[1] 编者注：斯坦·李的前经纪人。2019 年，凯亚·摩根被洛杉矶检方以 5 项虐待老人罪名起诉，指其对斯坦·李进行非法监禁、造成身体伤害，对其财产进行可能的贪污、伪造、偷窃和诈骗，其中 4 项罪名为重罪。

[2] 编者注：斯坦·李的前合作伙伴。杰里·奥利瓦雷兹借由身体检查的缘故，让护士抽取斯坦·李的血，制成 DNA 墨水签名附在漫画中出售。

西的罪犯，不值得信任。

不管怎么说，摩根从过去到现在都是这些嫌疑人中最张扬的一个。在他们相识的这些年里，摩根每次都会和斯坦一起出现在红地毯上，并参加斯坦和各种名人的交流会，从莱昂纳多·迪卡普里奥（Leonardo DiCaprio）、罗伯特·德尼罗（Robert De Niro），到大卫·科波菲尔（David Copperfield）、巴兹·奥尔德林（Buzz Aldrin）（奇怪的是，奥尔德林又出现了），总是身着深色西装和黑色圆顶礼帽，他说这是迈克尔·杰克逊（Michael Jackson）送给他的礼物。

在斯坦去世后将近一年的某天，穿着西装、戴着墨镜的摩根大步走进洛杉矶郊区的一家餐厅，带着他的武装保镖和我一起坐在一个卡座里。他要求坐在可以面对出口的位置，因为"我从不背对着门"。鉴于他即将因涉嫌对斯坦犯下虐待老人的罪行而接受审判，他没有带律师一起来是极其奇怪的。在将近 5 个小时的时间里，摩根谈到了整个世界是如何与他作对的，并将自己描绘成一个美德的典范。他骄傲地给我看了一些书籍、报纸和杂志，其中提到了他作为名人文物收藏家的角色，然后他打开了笔记本电脑。随即，他又给我播放了斯坦晚年的音频和视频，这些媒体记录永远地改变了我对斯坦的看法。我不禁怀疑当时接收到的信息是否合理可信，但可悲的是，这样的怀疑并无不妥：毕竟在斯坦·李的故事中，客观真相几乎快要湮没不见。

斯坦为数十亿人所知，是因为他宣称自己创造了漫威宇宙。而且，可以肯定的是，他确实在这方面发挥了关键作用。1961 年，在一家不起眼的漫画出版社做了 20 多年默默无闻的作家和编辑后，他和一位名叫杰克·柯比的著绘师（writer/editor，指既书写漫画脚本又创作漫画的人）一起编制了一本超级英雄漫画书——《神奇四侠》第1期（Fantastic Four #1）。这本书里漫画人物的动作具有很强的张力，充满了生动的绘图和劲爆的对话。与之前的其他超级英雄漫画相比，它所描述的主角们相互憎恨，同时也憎恶自己的超能力。

毫不夸张地说，这部漫画是全球流行文化的一个拐点，它的成功致使出版商推出了大量革命性的人文主义超级英雄漫画。这个出版商曾有过不同的名字，最终更名为"漫威漫画"（Marvel Comics）。蜘蛛侠（Spider Man）、钢铁侠（Iron Man）、绿巨人（Incredible Hulk）、黑豹（Black Panther）——类似这样的角色在短短数年的创作热潮中纷纷涌现，如同又一个"轴心时代"[1]，最终这些漫画形象带来了巨额的利益。

但这是谁创造的呢？ 斯坦表示是他想出了这些角色，然后把它们交给柯比，柯比只需要画出来。从那时起，轻信的读者们就认可了这个说法。无数的文章和采访都采用了他的话，他因此被封为美国历史上最伟大的文化源泉之一，正如一句反复出现的说法——"20世纪的荷马（Homer）"。然而，这些溢美之词都没有承认一个奇异而令人震惊的事实：很有可能这些漫画角色和情节都出自柯比，而柯比一生中大部分时间都在鄙视斯坦，在他看来，斯坦窃取了他的荣誉。斯坦经常就与柯比共同创作漫画作品一事公然地进行撒谎，而这些事情是可以被证明的。这种欺瞒到了什么程度？ 有一些人声称，斯坦完成了现代史上最大胆的艺术剽窃行为。这种说法有着相当的可信度。

---

[1] 译者注："轴心时代"是指公元前800年至公元前200年人类文明和思想的重大突破期。

漫威先生：斯坦·李的传奇人生

然而，从大多数人的角度来看，与斯坦·李打交道非常令人愉快。他富有魅力、内敛、善良、热情、亲切。他深爱着他的妻子，不间断地支持着他的女儿，他提升了许多为他工作的创作者的地位，而且对他的粉丝团总是很友好。在漫画业和一般的创造性艺术产业中，当然会有不少人远比他更为残忍。毫无疑问，他对漫威宇宙做出了巨大贡献：他写出了简洁明快的对话和透彻深刻的叙述，他在管理和编辑方面的神奇能力，创造出了一个无人匹敌的、不断扩大的、相互关联的故事系列，一直延续至今。更重要的是，他在推广方面的非凡天赋使他将漫威售卖给了全世界，使之成为今天价值数十亿美元的品牌。

但就斯坦来说，他的成功多源自他的野心而非他的天资。毫无疑问，他过的是地道的美式生活：从白手起家到小有资产，再获得更高的名气和财富。然而就像瓦斯卢伊的游子一样，他对于自己实际取得的成就并不满意，总是会自我吹嘘。他的故事是一个关于成功的故事，但也包含了不自量力和痛苦挣扎。

关于他自己和他的作品，斯坦·李所讲述的故事是一个典型的美国梦：通过努力工作、乐观主义和坚持自我来赢得成功。但他人生故事的真实版本或许才是美国的现实：很大程度上，成功是依靠裙带关系、偷工减料和伪装偷窃赢得的。也许这种生活方式给了他盲目自信，因为他最终被那些野心家包围，而这些人在追求金钱和认可时道德感极低。如果用清醒的眼光看待全局，斯坦的人生旅程则可以说是20世纪的美国艺术和文学中最迷人的故事之一，但这个旅程迄今为止还未被揭露。现在是时候讲述这个故事了。

斯坦有个口头禅是"忠实信徒（True Believer）"，他用这个词来称呼自己的追随者——比如会说"面向前方！忠实信徒！"或者其他类似这样的话——但对于他自身的传奇，也许他本人可能才是最忠实的"信徒"。斯坦失败的极大原因来源于这种对自我炒作的投入。他的另一个口头禅是"精益求精（Excelsior）"，即拉丁语中的"永远向上"。

他确实站到了云端之上，但是他也跌入了万丈深渊。

01 壮志未酬

对行星吞噬者来说,
那些倏忽而逝的
无名生命……
能有什么意义?

——《神奇四侠》第49期

第一章

全力逃离

· 1939 年前 ·

斯坦·李的父亲在幼年时曾经历过一起犹太人迫害事件[1]，这件事发生在一个对他们而言极为神圣的日子。在罗马尼亚的东部城市博托萨尼（Botoșani）中有将近1.6万名犹太人，和外邦人（Gentile）的人口数量相当。在1890年9月12日晚上，一年中最为神圣的纪念活动正进入尾声，这场活动已经持续了25个小时。这一天是极为重要的禁食日，即赎罪日（Yom Kippur, the Day of Atonement）。信徒们一齐捶打着自己的胸膛，哭喊着祈求上帝的慈悲。而此时有200多名罗马尼亚的学生正在新揭幕的全国知名诗人米哈伊·艾米内斯库（Mihai Eminescu）的雕像下举行集会，为眼下面临的困境争执不休：如何处置犹太人，所有的犹太人都被学生会开除。那一天，成员们关注的主要问题就是由一群社会主义者提出的一项决议；若通过这个决议，犹太人就能回归原本的席位。在争论了大约两个小时后，大家开始拳脚相向；于是学生们搁置了这个话题，转而去参加酒会。

---

[1] 指1890年的博托萨尼大骚乱。

到了晚上9点半左右,这群人多半已喝得醉醺醺了,一些反犹太主义的学生跌跌撞撞地走向犹太人的街区,拿石头砸碎了一所学校的窗户,又走到礼拜堂(synagogue),从窗外看到人们在里面专心祈祷,这些外邦人就唐突地闯了进去,谩骂那些惊恐不安的信徒,要求他们站起来跳舞,还得喊出快乐的语句。犹太人照做了,但这群罗马尼亚人并不满足,他们很快就开始一边尖叫着"犹太佬(kikes)见鬼去吧",一边把教经都烧掉了。

接着,这群学生又回到街上继续横冲直撞,袭击、亵渎了更多满是信徒的犹太教会堂。这些暴徒在其中一间会堂发现了一名犹太门卫和一名在节日和安息日(Sabbath)时帮助犹太人的基督徒。一些人把前者按在地上,点燃了他的胡子;另一些则责怪后者竟然自降身份为犹太人服务,对他进行人身攻击。他们接着闯进玻璃工学校,殴打了犹太警卫纳赫曼(Nachman),又闯进一位名叫施特鲁茨·施瓦兹(Strul Hers Schawarz)的书法老师家里,砸毁家具,迫使他的妻子和女儿们穿着睡衣逃到街道上。萨维纳犹太教堂(the Săvener synagogue)、艾兹伯犹太教堂(the Reb Eizigynagogue)、辛奇犹太教堂(the Simchi synagogue),都被这群暴徒当作施加亵渎行为的目标。这些憎恨犹太人的年轻人直到精疲力尽才停止暴行,回家睡觉。而博托萨尼的犹太人社区则在冰冷的晨光中,伤痕累累、一地狼藉。此时离伊安库·翁·利伯(Iancu Urn Liber)的4岁生日还差几天,而他已经目睹了这个悲惨世界的残忍行径。

棕色头发、灰色眼睛的伊安库出生的这个社区,正在世界最古老的偏见重压下迅速地分崩离析。他家族中的大部分人——也可以说所有人，被称为"阿什肯纳兹"[1]（Ashkenazi，欧洲的犹太人）。这些人在经过各种驱逐和屠杀之后，在最近几个世纪里迁徙到了东欧。至此我们必须先说明一下，因为伊安库的祖母佩萨（Pesseh）出生时姓佩西卡（Pesica），因此她的祖籍很可能在很远的罗马尼亚西部的佩西卡镇（Pecica）。早在古罗马时期，那部分地区就有犹太人：伊安库的血统来源之一是否能追溯到罗马帝国时代？ 如果是那样，是否他与生俱来的权利应当比那些把他打成外来者的外邦人更为牢固？ 不论怎样，伊安库其他先辈的名字表明他们自己是更晚期才到来的。这一推测的依据是基于他们的名字都来自意第绪语（Yiddish）这个事实，而意第绪语是德国方言，是阿什肯纳兹人的专用语言。

伊安库的祖父，名叫贝尔库·利伯（Bercu Liber）；他的外祖父母是海娅·苏拉（Haia Sura）（她的出生姓氏不详）和斯隆·莱博维奇（SloimLeibovici）。莱博维奇（Leibovici）和利伯（Liber）分别是意第绪语名字 Leibowitz 和 Lieber 的罗马尼亚语变体。或许伊安库的大部分祖先来自阿什肯纳兹的大量移民，他们从 15 世纪开始逃离加利西亚（Galicia）和波兰（Poland）的贫困和迫害，来到了摩尔达维亚公国（Moldavia），也是博托尼的所在地。佩萨和贝尔库在 1843 年左右生下儿子西蒙·利伯（Simon Liber），但他的出生地不详。他的妻子叫埃斯黛拉·马尔卡·莱博维奇（Estera Malca Leibovici），是海娅·苏拉和斯隆的孩子，约 1856 年出生，虽然一般称她的小名曼塔（Manta）或米妮（Minnie）；她的出生地和新郎一样是个谜。不过我们确切知道他们是在博托尼结婚的，而且那里完全有可能是

---

[1] 译者注：阿什肯纳兹（Ashkenaz）是一个古老的希伯来术语，指德国。

他们唯一居住过的城市。毕竟，博托尼至少从16世纪开始就有了犹太人。1886年9月21日下午，当完全不懂罗马尼亚语、生计不稳、笃信犹太教的西蒙和曼塔迎接伊安库来到这个世界时，这里已经是一个热闹的犹太人聚居地。

19世纪的最后10年至20世纪初，席卷罗马尼亚的反犹太主义浪潮迫使斯坦·李的父母逃离了欧洲大陆，但很难确认确切的时间点。如果我们要理解是什么塑造了斯坦和他的父母，以及斯坦和他父亲之间冷漠疏离的缘由，就需要将有关的史料厘清。

一方面，罗马尼亚领土上的原住民对犹太人的仇恨已经存在了几个世纪。弗拉德·特佩斯（Vlad Tepes）是臭名昭著的穿刺者[1]，据称其是吸血鬼德古拉（Dracula）故事的灵感来源，在14世纪中期，他是其公国内犹太人的死对头。16世纪的罗马尼亚教会明文规定对任何与犹太人接触的基督徒予以逐出教会的惩罚。17世纪，该地区的希腊裔领主指控犹太人用活人祭祀（Jewish ritual murder）。19世纪初的俄罗斯入侵者宣扬了沙皇的反犹太文学、思想和法律条文。在19世纪末，随着浪漫民族主义（romantic nationalism）的崛起，这一地区开始真正走向反犹主义（anti-Semitism）的道路，永久改变了罗马尼亚犹太人的命运。正如少数族裔经常出现的坎坷命运一样，这种仇恨藏在一段希望之后。1848年在欧洲大陆上发生的一系列革命使自由主义的罗马尼亚民族主义者承诺，犹太人将获得完全的公民身份、民事及政治权利，以及停止穿戴波兰风格的长袍（caftan）和什特莱牟（shtreimel）[2]的自由。这场革命以失败告终，随后出现

---

[1] 译者注：因为他酷爱对人施以穿刺刑而得名。
[2] 巨大的、毛皮制的帽子。

了一场持续数十年的政治拉锯战。

1878年，由当时的大国会议制定的《柏林条约》[1]（The 1878 Treaty of Berlin）规定了解放罗马尼亚犹太人并赋予其平等权利及条例。然而正是从那时起，恐怖活动才真正开始。在一个民族主义意味着统一的时代，犹太人的存在让这个国家白璧微瑕；对沉醉于国家独立狂喜中的民众来说，犹太人被当作外来族裔。《柏林条约》一次又一次地被罗马尼亚领导层推翻，50多部反犹法律被付诸实施。犹太活动家被驱逐出境；犹太人被禁止成为医生、律师或药剂师；犹太企业被禁止销售某些产品；犹太儿童被赶出学校；等等。犹太人的生活变得日益贫困，令人难以忍受。我们不知道斯坦的祖父母在罗马尼亚以何为生，但他们完全有可能失去了技术工作而被迫选择干一些杂活。街上充斥着种族主义的演说家，保守派的宣传画贴满了全国的阅览室。在政府的支持下，他们在布加勒斯特（Bucharest）举行了一个官方名称为"罗马尼亚－欧洲反犹公约"（the Romanian-European Anti-Semitic Convention）的集会，在立法机构中发表了一场又一场严厉指责犹太人的演讲。

"他们生活在哪个国家并不重要，犹太人不会被同化，"一位参议员在一次立法会议上大声指控，"他们会在一个国家之中自成一个国家并维持那种野蛮状态。"正是在这种背景下，斯坦的父亲看到自己所在城市的犹太人受到了攻击，体会到身在家乡却永远难以被

---

[1] 编者注：1878年6月13日—7月13日，欧洲各国应俾斯麦之邀，在柏林召开会议。7月13日，各方达成协议，签订《柏林条约》，从而使得早前俄土签订的《圣斯特凡诺条约》作废。德国主导的《柏林条约》明显偏袒一方，由此导致了之后数十年的欧洲分裂，也为之后的巴尔干战争和第一次世界大战埋下了导火线。

接纳的感觉。这种创伤对一个人及其后代的影响是不可低估的。尽管斯坦远离了犹太教和犹太式的生活习俗，甚至可以说远离了犹太人这一概念，但他父母和祖父母的经历必然对他留有影响。在悲剧中成长起来的伊安库严厉而不苟言笑，同时也热衷于做一个犹太人。他和长子之间的对比既鲜明又耐人寻味。

那么斯坦的母亲呢？西莉亚比伊安库小5岁，来自一个名字同样意味着有阿什肯纳兹背景的家庭——他们似乎没有像利伯和莱博维奇家那样将自己的名字罗马尼亚化，这可能意味着他们来到这个地区的时间较晚，也许是随着19世纪30年代犹太人大量涌入时到来的。艾萨克·所罗门（Isaac Solomon）和萨拉·伯恩斯坦（Sarah Bernstein）在1863年生下了赞菲尔；摩西·霍夫曼（Moses Hoffman）和瑞秋·塞格尔（Rachel Seigel）大约在同一年生下了一个叫索菲的孩子。这对夫妇在1883年左右结婚，居住在瓦斯卢伊县，很可能在佩里尼小镇（Perieni）。1890年1月3日，他们把西莉亚带到了这个世界。又过了几年，他们住在一个被称为胡希（Huşi）的市镇。胡希比博托萨尼小，截至1899年约有1.6万人居住于此，但其中约有4000人是犹太人，成为另一个犹太聚集区。犹太人在城市地区的高度集中并不令人惊讶，因为罗马尼亚人通过污名、暴力和法规，长期以来一直将犹太人排斥在罗马尼亚的乡村之外。尽管如此，犹太人在这些准贫民窟中得以发展起来，胡希也不例外：在西莉亚的时代，那里有多个犹太人的墓地和礼拜堂。即使在可怕的条件下，生活也在继续。

但这并未持久。1899年的庄稼歉收给罗马尼亚带来了毁灭性的经济衰退，加之持续的反犹太迫害，在该国生活的犹太人被推向了崩溃的边缘。一场大规模的逃亡开始了。从这一年开始，罗马尼亚的犹太人以惊人的数量远渡到美国：1899 年超过 1 300 人，1900 年超过 6 000 人，到 20 世纪第 1 个 10 年结束时，总数远远超过 5.4 万人。他们中的大多数人步行离开罗马尼亚，长途跋涉至港口前往美洲的旅程。他们被称为"步行者"（fusgeyers），即意第绪语中的"徒步流浪者"。他们的出走是当时犹太人世界中的重大事件。虽然他们的人数不如 19 世纪 80 年代成群结队抵达北美的俄罗斯犹太人多。俄罗斯犹太人只是众多为逃避动荡和贫困而离开的俄罗斯移民中的一部分，而在 1900 年开始的罗马尼亚移民潮中，几乎没有任何非犹太人离开。离开罗马尼亚的唯一原因是犹太人的身份背景，他们害怕因自己的出身而遭到政治迫害。

正如当时不计其数的移民一样，大部分罗马尼亚的犹太人逃到了纽约市，西莉亚和伊安库也在其中，此时他们仍未见面。所罗门一家率先到达，赞菲尔、索菲和他们的孩子在 1901 年圣诞节的第二天从雄伟号（Majestic）下船。赞菲尔在埃利斯岛（Ellis Island）被列为"劳工"，这是当时没有特定职业者的总称——也许当局听不懂他的话，也许是他拒绝告知自己的工作性质，也许他只是想改头换面、重新开始。无论怎样，他把族人带到了"第四街"（4th Street），离被称为"小罗马尼亚"（Little Rumania）的次级社区中心不太远。现在这里属于东村（East Village），但当时这里被认为是下东城（Lower East Side）的一部分。尽管如今人们对犹太下东城的记忆带有某种程度的浪漫和怀念，但对当时常常被称为"初芽"（greenhorns）[1]的新

---

[1] 译者注：美国俚语，用头上刚长出角的小牛犊比喻刚抵达的新移民。

第一部分　壮志未酬

来者而言，它往往是地狱般的存在。也许所罗门夫妇认识前文提到的马库斯·伊莱·拉瓦格——这位1900年到达的瓦斯卢伊"徒步流浪者"，后来生动地记录了这个拥挤又糟糕的"熔炉"，这也是当时世界上人口最稠密的地区之一。

拉瓦格写道："移民远远没有习惯这样的生活条件，以至于当他到达纽约时，令其感到厌恶的第一件事情，就是意识到同伴们的生活水平直线下降。而当他纯粹出于现实来接受这种状况时，只好用宿命论来解释：美国就是这样。"人们被塞进黑暗的廉价公寓，十几个人可能共用一间公寓，彼此靠悬挂的床单分隔空间。在老家曾是医生和律师的人，在这里沦落为街头小贩。"这就是吹嘘过头的美式自由和机会，"拉瓦格说，"受人尊敬的公民在破推车上卖白菜的自由和住在那些阴暗、畸形、肮脏洞穴里的机会。"

尽管有这样的挑战，所罗门一家还是在当地站稳了脚跟。家族成员进入了制帽业，而西莉亚一到年龄就在伍尔沃斯（Woolworth）百货商店找到了一份售货员的工作，继而升为那里的会计。西莉亚在很小的时候就来到美国，很快就摆脱了任何口音的痕迹，以至于她自己的儿子都不太确定她是否真的在罗马尼亚出生。这为像斯坦这样的孩子未来在美国社会中站稳脚跟奠定了坚实的基础。

伊安库在罗马尼亚犹太人大迁徙中出走得相对较晚，他于1906年8月6日才到达埃利斯岛[1]。当他乘坐新阿姆斯特丹号（Nieuw Amsterdam）从鹿特丹（Rotterdam）驶向纽约时，他只带着一包衣服、

---

[1] 译者注：纽约港附近的一个小岛，19世纪末至20世纪中期为新移民入境检查站所在地。

漫威先生：斯坦·李的传奇人生

口袋里的 4 美元和一个我们知之甚少的兄弟利特曼（Litman）。矮小精瘦的伊安库·翁·利伯当时刚满 20 岁，通过与移民局的工作人员交谈，得到了一个基于原名的英语化名字：雅各布·亚伦（Jacob Aaron），他的余生都将带着这个名字。他很快就改了一个更加美国化的名字，他会用自己从未能完全摆脱的"罗马尼亚-意第绪语"口音念它：杰克（Jack）。他在罗马尼亚受过马鞍制作的训练，在那个马匹还没有被汽车取代的时代，这是一个重要的手工业行业。而在纽约开启新生活时，他放弃了这个职业，成为曼哈顿服装区的一名裁缝。

纽约的大部分新犹太移民都在服装业工作，杰克也不例外；但同时裁剪师的身份意味着他身处行业的顶端。裁剪师拥有相对较高的薪酬，而且必须掌握惊人的技能，因为他们需要按照设计从层层叠叠的布料中仔细切割出衣服的轮廓。缝制时的失误只会毁掉一件衣服，而裁剪时的失误则会毁掉一批布料——换句话说，杰克的手艺很好。虽然没有关于他最初居住地的现存记录，但杰克很可能像其他几乎所有新来的犹太人一样居住在下东区，当时来自罗马尼亚的犹太人已经对当地产生了重大影响。他们被称为犹太人中的美食家，就像他们引入美国的美食熏牛肉（pastrami）一样辛辣，这是一种受到土耳其文化影响的罗马尼亚菜。罗马尼亚犹太人多从事烹饪行业，并且是意第绪语剧院的先驱，用东欧犹太人的语言带来了喧闹和激情的表演（与斯坦最终的自我展示很相似）。

没有任何已知的记录或故事表明杰克和西莉亚是如何相识的，他们的儿子拉里也说不出什么信息，但故事很可能发生在远离下东城的地方。随着 20 世纪的不断发展和纽约地铁系统的建成，犹太人开始离开那个沙丁鱼般拥挤的坑洞，扩散到全市的各地。1918年，杰克住在曼哈顿西116街40号，靠近哥伦比亚大学（Columbia University）。我们从他在第一次世界大战征兵登记卡上的记录得知了这一信息，这也揭示了他当时生活的另一面：当被问及近亲时，他提到了他的父亲，并说这个人仍然住在罗马尼亚。这是一个奇怪的选择，因为杰克在美国已经有了家人：有利特曼，还有妹妹丽贝卡（Rebecca）[1]和另一个兄弟韦尔维尔（Welwel）[2]，他最终在宾夕法尼亚州（Pennsylvania）的泰特斯维尔（Titusville）定居。拉里说，杰克几乎从不提及原生家庭，但威利的女儿玛莎·雷伯·德莫（Martha Leiber Dermer）[3]回忆说，她父亲会定期去纽约看望杰克，"杰克总是很高兴见到我父亲，他和我父亲很亲密"。但据她所知，杰克从未去拜访过他们。至于杰克的父亲西蒙（Simon），玛莎说他或许定居在巴勒斯坦，但后来那里被划分为以色列的领土。依此来说，斯坦·李可能有表亲在犹太人的圣地（Holy Land）生活。

无论是何种情况，1920年，杰克在东哈林区（East Harlem）的东114街（East 114th Street）以单身汉的身份生活，失去了所罗门家庭的喜爱。然而他很快就重新投入了家庭的怀抱：杰克和西莉亚找到了彼此，他们于1920年春天在一位来自博托尼的拉比[4]（rabbi）家中举行了婚礼。这对新婚夫妇搬到了曼哈顿上西区的一栋房子里［98街拐角处的西区大道（West End Avenue）777号］，

---

[1] 或贝琪（Beckie）。
[2] 或威利（Willie）。
[3] 这条家族分支使用了他们姓氏的另一种拼法。
[4] 编者注：即"老师"或"智者"，主要担任犹太人社团或犹太教教会精神领袖，或在犹太经学院中传授犹太教教义者，主要为有学问的学者。

在那里度过了两年多的二人世界。1922年12月28日，他们有了第一个儿子，给他取了两个明显的非犹太名字并冠以后来被孩子自己抛弃的犹太姓氏：斯坦利·马丁·利伯（Stanley Martin Lieber）。也许杰克和西莉亚是想用这两个英文名向这个小家伙宣布，无论他遇到什么麻烦，他都将明显属于这个他们付出巨大代价逃过来的新世界。

传记作者面临的挑战与心理分析学家相似，却更容易徒劳无功。这两种职业都试图通过分析一个人的外部和内心世界中反复出现的主题和动机来了解这个人，并且两者都认为没有比一个人的童年更为重要的形成期了——正如圣依纳爵（Saint Ignatius）[1]常说的那句话："把孩子的前7年交给我，我会还给你一个堂堂正正的人。"当事人早期有关成长的记忆会影响其一生，然而，心理分析学家比传记作者更有可能得到有关病人年轻时生活的诚实答案，因为传记作者必须在很大程度上依靠当事人愿意公开谈论的故事进行撰写。对于一个人的生活，没有比他本人更不可靠的叙述者了，而当这个人是斯坦时，这更是一个棘手的问题，因为他有欺骗诱导和夸大的倾向。

一个典型的例子是有关斯坦论文写作比赛的故事。15岁时，斯坦参加了由《纽约先驱论坛报》（New York Herald Tribune）举办的少年文学家竞赛，该出版物在斯坦后来的生活中多次发挥了重要作用。竞赛挑战的题目是写一篇关于当周新闻的非虚构作品。斯坦在1977年提及此事："我连续赢了三周，最后编辑把我叫到《纽约先驱论坛

---

[1] 编者注：伊格纳修·罗耀拉（Ignatius Loyola, 1491—1556），西班牙贵族，耶稣会的创建者，他是16世纪天主教反宗教改革运动中影响最大的人物之一。

报》办公室，对我说：'你能不能不要参加比赛，给别人一个机会？'"在他的讲述中，这位编辑问斯坦长大后想做什么，斯坦说他梦想成为一名演员。"编辑说：'那么，你为什么不考虑成为一个作家呢？我不知道你演得有多好，但你似乎很会写作。'"

当然，斯坦从未料到有人会费心核对那桩小事。对报社档案的深入调查显示，年轻的斯坦利·马丁·利伯确实参加了比赛并在1938年5月7日赢得了第7名，还在随后的两个星期获得了荣誉奖（和其他99个孩子一样）。仅此而已，他在任何时候都未获得过第一名，更没有总是霸占第一而引起嫉妒。因此，他与那位编辑进行一番启迪人生的交谈是几乎不太可能发生的事情。这一事件应该让我们对斯坦所说的事情存疑，关于他年轻时的事情并非都是严格意义上的事实。但这并不意味着他的故事缺乏意义。它们向我们深入展示了斯坦如何看待自己，更重要的是，他希望别人如何看待他。

所有关于斯坦·李童年故事的首要主题都是"逃离"：逃离他的经济阶层，逃离默默无闻，甚至是逃离自己的家庭。所有这三种逃离在2002年发表的《精益求精！斯坦·李的惊人生活》(*Excelsior! The Amazing Life of Stan Lee*)[1]的开场部分随处可见。这是一本奇怪的准自传，由斯坦与一位名叫乔治·梅尔（George Mair）的名人传记作者共同撰写，以第一人称的回忆与第三人称的插叙写就。斯坦以俄狄浦斯（Oedipal）式风格开始了他对自己生活的叙述：

---

[1] 编者注：下简称《精益求精》。

我一直为我的父亲感到难过。他是个好人，诚实而有爱心。他像大多数父母一样，希望为他的家庭提供最好的生活。但是时代对他不利。在大萧条时代（the Depression）的高峰期根本没法得到工作。

失业对他的精神产生的破坏性影响，让他感到自己不被需要，这也带给我一种永远无法摆脱的感觉。对一个人来说，最重要的是有工作可做，是忙碌，是被需要。如今，同时进行各种项目以获得成就感，这其实不太适合我，因为我总是希望能有更多的自由时间。但是，当我忙碌的时候，我会感觉被需要，而这让我感觉很好。

这就是了，即时的精神治疗，也不用花一分钱。

这也许就是我们应该看待斯坦整个人生的视角。斯坦不是一个公开自我反省的人，而且几乎没有兴趣谈论他的父母。尽管两人的去世都是悲剧性的，也必然会对斯坦造成影响，但斯坦·李在《精益求精》中几乎没有提及。因此斯坦提到自己父亲是非常罕见的，他如此直言不讳地谈论父亲一定有着重大意义。斯坦自己承认，他想成为更富有的人、更被需要的人，总的来说是要成为比自己的父亲更强的人。

如果我们想知道杰克和西莉亚是什么样的人，以及斯坦如何看待他们，我们就需要搜集各种细枝末节的信息。根据斯坦的说法，杰克"是个聪明人，他的阅读量很大，主要是关于时事。他会读所有你能找到的报纸"。他的婚姻似乎是动荡的。"我总是希望我的母亲和父亲彼此之间能倾注更多的爱，就像他俩对待我与弟弟拉里那样。"斯坦在《精益求精》中继续写道：

>他们都是有爱的好家长，我想唯一能让他们感到快乐的就是他们的孩子。我弟弟和我一直遗憾命运没有对他们更仁慈，他们没能得到更幸福的生活。他们结婚时一定是相爱的，但我最早的记忆是他们两个人在争吵，争执不休。几乎总是因为钱，或者说因为缺钱。我在很小的时候就意识到，贫穷的阴影，对没有足够的钱买日用品或支付房租的精益求精的担忧，会给婚姻蒙上阴影。我永远感到遗憾的是，当我赚到足够的钱能为他们提供便利时，一切都已经太晚了。

这又是那种大萧条时期孩子的贪婪（也许是他自己与妻女为钱争吵的场景再现，我们将在后面讨论）。但是，这里也有一个可疑的说法：父亲和儿子之间的亲情关系。在这方面，斯坦似乎在夸大事实。"我会说他通常是个别扭的人，"拉里在被问及杰克时回忆说，"我不知道是什么原因使他变成这样。"男孩们的表姐妹琴·戴维斯·古德曼（Jean Davis Goodman），也就是后来的漫威漫画出版商马丁·古德曼（Martin Goodman）的妻子，表示杰克十分"苛刻"并在她去世前这样描述当时的情况："他对他的孩子们要求十分严格——以特定方式刷牙和清洗自己的舌头，诸如此类。"这与拉里的评价相吻合："他时刻操心着要做正确的事，而且他做事的方式使得我需要担心其他孩子不必担心的事。比如当我们在一家商店前时，他会说：'过来，别站在那个人的窗前。他要卖东西，你挡住人家了。'"拉里说，杰克从来没有虐待过人，但他很冷漠，有点捉摸不透，而且"总是担心会打扰到别人"。在拉里的回忆中，父亲对人们应该如何行事有着独特的看法，并且毫不畏惧地要求执行，甚至对陌生人也是如此。他说："我以前会和他一起去看电影，他有时会和坐在前面的女人争吵，因为她拒绝摘掉当时流行的帽子。我觉得很尴尬，所以就不再去了。"晚年时期的斯坦有时会无意间流露出真实想法，他也曾说过与回忆录中对父亲的温馨描述相矛盾的话。"即使我过得很好，我父亲也不认为我是一个成功者，"斯坦在2014年告诉一位采访者，"他在大多数时间里都很专注于自己。这一点在我身上也有所体现。"

另一方面，苗条而安静的西莉亚似乎是一个更受欢迎的存在，尽管她长年充满忧虑。"她非常诚实，如果她相信什么，她就会说出来，"拉里说，"否则她就不说。"她离开工作岗位回家抚养孩子，用斯坦的话说，她"几乎把所有的时间都用来打扫我们的小公寓或在厨房做饭"。拉里说他的母亲"是个忧心忡忡的人。不论我去任何地方，我都必须准时回来，不是因为她会生气，而是因为她会担心。她担心很多东西"。琴·古德曼说西莉亚是一个"饱受折磨的母亲"，她与丈夫的关系"使家里气氛很糟"。拉里也证实了这一点："我认为我的父亲没有（我不想提及此事）与我的母亲好好相处。"尽管如此，西莉亚似乎很喜欢斯坦。"我母亲是我最忠实的粉丝，"斯坦在其回忆录的早期大纲中写道，"总是让我以为下次上街时就会被星探相中。"

拉里在1931年10月26日出生，和哥哥有将近9岁的年龄差距。由于他们母亲的偏爱，老大给老二留下了永远的阴影，这种情况在我们的生活中屡见不鲜。"我母亲过去常对我说：'要像你哥哥一样。'"

拉里说,"这就是我所记得的。'你为什么不能更像你的哥哥?'那就是我的童年。"他回忆起一件让他终生难忘的事,他的母亲曾告诉他这样一个故事:"当她有一天去学校时,老师说,'斯坦太美好了。他让我想起了我们的总统罗斯福(Roosevelt)。'"拉里告诉我,这种对她大儿子的赞美从未停止过。"我就那样生活着,对哥哥的形象有着巨大的崇拜。"他说,"这几乎就像电影《蝴蝶梦》(Rebecca)中的情节,女主角会一直听人说起丽贝卡,但从未见过她,你明白吗?"

所有这些家庭戏剧发生的地点都在不断变化。对于一个挣扎度日的移民家庭来说,上西区是一个高消费的地方,也许是昂贵的价格把斯坦·李赶走了,因为他们在1924年年底之前就搬到了更北部的华盛顿高地(Washington Heights)西163街619号;在某个时候,他们全家又收拾行李,搬到了布朗克斯区(Bronx)的大学路1720号。这两个地区都住着稳固的中下层阶级,大部分是犹太人,这其中也包括西莉亚家族的一些成员。所罗门家族是一个大家庭,男孩们经常与他们来往,这件事将会对斯坦的职业生涯非常重要。尽管如此,年轻的斯坦似乎厌恶他的亲戚。"我讨厌拜访我的家人们,"他在那本回忆录的大纲中写道,"但每隔一段时间的周日,我都不得不去。"

这些他不想去的聚会里的出场人物是丰富多彩的。有迷人的米茨(Mitzi)姨妈和她的英国丈夫阿瑟(Arthur),他在电影公司中担任修理工。还有弗里达(Freda)姨妈和她过于慷慨的丈夫萨姆(Sam),他送出了他们的钱,让她几乎一无所有。还有表亲莫特(Mort)和米吉(Midge),前者是个推销员,后者因肝炎早逝。还有卖帽子的"小"埃德("Little" Ed),他有一个儿子叫斯图尔特·所罗门(Stuart Solomon),后来改名为梅尔·斯图尔特(Mel Stuart),

成为一名电影制片人，执导了《威利·旺卡与巧克力工厂》（*Willy Wonka & the Chocolate Factory*）和《如果是星期二，这一定是比利时》（*If It's Tuesday, This Must Be Belgium*）。[1] 最重要的是，还有前面提到的表姐琴和来自所罗门家族另一个分支的叔叔罗比（Robbie）。罗比年轻时是一名运动员，之后，正如拉里所说，成为一个"好人（nice guy）"[2]，他为出版商马丁·古德曼（Martin Goodman）的妹妹工作并与之结婚。琴通过与马丁结婚进一步巩固了与他的家族的联系。这两桩婚姻将被证明是改变艺术史的关键。

那些重大变化也是在小斯坦的家庭和学校中铺垫而成的。从各方面来说，这个男孩一直在如饥似渴地从任何能接触到的媒体上吸收信息。报纸上的连环画是他早期的热爱——他后来会将《卡岑贾默儿童》（*The Katzenjammer Kids*）、《斯基皮》（*Skippy*）、《迪克·特雷西》（*Dick Tracy*）、《斯米蒂》（*Smitty*）和《甘普斯》（*The Gumps*）列为喜欢的作品。像其他数以百万计的美国人一样，他和家人们接触了广播这一新生技术。"星期天晚上，我们会听喜剧演员的节目，"他后来回忆道，"有弗雷德·艾伦（Fred Allen）和杰克·本尼（Jack Benny），埃德加·伯根（Edgar Bergen）和查理·麦卡锡（Charlie McCarthy），还有 W. C. 菲尔兹（W. C. Fields）。"虽然斯坦鲜少提到广播带来的影响，但黄金时代广播所具有的激发性和冲击性的对白方式后来会在他创作的漫威式对话和叙述中不断重现。电影是他另一件痴迷之事，

---

[1] 尽管都在娱乐业工作，但梅尔和斯坦在他们的成年生活中似乎没什么联系；事实上，在斯坦为《精益求精》的合著者所留的笔记中，他隐晦地评论道："我的一个名人亲戚——梅尔·斯图尔特——我从第一眼就不喜欢他。"
[2] 编者注：此处为双关，该词语与下文"Goodman"同指"好人"。

他回忆起在他华盛顿高地的家附近有 5 家电影院，让他有很多选择。年轻的斯坦陶醉于查理·卓别林（Charlie Chaplin）、罗伊·罗杰斯（Roy Rogers）的电影，还有他的银幕偶像，传奇的埃罗尔·弗林（Errol Flynn）。如果有超级英雄原型的话，他就是其中之一。"埃罗尔·弗林是我的上帝，"他几十年后这么说道，"我当时大概有 10 岁，我也不清楚。看完埃罗尔·弗林的电影走出影院，我会歪着嘴笑，用那种我觉得像他笑的方式，想象自己身侧挂着剑。你知道吗，我希望能找到一些欺负小女孩的人，这样我就能去英雄救美了。"

但最重要的是，斯坦热爱阅读。他写道："在家里的每一餐，不论是早餐、午餐，还是晚餐，我都会一边吃饭一边阅读书籍或杂志。我母亲给我买的第一份礼物是一个小架子，放在厨房的桌子上，这样吃饭时就可以把书立起来看。……我母亲常说，如果没有什么可看的，我就会看番茄酱瓶上的标签，我真的那么做了。"在他的回忆录和采访中，他列出了他早期喜欢看的作品，既有高端的也有低端的艺术。他写道："我最喜欢的一些书来自 H. G. 威尔斯（H. G. Wells）、阿瑟·柯南·道尔（Arthur Conan Doyle）、马克·吐温和埃德加·莱斯·巴勒斯（Edgar Rice Burroughs）。其次是哈迪男孩（Hardy Boys）、唐·斯特迪（Don Sturdy）、汤姆·斯威夫特（Tom Swift）、男孩联盟（Boy Allies）[1]等。过了一段时间后，我的阅读品位变得更加多样化。我喜欢读埃德加·爱伦坡（Edgar Allan Poe）、查尔斯·狄更斯（Charles Dickens）、埃德蒙·罗斯坦（Edmond Rostand）、奥马尔·卡亚姆（Omar Khayyam）、埃米尔·佐拉（Émile

---

[1] 编者注：均为小说中人物。

Zola），当然还有莎士比亚（Shakespeare）。"早期现代的英语作品和詹姆斯国王圣经（King James Bible）[1][2]深深打动了斯坦。["虽然我确信吟游诗人的大部分作品都远远超出了我当时年幼的头脑，但我对他的文字节奏、花哨的语言、'霍拉旭何在（What ho, Horatio）'的表达方式感到着迷。"]

然而，尽管所有这些名作都毫无疑问地打动了斯坦，但对于他后来举世瞩目的创作影响最为深远的文字则是现已被人遗忘的儿童书系列《杰里·托德》（*Jerry Todd*）和《波比·奥特》（*Poppy Ott*），两者都是由笔名为利奥·爱德华兹（Leo Edwards）的作家撰写的。奇怪的是，与其说爱德华兹对斯坦的生活和事业的影响与他的故事有关，不如说与他的后记有关，特别是被爱德华兹称为"话匣子"（Chatterbox）的部分。"在每本书的结尾都有通信页，作者利奥·爱德华兹会给读者写一段信息，印上一些读者的来信并附上答案，"斯坦在后来提及，"我很喜欢他们放上信件和作者点评的这一环节。利奥·爱德华兹是唯一这样做的人。也许我记得的是那些信件中温暖、友好的感觉。"斯坦后来模仿了爱德华兹的这一创新行为，并在漫威的全盛时期取得了巨大的效果，在他发行的每部漫画中都会以一种欢快的、谈话式的语气回答读者的来信，即所谓的"工作间公告"（Bullpen Bulletins）部分。这两者的关联不仅仅是猜测——斯坦最终

---

[1] 编者注：指英国国王詹姆斯一世于1611年钦定的《圣经》译本，由于他指定了近50名最有才能的学者进行翻译工作，因此成了最受欢迎的《圣经》英译本，被奉为标准译本达300年之久。

[2] 斯坦曾表示："我喜欢那种写作风格，那种近乎诗意的措辞，那些'汝等（thees）''尔等（thous）''诞生（begats）'，可以使最简单的想法看起来充满戏剧性。"

对此明确表示："事实上，就是它'话匣子'给了我多年后在漫画中加入'工作间公告'页面的灵感。"

这种对文字的执着顺理成章地使斯坦在小学时获得学业上的成功，但或许也使他受到了情感上的伤害。像那个时代的许多工人阶级的父母一样，看起来，西莉亚希望她的儿子能够通过工作赚钱来帮助支撑家庭，而这意味着他需要提前完成学业。"在我的班级和社交团体中，我一直是最小的孩子，"他在回忆录的大纲中写道，"这是因为我母亲希望我尽快完成学业，所以我努力学习，以便进入'A'级班来'跳级'，我总是和更年长的孩子们一起上课。"这些课程中偶尔也有亮点，比如他与一位名叫小莱昂·B. 金斯伯格（Leon B. Ginsberg, Jr.）的老师的经历，这位老师给年少的斯坦留下了深刻的印象。"他会用让人兴奋的幽默故事来向学生说明教学要点，"斯坦后来写道，"是金斯伯格先生第一次让我意识到，学习可以很有趣，用幽默的方式比其他任何方式都更容易与人沟通，且能吸引他们的注意力并传达观点。这是一门我从未忘记的课程，我试着将这门课程运用到我所做的一切事情上。"但是，总的说来，作为班级中年龄最小的人，斯坦的早期学校生活被蒙上了阴影。他后来写道："这使我的早年生活成为地狱，因为我总被他们欺负。"

在斯坦的描述中，这种欺凌只是促使他不得不逃离日常生活的众多因素之一。他从未把自己的童年描绘成诗情画意的样子，甚至连窗外的景色也让他感到沮丧。他在回忆录中写道："虽然这看起来是件微不足道的小事，但我对我的家总是位于街后的公寓里、从未面对过街道这件事感到难过。从窗户向外看，我们能看到的只是小巷对面的砖墙。我从来没法看到窗外是否有其他孩子在街上玩棍球，或在做任何我可能加入的事情。"不过他随后吹嘘,在撰写这本回忆录时,"我现在的家在洛杉矶的一个山顶上,从太平洋一直到市中心的景色都一览无余。"

他也痛恨贫穷使他无法进入某些社交场合。他写道:"对我来说,真正令人沮丧的时期是夏天,那时大多数孩子都会去那些起着不知道该怎么读的印第安名字的夏令营。让我感到沮丧的是,除了不能从乌伽乌伽塔营地(Camp UgaUgaTa)、蒙加-温伽-咚伽营地(Camp Monga-Wonga-Donga)或其他地方寄明信片回家之外,我通常会独自留在城市里。我的大部分朋友都在营地,而我则在学校院子里闲逛,希望有人能来打一场手球。"他当然也感觉不到与犹太社区的亲情关系,对宗教的想法也很反感。"我从来不相信宗教。我不是特指犹太教,我是指宗教本身,"他后来坦言,"对我来说,信教是智慧的反面,因为信教意味着盲目地相信某些理念。我不明白如果我们只是要去盲目地相信事情,为什么上帝(如果有上帝的话)要给我们大脑。"

这与他的父母形成了鲜明的对比。杰克是在虔诚的犹太家庭中长大的,尽管在遵守犹太教规方面比他的兄弟威利更温和,但杰克仍然定期去犹太教堂,并对他的犹太身份充满骄傲。西莉亚则每周五晚上都要点燃安息日蜡烛为亡者祈祷。在杰克和西莉亚的要求下,斯坦和拉里兄弟俩都举行了被称为"犹太受诫礼"(bar mitzvahed)[1]的成年仪式,但这些都没有打动斯坦。"我父亲坚持让我接受成人礼,为此我还参加了一个学习希伯来语的速成班。

---

[1] 编者注:犹太教庆祝男子满13周岁和进入犹太教团体的典礼,通常在安息日举行,男孩要诵读并解释经文,仪式后的当天或次日通常会举办庆典或家庭晚宴。

我很抱歉地说，我现在已经忘光了。"他在年迈时回忆道，"当时我的父母没有多少钱，我记得在教堂里举行仪式时，只有我父亲和我，可能还有两个人在里面徘徊。"2015年，我得到了通过电子邮件采访斯坦的机会，当我问他："纽约的犹太文化在形成你的谈话、写作和思考方式方面有多重要？"他完全回避了犹太部分，只是回答说："纽约市本身影响了我的谈话、写作和思考方式。看上去，纽约文化有一些东西过去是、现在仍然是与世界上其他地方不同的。"

为了探索他深爱的这个城市，他使用了一个给他带来巨大快乐的工具：自行车。他写道："当我骑着它时，在我的想象中，我是一个骑在高贵骏马上的强大骑士。那辆自行车是我最好的朋友，因为它给我一种自由的感觉。我们家没有汽车，那又如何？我终于有了轮子。我可以骑着它走遍整个城市，去任何我想去的地方。没有哪个孩子比我更爱自行车了。拉里说并不记得他哥哥经常骑自行车，但即使这个故事是夸张的，也引出了那个反复出现的主题，即斯坦渴望脱离他与生俱来的这一切。"斯坦从来没有非常热情地谈论过他的过去、他的母亲和父亲，我觉得是因为他在试图逃离那些，"拉里说，"我想，这就是为何他会在书里提到骑车。他想要逃离那一切，而他也确实离开了那一切。"

无论20世纪布朗克斯区德威特·克林顿高中（Bronx's DeWitt Clinton High School）的水里含有什么，都应该被装入瓶中加以研究。这所男子公立学校，以早期美国参议员、纽约市市长和纽约州州长德威特·克林顿（DeWitt Clinton）的名字命名，建于1897年曼哈顿下城，随后于1929年迁至布朗克斯区中北部。当斯坦在20世纪

30 年代中期在那里就读时,该机构已经成了不少未来名人的母校,如作家理查德·康登(Richard Condon)、记者丹尼尔·肖尔(Daniel Schorr)和作曲家兼抒情诗人弗兰克·罗瑟(Frank Loesser)。之后,它还接纳了更多名气更大的学子,如尼尔·西蒙(Neil Simon)、拉尔夫·劳伦(Ralph Lauren)、贾德·赫希(Judd Hirsch)等。当斯坦在那里学习的时候,学校里群英荟萃,他很可能与詹姆斯·鲍德温(James Baldwin)、帕迪·查耶夫斯基(Paddy Chayefsky)、理查德·艾维顿(Richard Avedon)或舒格·雷·罗宾逊(Sugar Ray Robinson)一起上过课。

但最古怪的事情或许是,在斯坦的时代,这所学校影响了美国漫画的发展。除了斯坦之外,德威特·克林顿还向"蝙蝠侠(Batman)"的两位创作者——鲍勃·凯恩(Bob Kane)和比尔·芬格(Bill Finger),以及第一位长篇图像小说大师威尔·艾斯纳(Will Eisner)颁发了文凭,后者通常被认为是有史以来最伟大的美国漫画家。然而,斯坦从未说过与这些人有任何关系。事实上,他唯一提及的同学是一位叫小约翰 J. 麦肯纳(John J. McKenna, Jr)的男孩。小麦肯纳并未名利双收,但给斯坦留下了深刻的印象,而这要归功于他的兼职工作:向同学们推销《纽约时报》(The New York Times)的副刊。斯坦在《精益求精》中对这个男孩大加赞誉,描述他的篇幅不亚于描述家人的,甚至更多。以下为其中的一部分:

我是第一批订阅的人之一,但我心里想的是,伙计,要是我能够像他那样自信地对听众讲话,能像他那样侃侃而谈就好了。他可以说上整整 10 分钟,直视听众的眼睛,舌头从不会打结，从不会失去班级同学的注意力。他流畅、随和的演讲方式，即便在谈论那些通常会让学生们觉得无聊透顶的话题时仍能调动起大家的兴趣，给我留下了非常深刻的印象。

我也想像他那样说话，想要像他那样吸引听众的注意力。

似乎确实有一个名叫小约翰 J. 麦肯纳的纽约人，他与斯坦的年龄相仿，但故事的其余部分很可能真伪不明。重要的是斯坦花了那么多精力把它传达给粉丝："他自己从不知道，"斯坦写道，"但是，麦肯纳以他伟大的口才天赋，可以让任何不好相处的青少年认真地聆听他说的每一个字，他是我最早的榜样之一（当然还是排在前文提到的小莱昂·B. 金斯伯格之后）。"在这个故事中，斯坦阐述了他在整个职业生涯中极为重视的三个特性：自信、魅力和销售技巧。麦肯纳知道如何产生需求和推动产品，而斯坦想参与到这种行为中。他以一种非常具体的方式实现了这个目标，因为他说自己后来也找到了推销订阅报纸的工作，尽管是为那个在征文比赛中对他评价相当冷淡的出版物《纽约先驱论坛报》。

这只是斯坦当时从事的工作之一。裁缝是一个按需受雇的行业，稳定性差，在1929年大崩溃后的几年里，杰克的长期失业状态令这个家庭受到了影响。据斯坦说，杰克曾经拥有一家小餐馆，这在罗马尼亚犹太人中比较常见，但很快就倒闭了。根据斯坦的回忆，当他还在德威特·克林顿中学上学时，他就经常要打好几份零工。每当他回忆起自己的年少时代时，关于这些工作的逸事就会接连不断地涌出，它们的顺序会被打乱，而且总是混淆哪些是他在高中时做的，哪些是毕业后做的。有一次他甚至为尚未去世的名人提前写了讣告。

斯坦曾提到，古德曼家族将他与一个帮助犹太人就业网络联系起来，使他获得了一份远程工作，为在丹佛的一家名为"国家犹太健康"（National Jewish Health）的结核病医院撰写宣传稿件（"我从没搞明白应该做什么，难道是让人们得结核病，然后让他们去医院？"）尽管医院告诉我他们没有关于这方面的记录。他说他在一个由工程进展管理局管理的剧院项目中做过有偿表演工作，这在很大程度上是因为他喜欢的一个女孩也在做同样的工作——但事实上并没有他在那里受雇的记录。他说他曾把三明治从杰克·梅药店（Jack May drugstore）送到洛克菲勒中心（Rockefeller Center）的办公室，比所有的其他送货员都快。他说他在一家裤子制造商的办公室打杂，感到被上级剥削和不尊重，被解雇后把一堆资料文件扔得乱七八糟。他说他曾在曼哈顿中城的里沃利剧院（Midtown Manhattan's Rivoli Theatre）担任招待员，有一次他送埃莉诺·罗斯福（Eleanor Roosevelt）到她的座位并在途中被别人的脚绊倒了。

与所有这些工作相比，斯坦对学校的兴趣不大。"我并不讨厌上学，"他后来告诉一位采访者，"但我只是一直希望它结束，这样我就可以进入现实世界。"话虽如此，他还是参与了学校生活。1939年德威特·克林顿毕业班的年鉴显示，他是一系列俱乐部的成员，从未来律师俱乐部到学校文学杂志《喜鹊》（The Magpie），他担任该杂志的宣传员，这很合适他。他喜欢讲关于那份工作的故事，以真正的斯坦·李的风格——偏离事实：他说自己曾在《喜鹊》办公室里爬上油漆工的梯子，在天花板上画上"斯坦·李是上帝"的字样。但在很久以后，当被问及他为何年纪尚轻就使用这个笔名时，他说他可能写的是"斯坦·利伯是上帝"，或者这个故事根本就没有发生。

第一部分　壮志未酬

无论怎样，他的年鉴条目总结了一种将伴随他一生的哲学。当被问及他的人生目标时，他写道："达到顶峰并保持在那里。"

在斯坦的叙述中，大约在他毕业的时候，他在曼哈顿西村租了一套公寓，以便有一些自己的空间；而且毫无疑问，是为了方便与一些年轻姑娘谈恋爱。他正在成长为追求她们的猎手。沿着这些思路，他说他曾短暂地在纽约城市学院上过夜校，只为了和正在交往的年轻女子共度时光。他后来说："我不记得我学了什么或选了什么课程，但我入学只是为了能和她在一起。"可惜不到 6 个月，这对情侣就分手了。而最终成为全国的大学校园里很受欢迎的演讲者的斯坦，却永远放弃了对更高等教育的尝试。他从一份工作跳到另一份工作，寻找长期稳定的活计，但对自己的未来没有任何想法。接下来发生的事情颇有一种讽刺的意味。

当讲述那些早年的故事时，斯坦总是把他的家庭描绘成自己职业抱负和自学使命感的附属品。他想让你相信他是通过纯粹的努力工作和天赋获得成就的。然而用他自己的话说，是一个意料外的裙带关系，让他踏上了通往"达到顶峰并保持地位"的道路：家族中有人向年轻的斯坦利·马丁·利伯提供了一个内部机会，而他将以自己独特的方式塑造全球热爱的流行文化。

第二章

晋升手段

・1939—1945 年・

青年时的斯坦曾在早期名为《时代漫画》(Timely Comics)的刊物为马丁·古德曼工作。将近 50 年后，有位采访者问他是怎么得到这份工作的。"我看到了招聘广告就去应聘了，"他说，"当时出版公司在招聘助理，我就想，嘿，挺好！当时我刚从高中毕业，想当个作家。我那时不知道那是个出版漫画书的公司。它当时写的是'出版公司'，我以为是出版图书或常规杂志的。等到了那里我才发现他招的是漫画部门的助理，我当时惊讶极了。"那位采访者态度友好，但也事先做了调查，他向斯坦坦言自己的困惑：古德曼不是斯坦的亲戚吗？他们的职业关联真的只是出于巧合吗？"马丁是我的……我有个表亲，他是我表亲的丈夫。"斯坦一边说一边用手指在空中移动着，像是在隔空描绘家谱。"我也不确定……"斯坦搁置了这个问题，又开口说道，"这完全是个巧合，有一天他在大厅看到我，问我：'你在这里做什么？'我说：'我在这里工作！'"

这可能是对整件事情的一个稍微合理的描述，斯坦经常谈到自己当时大胆地回复了报纸上的广告（有时他说广告招聘的是与漫画相关的工作，有时则说不是），然后开始为《时代漫画》工作。只是他在晚年悄悄抛弃了这个说法，或许是有太多人发现了这个谎言的漏洞。在他与梅尔合著的《精益求精》里，他已经更新了自己的官方说法。他写道："我的叔叔罗比·所罗门跟我说他工作的出版公司可能需要招个人，所以我联系了罗比说的那个招聘负责人，乔·西蒙，申请了工作。他接受了我，我开始在这家位于曼哈顿西区第九大道42街的麦格劳-希尔（McGraw-Hill）大厦的小公司做杂工，每周赚8美元。当时我并没有意识到，我已经开始了自己一生的事业。"

最后那句不知道漫画书将是自己命运的说法听上去像真的，哪怕只是因为当时从事这类工作的人几乎想不到会在这类行业中长期耕耘下去。漫画书刚刚起步，尽管取得了一定的成功，但很少有人把它们当作正经艺术来认真对待。他们认为漫画书不过是青少年的一时痴迷，用不了几年甚至几个月就会消失了。

在漫画书出现前发行的是"贴面书"（smooth）和"裸体书"（nudie）。在20世纪20年代末，纽约市的出版业在很大程度上建立在不体面的出版物上，在廉价的纸张上塞满草率的内容，然后丢给那些在日益放荡的时代里对低道德内容贪得无厌的民众。贴面书是以文字为基础的杂志，内容主要涉及不正当的男女关系；而裸体书则是在法律规定范围的边缘地带，展示女性形体的图像绘本。尽管它们的确有伤风化，美国的出版商还是可以通过给坦慕尼协会[1]行贿以获得许可。一般非犹太人的出版商不屑于去印刷这样的内容，所以某些把父母辈的清规戒律抛到脑后的犹太商人，就乐于去满足

---

[1] 译者注：纽约历史上一个政治游说组织。

那些堕落的消费者所需。

尽管是这些出版商普及了漫画书,但究竟是谁真正发明了这种艺术形式有待商榷。至少从19世纪40年代起,人们就开始把报纸上的连环画编辑成册了。1897年,在纽约主要报纸上刊载的《黄衣小孩》(*The Yellow Kid*)重印版,在其封底创造性地使用了"漫画书"一词。然而,这些出版物的大小和形状与我们今天所认定的标准版漫画书完全不同。直到1929年初,总部设在纽约的出版商小乔治T.德拉考特推出了《趣事》(*The Funnies*),这是一份小型画报的插页,会登载那些被大型集团拒收的连环画。这可以说是第一本真正的漫画书,但它的销量一直低迷,最终在1930年秋天停刊。

纽约人麦克斯韦·查尔斯·盖恩斯(Maxwell Charles Gaines)曾是一名犹太裔的教师和领带推销员,他有严重的跛脚,在大萧条的低谷期急于寻求一次大的突破。在与康涅狄格州的东方彩色印刷公司(Eastern Color Printing)取得联系后,他在1933年将当时最受欢迎的报纸连环画重新出版为漫画书,命名为《趣事大游行》(*Funnies on Parade*)。这本书作为宝洁公司(Procter & Gamble)的优惠券赠品发行,一炮打响;随后盖恩斯又推出了第二部作品《名家趣事》(*Famous Funnies*)。《名家趣事》于1933年发行的,是第一份被确切称为漫画书的出版物,因为它的封面是包脊的,并且在摊位上进行独立销售,而不是通过优惠券邮购。另一位雄心勃勃的出版商兼前骑兵军官马尔科姆·惠勒-尼克松(Malcolm Wheeler-Nicholson),则在1934年底成立了国家联盟出版社(National Allied Publications)。随后他又推出了《新趣味》(*New Fun*),这是第一本以新内容为特色的漫画书,但它只持续了几期。

第一部分　壮志未酬

直到色情业巨头哈利·多宁费尔德（Harry Donenfeld）参与其中，漫画书事业才真正起飞。他是一个在罗马尼亚出生的犹太人，在下东城长大，他的出版业务令人震惊地参与到黑帮事务中。据称，他帮助黑帮分子弗兰克·科斯特洛（Frank Costello），在禁酒时期将酒装在运送纸张的箱子里带出加拿大。多宁费尔德在20世纪30年代中期遇上了麻烦。新任市长菲奥雷洛 H. 拉瓜迪亚（Fiorello H. La Guardia）着力打击淫秽和不雅行为，意味着贴面书和裸体书即将退出市场。多宁费尔德和他紧张的业务经理——同为下东城犹太人的杰克·利博维茨（Jew Jack Liebowitz），不知缘何碰到了绝望的惠勒-尼克松，他们受到启发，进入了新生的漫画业。这里存在着一个特殊的谋财之道：零售商们对销售那些玉体横陈的杂志正感到不安，多宁费尔德和利博维茨可以借机说服他们接受一些面向儿童、内容健康的漫画书。

多宁费尔德和利博维茨在正确的时间做了正确的决定。其他处于良好品味边缘的出版商也加入了这一行列，以当时青年杂志的科幻、犯罪和冒险故事为基础，漫画书的热潮开始在全国范围内兴起。然而，直到多宁费尔德和利博维茨将惠勒-尼克松逐出国家联盟出版社，他们的一名雇员发现了一大堆投稿，这一艺术创作形式才得以爆发式发展。这是两个来自克利夫兰的犹太孩子杰里·西格尔（Jerry Siegel）和乔·舒斯特（Joe Shuster）的创作，主角被称为"超人"（Superman）。1938年，"超人"这个形象在《动作漫画》第1期（Action Comics #1）中首次亮相，使漫画书成为当时娱乐市场最为热门的项目，这个行业终于正式诞生了。

虽然斯坦是报纸连环画的读者，但没有证据表明他在发行漫画书的公司获得工作前是个购买漫画书的常客，然而他迅速成了美国漫画书刚刚萌芽的生态系统中的一个关键角色。斯坦早年在漫画界的故事，确实是一个以惊人的速度崛起并获取声望和物质成功的故事，这得益于他不可否认的天赋，以及当时在纽约开设企业的大部分移民都抱着"家庭第一"的态度。好吧，再加上某个背叛行为——虽然这也可能不是斯坦本人所为，但确实给了他一个扶摇直上的机会。

多亏了一个人，斯坦16岁之后的人生才会变得完全不同。他的争议颇多，也未博得多少名望，他创立的企业后来被称作"漫威漫画"公司。他也是一个雄心勃勃的第二代美国犹太人，为了出人头地，敢于走捷径，也不怕在各种地方做一点背信弃义的事情。如果你把他写成一个小说人物，你可能会被指控为轻微的反犹太主义。实际上，他只是那些接连出现的、飞扬跋扈而又野心勃勃的男人之一，恰好同时是个犹太人。这些人在斯坦的整个人生中占据了很大的比重。

这个人就是摩西·古德曼（即马丁·古德曼），他于1908年1月18日出生在布鲁克林，是立陶宛犹太移民艾萨克·古德曼（Isaac Goodman）和安娜·格莱琛豪斯（Anna Gleichenhaus）的孩子，不过他最终更名为马丁。他们是一个大家庭，即使以当时的标准来看也是如此：他们在22年中生有13个孩子。马丁是第8个孩子，但可能是第一个男孩，他读到6年级之前就辍学了，通过做各种零散的工作来补充父亲当流动小贩的收入。古德曼家族的成员谈论道，马丁还是个很小的孩子时，就对出版业产生了浓厚的兴趣，他把杂志

第一部分　壮志未酬

上的文章剪下来，用糨糊重新按照自己的方式汇编。他是一个典型的美国人，这不仅体现于他的创业欲望，也表现在他渴望探究自己父母移民的这个国家。认识他的人经常会讲述喜好旅行的古德曼在20世纪20年代中期搭着火车穿越美国的日子，这些故事或许不算准确。他的律师之一杰里·佩雷斯（Jerry Perles）后来说："在他出版《时代漫画》之前，他经常徒步旅行，搭乘货运汽车，生火煮豆子吃。我觉得你能说得出来的地方他都知道，他对这个国家非常了解，这对他后来从事杂志发行工作有很大的帮助。"

关于古德曼进入这一行业的缘由尚不清晰。他很可能曾经为人称"科幻小说杂志之父"的出版商雨果·根斯巴克（Hugo Gernsback）[1]工作，但也没有证据可以证明。不知何故，古德曼与根斯巴克曾经的发行经理，一位名叫路易斯·西尔伯克雷特（Louis Silberkleit）的犹太法学院毕业生取得了联系。1929年底，西尔伯克雷特在东方发行公司（Eastern Distributing Corporation）担任发行经理，该公司是几十种杂志的全国经销商，他把古德曼带进了发行部工作。在那里，古德曼对所谓的纸浆杂志（pulps）有了第一手的了解。纸浆杂志因其使用廉价纸张印刷而得名，通常是由低级木浆制成的，它们是"美味可口的垃圾图书"，充满了上层文化不会触及的一切冲击性文字，从耸人听闻的性和死亡的故事，到仍在形成阶段的科幻流派。这些纸浆杂志在全国的年轻人中引起了轰动，特别是某类痴迷于此的年轻人，日后他们将成为斯坦的衣食父母。根斯巴克和他

---

[1] 作者注：他的出生名为雨果·格恩斯巴彻（Hugo Gernsbacher），同样也是犹太移民，尽管他来自卢森堡。

漫威先生：斯坦·李的传奇人生

的同僚们培养起第一代读者,这些人有朝一日会被称为极客(geek)。

尽管根斯巴克受到青少年书迷的崇拜,但他很难得到业内最了解他的那些人的爱戴。正如与他同龄的人评价,他因"唯利是图、腐败、道德低劣以及完全无视作者的经济权利"而臭名昭著。古德曼被分配到东方发行公司的根斯巴克部门,似乎并不厌弃这位老人的任何特质,后来他还把其中许多特性纳为己用。1932年东方发行公司倒闭后,西尔伯克雷特创办了两家公司,即报刊亭出版公司(Newsstand Publications, Inc.)和互助杂志发行公司(Mutual Magazine Distributors),并把古德曼带在身边。1934年他们的经销商倒闭后,两人分道扬镳。古德曼留下来继续运营报刊亭出版公司并以一种商人的本能将其从破产的边缘拉了回来。这种本能在之后对他很有帮助,虽然也有过几次灾难性的失败。

正如出版史学家迈克尔 J. 瓦萨洛(Michael J. Vassallo)和布莱克·贝尔(Blake Bell)所言:"对古德曼来说,成功意味着在成功的趋势上跳跃,紧紧跟随获利的风口,并制造相应的产品(尽可能减少投资)以获得尽可能多的利润。"他们指出,古德曼多年来成立了80多家半虚构的公司,这些空壳出版实体可以在一家或几家公司破产或陷入法律纠纷时相互购买和出售其知识产权。就像瓦萨洛和贝尔所说,古德曼"在建立他的空壳出版社的公司网络方面所做的努力,比他在建立一个强大的品牌方面所做的要多,也正是这一点,揭示了20世纪30年代唯利是图、浅薄拜金的出版商心态"。奇怪的是,身材瘦小、年少白头、沉默寡言的古德曼会是第一个承认这种恶评的人。他曾对《文学文摘》(*The Literary Digest*)坦言:"如果你有一本书卖得不错,那就再增加几本类似的,你就会有不错的收益。"他在另一个场合曾说:"粉丝们对质量不感兴趣。"为了证明这种心态的合理性,我们从古德曼那里得到了另一句犀利的发言:"这个行业有太多人剽窃了。"

这就是斯坦在青少年时期进入这个产业时接触到的商业心理环境,而这个年龄尤其容易受到影响。当这个小伙子去为古德曼工作时,后者才刚刚开始出版漫画书——1939年8月,通过空壳出版社《时代漫画》推出了《漫威漫画》第1期(*Marvel Comics#1*)[1]。《时代漫画》成为与古德曼早期漫画出版业务联系最紧密的名字,尽管在20世纪60年代初为该系列重新命名之前,这些书实际上是以各种名称出版的:《时代漫画》《亚特兰斯》(*Atlas*)、《曼维斯》(*Manvis*),甚至有几次是《漫威漫画》(*Marvel*)。无论你想叫它什么,这个漫画业务对古德曼来说几乎是瞬间走红。

《漫威漫画》第1期介绍了该公司的第一批超级英雄,霹雳火(Human Torch)和潜水人(Sub-Mariner,即后来的纳摩)。超级英雄漫画在前一年以"国家超人"(National's Superman)的形式首次推出,突然就成了文化市场上最受欢迎的项目之一,因此古德曼想稳固他的立足点。

《漫威漫画》是通过与生产漫画书的第三方"包装"供应商"趣味有限责任公司"(Funnies, Inc.,下简称"趣味公司")合作生产的,看到这个系列给他带来的成功,古德曼选择把这一部分的经营业务也纳入自己旗下。他诱使"包装"的明星作家及艺术家乔·西蒙(Joe Simon)加入并直接为他工作。这个年轻人原名叫海米·西蒙(Hymie

---

[1] 第2期更名为《漫威神秘漫画》(*Marvel Mystery Comics*),原因不明。

Simon），身材瘦削，20多岁，出生在纽约西部，父母分别是英国犹太人和美国犹太人。他很自信且富有魅力，非常善于处理各种任务。在为趣味公司工作的同时，他还在漫画包装公司福克斯特色联合集团（Fox Feature Syndicate，下简称福克斯集团）担任编辑。正是在那里，西蒙遇到了另一位有着惊人工作热情的著绘者，这个严肃又矮壮的男人与他年纪相仿，名叫雅各布·库兹伯格（Jacob Kurtzberg）即"杰克·柯比"。

柯比于1917年8月28日出生在下东城埃塞克斯街（Essex Street），是奥地利-匈牙利裔犹太人。在许多方面，柯比是斯坦性格的另一个极端。斯坦年轻时曾迷恋伶牙俐齿的修辞学家，而柯比则仰慕斗士，实际上他自己也成了其中一员。"每条街都有自己的孩子帮，我们一直在打架，"柯比后来回忆道，"我们会越过屋顶，用瓶子和石头轰击诺福克街帮，和他们混战。"他学会了克制自己比较暴力的冲动，但他从来没有失去对是非的斗争意识，也从来没有成为一个讨好或逢迎他人的人，而这往往对他自己有害。像斯坦一样，他在年少时就开始工作，最终通过吸收当时流行的娱乐节目，在课外完成了大部分的学习。柯比说："纸浆杂志是我的写作学校，电影和报纸连环画是我的绘画学校，我从一切事物中学习。我的英雄是那些写纸浆杂志的人和拍电影的人。从那时起，我书写或绘画的每一个英雄都是我心目中这些人的混合体。"

虽然他从未接受过正式的艺术训练，但柯比在绘画方面有着早熟天赋，他没读到12年级就辍学了，作为一个艺术工作者谋生养家。那时他常做一些基础的工作：为大力水手（Popeye）的动画片补画，为联合企业做流行连环画的山寨版，为有关政治和个人健康的单幅漫画执笔。之后在为威尔·艾斯纳（Will Eisner）和合伙人杰里·艾格（Jerry Iger）经营的公司工作时，他偶然发现了漫画书这一新媒体。他尝试使用一系列奇怪的笔名：“弗雷德·桑德”（Fred Sande）、"泰德·格雷"（Ted Grey）、"泰迪"（Teddy）、"科特·戴维斯"（Curt Davis）、"杰克·柯蒂斯"（Jack Curtiss），最终他确定永久使用"柯比"的笔名。之后，"新晋"的杰克·柯比加入了福克斯集团这个光荣的血汗工厂。这里钱不多，老板又是个"吸血鬼"，所以当他的新朋友和合作者西蒙提供跳槽机会时，柯比并未多作迟疑。

再过20年，斯坦才会对流行文化产生巨大的影响，但西蒙和柯比不用等那么久。他们在美国进入第二次世界大战之前就改变了美国民间艺术的进程。事实上，正是这场迫在眉睫的海外冲突推动了柯比最为持久的合作创作的成功：被称为"美国队长"（Captain America）的星条旗复仇者。

在西蒙和柯比制作了乏善可陈的"超级英雄红鸦"（Red Raven）和不太成功的"幻影和惊奇男孩"（Vision and Marvel Boy）——不要与后来出现的两个更著名的同名漫威人物混淆——之后，据说西蒙开动脑筋，设计出了一个穿着贝西·罗斯（Betsy Ross）[1]最佳作品的全美雅利安超人类形象，刚开始将他命名为"超级美国"（Super-American）。西蒙在回忆录中写道："不，那行不通。当时周围已有太多'超级'这类的说法。'美国队长'听上去很好。漫画界没有太多的队长。就这么简单。"他和柯比补充了视觉和主题方面的细节，一个新的知识产权就此诞生了。在一种奇怪的血清赋予他

---

[1] 编者注：贝琪·罗斯女士是美国裁缝师，也是美国独立战争期间的爱国志士。目前普遍认为是她设计并且缝制了第一面美国国旗。

超能力前，这个挥舞双拳的超人类一直是个态度温和的普通人，他在1940年12月的《美国队长漫画》(Captain America Comics)第1期[1]中进行的首次冒险，与在封面上对希特勒（Hitler）的那一拳产生了同样的冲击效果。

然而，一个愤世嫉俗的人可能会指出，他们的竞争对手——出版商MLJ漫画公司（MLJ Comics）由古德曼以前的合作伙伴和导师西尔伯克雷特共同经营，已经在1939年推出了一个披着星条旗并经过化学改造的超级英雄，名为"盾牌"(Shield)，而这个好队长只是古德曼无休止的翻版行列中的另一个新加入者。MLJ的负责人约翰·戈德沃特（John Goldwater）在西蒙和柯比创作的、魁梧的冒险家首次亮相后，威胁要采取法律行动。雪上加霜的是，队长手臂上的盾牌看起来和"盾牌"的角形徽章一模一样。好在男孩们在第2期将队长的盾牌形状改成了标志性的圆圈，如同我们今日看到的一样；戈德沃特不得不承认了失败。这后来成了漫威公司的一个惯用手段：法律的灵活性总能战胜创造的完整性。

据西蒙说，大约在他协助筹划让"美国队长"的故事首次成书并成为时代公司的第一任编辑时（作为一个坚持细节的人，他总是不遗余力地指出他的头衔是"编辑"，而不是"主编"），他被罗比·所罗门拉到一旁说话。罗比在古德曼公司的角色定位比较模糊，但和老板的家族关系很明确。西蒙和所罗门的关系一直不怎么样。"除了收发信息外，我真的不知道他为什么在那里，"西蒙晚年回忆说，"据我所知，他要做的事就只是确保所有的椅子上都有垫子，而且都要

---

[1] 作者注：由于某些原因，该杂志封面日期比实际发行日期晚了几个月，这一行业政策在未来几十年间也延续下来。

第一部分 壮志未酬

弄得蓬蓬松松的，能让马丁靠着……他是个大嘴巴，对自己一无所知的话题也滔滔不绝。"尽管拉里·利伯回忆说，作为亲戚他和所罗门相处得很开心，但在古德曼不断壮大的新漫画创作团队中，并不会有人认同这种看法。

"创作团队的人称他为'罗比叔叔'，把他当作马丁·古德曼派来的间谍，没人肯信任他。"当时的团队成员之一画师亚伦·贝尔曼（Allen Bellman）回忆道，"他原本是个卖女帽的，却总要教画师该怎么画画。"但古德曼希望留着所罗门，鉴于古德曼是写支票发薪水的人，大家也就默默忍着。所以当所罗门对西蒙做一些涉及裙带关系的指令时，他也就顺水推舟地照办了。西蒙写道："罗比有一个叫西莉亚·利伯的姐姐，有一天他带了一个16岁的孩子来，那是她的儿子斯坦利。"（很可能当时斯坦·李已经17岁了，但不用纠结这个。）"他跟我说：'马丁希望你安排他去干点儿活，但别让他碍事。'所以小斯坦利·利伯就成了我的助手和杂务。"

所谓"杂务"是一个工作场所的新名词，来自会给斯坦这样的人下的指令类型：去拿我需要的这个东西，去拿我要递交的那个材料，诸如此类。"我们主要是让斯坦擦掉那些上好墨的铅笔底稿以及出门去买咖啡，"西蒙写道，"他一天到晚就跟着我们转，我们会带他去吃午饭，他想要和我们做朋友。无事可做时他会坐在美术部的一个角落里，吹他的小长笛或短笛之类的东西，把柯比烦得不行。杰克会吼他，让他安静。"斯坦的"音乐天赋"并未给柯比留下好印象。柯比后来回忆道："我记得他会坐在我桌上吹笛子，打扰我做事。那时我的工作态度很认真，而斯坦对任何事都不认真。"西蒙记得柯比时时会怒吼道："总有一天我要宰了那孩子！"这是斯坦和柯比之间结下的第一个梁子。

不过斯坦至少在有件事上和柯比意见相同：尽管两人之后为世界带来了巨大变革，但刚开始他俩并不亲近。"那时我们从来没有变得特别友好，因为他们从来不肯把我当作同辈人。当然他们也确实没理由那么做，"斯坦在《精益求精》中描述西蒙和柯比时承认，"我刚入行时是个没有经验的学徒，而第一印象总是很难改变的。不过我和他们共事的时间确实没那么长，来不及显著地改变我们之间的关系，也来不及让他们见识到我的精彩绝伦。"在斯坦为这组"神奇双侠"工作了几个月后，西蒙一个不经意的举动，决定了斯坦日后的道路：他给了斯坦第一份职业写作工作。西蒙事后写道："那一天我创造了他的未来。我让他为《美国队长》写一张文字版面。"成本意识很强的古德曼一直在设法减少开支，一个常用的方法是在漫画书里加入至少两页的非漫画文字内容，这样就能符合杂志的邮费标准。具体做法是把两张内页做成叙事文章，再像儿童书那样在页面空白处放上一两张插画做装饰。西蒙当时十分繁忙，可能也想给古德曼烦人的小亲戚找点儿事做，就把要用于1941年3月《美国队长漫画》第3期的这个活计派给了斯坦。

斯坦写了一个名为"美国队长挫败了叛徒的报复"（Captain America Foils the Traitor's Revenge）的短篇散文故事。故事里，一名上校在训斥一名步兵，讽刺的是，最严厉的批评人后来也会用这些话来批判斯坦："对不起，海因斯（Haines），但这支军队里没有你这种人的位置。你撒谎、欺骗、刺探和偷窃。"从整体上看，这篇故事写得完全可用，特别是考虑到其作者的年龄和经验的缺乏。而且在其简短的篇幅中，呈现出几个值得注意的特点：首先，斯坦似乎第一个设想出了那个家喻户晓的主意，即队长将作为诉讼证据的盾牌设计为一种回旋镖，抛出后可以让它击中一个目标再弹回给主人；更微妙的是，这个故事开启了斯坦给英雄们加上古怪的非英雄行动的痴迷，这次采取的形式是队长和伙伴巴基（Bucky）之间幼稚的枕头大战；更重要的是，这两页的页眉和页脚的插图都是由柯比绘制的，从技术上讲，这个故事成了这两位亦敌亦友的传奇人物首次合作出版的作品。

这篇故事的署名不是"斯坦利·利伯"，而是"斯坦·李"，这个名字以前从未出现在印刷品上。"当时我只有17岁，还没有成为今天这样久经历练的超级人物，不知为什么，当时我觉得把我的名字签在连环画上是不体面的，而这个名字终究有一天会出现在普利策奖的名单上，"斯坦后来写道，"因此，当时我想用个笔名，一个更适合这种连环漫画的名字，把真名留给日后能让自己成为不朽的传奇作品。斯坦·李（Stan Lee）就是这样诞生的。我简单地把名的部分（Stanley）一拆为二，再把结尾的'y'改为第二个'e'。"记得当时西蒙看到姓名时还很奇怪，他问年轻的斯坦："谁是斯坦·李？"斯坦回答："是我的笔名。"西蒙觉得这个笔名的姓很奇怪，听起来有点像中文。"我没想过这个，"斯坦坦言，又有些高瞻远瞩地加了一句，"我挺好奇漫画书在中国的前景如何。"

这个如此随意想出来的新名字在未来成了其持有者的平台，也成了一种伪装。无论是否有意为之，这个名字模糊了他阿什肯纳兹人的出身。"哎呀，我从没写出来什么了不起的小说，最终我只得从法律上把自己的姓名变更为斯坦·李，"那是在30年后，在漫威获得巨大成功之后，斯坦如此感叹，"因为几乎所有人都通过这个名字认识我。"他在 2007 年一本讲述漫画产业犹太人从业者的书中,这样写下他的前言:"但我要坦白地说,时至今日,我仍然后悔更改了自己的姓名。"他没有前言里详述原因,但结合上下文也许表明他晚年对隐藏自己的出身未免有些遗憾。很难想象在 1941 年有谁会愿意去读那两页纸的故事,但这仍然创造了历史。

在那篇故事之后,斯坦显然能胜任写作的工作,又因急于展现自己的能力,他被交托了更多"人肉打字机"的工作。紧随其后的下一期《美国队长》漫画刊登了另一篇由斯坦负责文字、柯比负责配图的文字作品:《美国队长和投弹瞄准器的窃贼》(*Captain America and the Bomb Sight Thieves*)。这一期之后是《漫威神秘系列》第 21 期,以霹雳火为主角。而这些都是斯坦作为能够创作完整漫画故事的作家的首次亮相,包括对话框里的内容和其他文字部分。西蒙后来或许和斯坦存在分歧,但此时他似乎对斯坦评价不错,因为他不只派了一两期,而是将足足 3 期的漫画故事迅速地丢给这个新手来做。3 个故事都出现在 1941 年 5 月的杂志上。

斯坦·李发表的第一则漫画故事刊登于 5 月 15 日的《美国漫画》(*U.S.A. Comics*)第 1 期上,是一篇由查尔斯·尼克拉斯(Charles Nicholas)[1]负责绘图的 6 页故事,题名为《冰霜杰克》(*Jack Frost*)。这是一个奇怪的作品。故事中,一个名叫杰克·弗罗斯特(Jack Frost)的冰冻天气拟人化精灵,在阿拉斯加的冰冻平原上遇到了一个淘金者;这个淘金者并不害怕这个肌肉发达的冰人,他在临死前告诉弗罗斯特,纽约的一个流氓在偷他钱财时开枪打伤了他,现在

---

[1] 作者注:查尔斯也是一个有多人使用的英译笔名,在这里指的是波兰裔美国人查尔斯·沃伊特科斯基(Charles Wojtkoski)。

第一部分　壮志未酬

还威胁他的女儿。"我听说全世界的犯罪行径都猖獗不绝，但它现在竟出现在了我的土地上，"弗罗斯特愤恨不已，"我将惩戒这宗恶行，并阻止更多这样的恶事发生！"

出于某种原因，他把这个人冻在一块冰里，然后"加速离开"此地并前往纽约市。在那里他试图警示警察局长和探长，但他们还在不断嘲笑这个冰蓝色的绅士，结果掉落的冰柱和突如其来的低温给以他们惩罚。这些确立了弗罗斯特作为一种超级反英雄的地位。他追踪坏人时任由他们在火中被烧死，进一步确立了他疾恶如仇的个性。当他被现场的警察责罚时，他宣称所受到的不公对待使他变得偏执："非友即敌，下次见面的时候，小心了！"就这样，弗罗斯特"从凡人的眼前消失了，只留下两根冰柱作为提醒，他最终是要回来的"！整个故事有点像"潜水人"（SubMariner）的衍生作品，那也是一个对人类持矛盾态度的怪人，但这个故事更为奇特。斯坦的这个漫画处女作预示着，他在漫威全盛时期之后创作的绝大多数超人类角色都有一个持续的主题：一个基于怪异噱头的人物，而这噱头并不完全有效，在文化心理上也没有留下任何痕迹。

之后的漫画系列出现了已有的超级英雄人物"黑惊奇"（Black Marvel），新创造的很明显是人类的驻外记者"'头条'亨特"（"Headline" Hunter），西蒙和柯比创造的以时钟为主体的超级英雄"时间之父"（Father Time），以及斯坦创造的超级英雄"毁灭者"（Destroyer，"发誓不消灭纳粹大军决不罢休的人"）。突然间，以"斯坦·李"为作者的署名随处可见，而这在当时的漫画书中并不常见，当时作者的名字通常是隐藏起来的：看来斯坦比他的同龄人更把署名看作成名的工具。

几个月后，斯坦从古德曼的漫画阵容进军到老板的幽默杂志系列，为一份名为《小丑》（*Joker*）的出版物写了一些恶作剧的内容。其中之一是简短的"现代童话"，一个"小水手"试图引诱一个"小女孩"和他一起"在草地上坐坐"，但她拒绝了，导致水手出于某种原因"去了女孩的家，坐了一晚上，和她的家人聊天"。这份喜剧性的军营待办清单是针对1940年9月征兵制度（未雨绸缪，因为美国还没有开战）以来入伍的一小群年轻人所写的，而一篇名为《笑笑就行了！》（*Laugh It Off!*）的小品文，讲述了一个遵循当时健身和营养建议的人最终"成为一个瘦弱、多病、不受欢迎的年轻傻瓜"的故事，"他住在一个叫古恩维尔（Goonville）的城市，那里的人相信所有的广告"。

虽然这些作品在80年后没有引起人们的笑声，但斯坦在他的职业生涯中花了大量的时间（一直到21世纪）努力成为一名幽默散文作家。当他以第一人称在漫威的信页、专栏和介绍中用小品的形式表现出这种幽默时，它获得了巨大的成功；可当他以更为客观的模式进行写作时，却没能打动读者。还有一个更值得注意的行业先兆，出现在1941年9月的《漫威神秘漫画》第25期：斯坦写了一个关于各种超级英雄的文字故事，这些超级英雄都是系列漫画的常驻角色，他们一起参加了一个会谈。虽然这不是超级英雄小说的首个联动故事，但它是第一个表明时代公司旗下的每个角色都可以出现在同一空间的故事。首个联动故事的荣誉属于第8期的《纳摩和霹雳火史诗》（*Namor and Human Torch epic*），由其他人所写。20年后，当斯坦建立起无穷无尽、相互联系的漫威宇宙时，他很可能都不记得这两页散文了。但也许正是它们种下了这种创作框架的种子，最

第一部分　壮志未酬

终从根本上改变了纸面和银幕上的流行虚构文学。

当斯坦在创作所有这些晦涩难懂、不为人知，但值得注意的初期作品时，这个纪元却唐突地结束了。根据西蒙的说法，西蒙和柯比在创作《美国队长》时曾与古德曼谈判达成了一项口头协议，他们将从该角色的书籍中获得25%的利润。然而，据称古德曼几乎没有向他们支付任何费用，尽管这个角色在报摊上取得了巨大的成功，但古德蔓对他们撒谎说实际上并没有赚到多少钱。当西蒙和柯比得知他们被骗后，就偷偷地为竞争对手"国家漫画"（National，后来被称为DC漫画公司）做兼职，利用休息时间在附近的酒店房间工作。这就是斯坦介入的地方，且未必是好意的。"我们在酒店的工作室里花了很多时间，有一次斯坦·李一直跟着我们，他总是这样，拒绝回去，"西蒙回忆说，"当他看到我们在做什么后，我们要他发誓保密。"

几天后，根据西蒙的叙述，一群古德曼的亲戚兼员工（远不止斯坦和所罗门靠着裙带关系在这里领工资）在工作间里围住了西蒙和柯比。据传，是亚伯·古德曼（Abe Goodman）对他们说："你们在为DC漫画公司干活，你们表里不一、背信弃义，该为自己的行为感到羞耻，"接下来是，"你们必须完成《美国队长》这一期。做完你们就被解雇了！"

这个时间点很可疑。会不会是斯坦多嘴把他们俩卖了？西蒙个人对此存疑。"我的理论是，在漫画界，每个人都知道一切，"他写道，"DC漫画的人知道我们要来谈判，在合同上下功夫，他们也会互相议论。他们中的一些人甚至可能嫉妒我们，因为我们得到的版面费与他们不同。那里没什么秘密可言，所以我并不太确定是不是斯坦。"斯坦在《精益求精》中说："我在时代公司工作没多久,他们就离职了。不,这不是因为我!"但是有一个人似乎不同意他们对这件事的分析,这点很关键。"杰克一直认为是斯坦向他的叔叔告密,说我们在为 DC 漫画工作,"西蒙回忆道,"他从未放弃过这个念头,为此一生都在恨斯坦,直到他去世的那天。"这是两人结下的第二个梁子。

1941 年下半年,西蒙离开后,古德曼需要一个新的编辑来接续漫画故事线。他给了家族成员一个极大的人情,先选了自己的兄弟亚伯(Abe)来做,后来又出于某种未知原因,把这个头衔给了斯坦。斯坦当时只是个几乎没有任何工作经验的孩子。虽然如此,在 1942 年 1 月 5 日,《美国队长漫画》第 12 期的内页上还是写上了"编辑斯坦·李"的名字,并未提及握有这份巨大权力的人才刚满 19 岁。斯坦事后回忆这件事时谈道:"我想,古德曼当时是想找一个成年人,而不是一个才十几岁的少年来承担起编辑的责任。但显然他并没有多少耐心,很快就没再找了。"斯坦要承担起更大的责任,要更直接地与多变的古德曼打交道,他一直没搞清楚这重关系的走向趋势到底应当如何,它似乎是动荡不安的。在 1978 年的自传大纲中,斯坦写道:"MG 于我是个父亲的形象,他是我认识的最为成功的人。"但后来在《精益求精》中,他轻描淡写地说了些坏话,描述了与古德曼之间的距离感,而非家人般的和睦。他描述古德曼的那段话值得全文复述,因为它颇为冗长,以及斯坦从那段不稳定的关系中学到的教训颇为关键:

作为一个老板来说,马丁做得很好。刚开始他有点高高在上，这也理所当然，我们并不是那种可以一起喝酒的朋友。时代公司是个很小的公司，大多数员工都对他直呼其名。有一点很明显，他很喜欢当老板的感觉。他会花很多时间去打高尔夫，几乎每天下午都在自己办公室的沙发上打盹，后来的几年里，他还喜欢和公司里任何有空的人玩填字图版游戏。啊，我从来没空。但他还是能够留意各种事，他对出版业的了解都透彻得很。他是一个自学成才的人，像钉子一样犀利，没人比他更了解杂志发行的那些错综复杂的事情了。如果他能更有野心，我认为他的公司可以成为出版业的巨头之一。但马丁似乎觉得，能让日子过得舒心又轻松就足够了。这让我觉得很挫败，因为我一直希望我们能做得更多，走得更远。但我也只是在心里想想。那个时候我觉得有份工作就很走运了，更何况还是份有意思的工作。

很显然，如果古德曼是一个父亲的形象，他也像斯坦的亲生父亲那样：在斯坦的眼中，他有些可悲，是个主要作为反面案例来让人警醒的人。在管理好手下的员工、处理好与表姐夫的关系之外，斯坦还必须应对持续写作的压力。在这里，我们也看到斯坦在晚年对古德曼大张挞伐并试图说服他的观众，他最终通过成为一个潮流的引领者，一个有创造力的创造者，像一个幽默风趣的人战胜了他俄狄浦斯式的宿敌。"马丁的指令是把故事写得足够简单，让孩子们也能理解，"斯坦评价道，"我们在这里谈论的不是《战争与和平》(*War and Peace*)。"斯坦要摆脱古德曼那种不求上进的懒人哲学，这种努力最终将塑造斯坦的世界观。

尽管心怀不满且工作繁忙，这位新上任的编辑部主任还是受到了公司同事们的喜爱。"每个人都觉得斯坦亲和力十足，他管得很宽松，"艺术家文斯·法戈（Vince Fago）回忆道，"他曾经会整天吹竖笛，也有点像单簧管。这对每个人来说都很好：让气氛变得很轻松。他会让我们等着，直到他吹完当时正在吹的曲子。他甚至会走进马丁·古德曼的办公室，向他吹奏。"斯坦会和员工一起散步，给他们每页作品 1 美元的加薪，这在那个年代是相当多的钱。他也有一种天然的能力，来平衡微观管理和给予创作者自由支配权。一方面，"他脾气很好，但对自己的编辑工作很严格，"亚伦·贝尔曼回忆说，"他想做得完美无缺。如果你在一格里画了桌上有个杯子，下一格里就不能把它遗漏。"另一方面，按法戈的说法，斯坦在给画师们规划故事的时候，相信大家不需要太多指引就能做出很好的作品："他会写出故事和对话，但不会细分到分镜。那将由我自己来安排。"

这种由他想出一部分大纲并形成文字，然后让画师来完成大部分实际情节和故事描述的做法，最终演变成了所谓的"漫威模式"（Marvel Method）。这在后来引起了巨大的争议，因为它掩盖了画师（artist）同时承担的底稿（penciler）和写手（writer）的双重角色。即使在原型阶段，这种模式确实有助于在忙碌的环境中先行分配并给予画师尽情发挥的自由空间，但甚至还没到达人生的第 3 个 10 年，斯坦就已经步入了混乱。

在漫画故事中，美国队长进入"二战"战场的一年后，与他同名的那个国家也随之采取了一样的行动。在这里，我们必须再次对斯坦的描述表示怀疑。多年来，他说自己感受到民族主义的责任要投身于此，而记者和历史学家也都转述了这个版本。"战争开始后不久，我对自己说：'我为什么在这里写这些漫画书？'"他在1977年告诉一位采访者，"'我该去参军，做一个像埃罗尔·弗林（Errol Flynn）或约翰·韦恩（John Wayne）那样的英雄'，所以我入伍了。"到了2017年，他将自己讲述得更加爱国："我想我本可以延期，但……那种战争要是不能参加，那我就是个懦夫了。这场战争太重要了，不能不打。"珍珠港是在1941年12月7日被轰炸的，而斯坦在1942年11月9日才入伍，这期间相差了11个多月。在这期间，他为国家服务的唯一方式，就是制作关于时代公司的英雄人物痛击轴心国的故事，编写关于军队生活的幽默文字（没有任何实际经验），在古德曼的成人杂志上用一些体面的短篇小说分散成年人的注意力，用以"小恶魔"（Imp）为主角的幼稚故事安抚紧张的孩子。会不会是古德曼向斯坦施压让他留下来的？斯坦在《精益求精》中提到"我的父母很担心我（参加战争）"，也许他拖延时间是为了安抚父母，直到不能再拖延下去？又或者，这个身材瘦小又喜欢阅读的年轻人不想直面战争的恐怖？无论怎样，斯坦最终还是入伍了，并且准备被派往大西洋或太平洋。结果是他从未离开过他出生的国家，他甚至几乎没有离开他的打字机。

对于斯坦·李的战争时期，要记住的关键点是他是一名宣传员。他从未那样描绘过自己，而他当时的工作（或者至少是我们知道的工作）是非常平淡无奇的。但确实他的工作都是为了通过简单、直接的信息传递来灌输忠诚和兴奋的情感反应，从而让士兵们能完成真正的军事目标。在这之前，除了为那家结核病医院写宣传稿之外，斯坦的写作是为了娱乐，而非激励。到了他成名时，这也可以说是他成名的原因，他变成了一个用直接沟通激起读者情绪的魔法师，经常使用"面向前方"的军用短语，把自己称为"总司令"（Generalissimo）。这样的措辞旨在让大众觉得自己是忠实追随者军团的成员，会按照指挥官的要求做任何事情。我们有理由考虑到战时环境对他的影响。

斯坦不可能预料到服役会对自己的写作产生任何直接影响。他和每个服役的人一样，以为自己会被派去作战。他回忆说："我过去经常去纽约的游戏厅，总是去玩那些换取奖品的小手枪游戏，我觉得自己应付得了真枪。年轻时我们总是所知甚少。"

"马丁对我要离开并不高兴。"斯坦继续说，即将参军的他安排法戈（有趣的是，他也是德威特·克林顿的毕业生）接任《时代漫画》杂志的编辑，而古德曼接受了现实。选择法戈或许是某种权力游戏，《时代漫画》画师戴夫·甘茨（Dave Gantz）事后回忆道："我觉得斯坦是在保护自己，他不想任何人抢他的风头；而斯文的天性使他不会做那种事。"

据斯坦说，是他的父亲（而非母亲或兄弟）陪他去的纽约宾夕法尼亚车站，因为他要乘火车前往新泽西的蒙莫斯堡（Fort Monmouth）接受基本训练。在那里，他被安排担任俯瞰大西洋的哨兵，在他认为是某种官方的欺凌仪式中差点被冻僵了。他对军队的等级制度感到十分气恼。他在提纲中写道："对士官的憎恨远远超过我对敌人的憎恨。"他指的是非委任的士官。还在蒙莫斯的时候，斯坦被分配到信号部队，该部队的主要任务是建立和维护战场上的通信线路。斯坦回忆说，他对这一任务感到兴奋，但失望地得知他将有一个更平凡的职责，一个会让他留在美国的职责：教育士兵。

"我简直不敢相信，"斯坦回忆说，隐隐地叹了口气，"军队觉得为我找到了比守卫新泽西州免遭敌人入侵更重要的事情。他们想让我制作训练用的影片。"难以置信的是，他成了被分配到剧作家部门仅有的9个人之一，其他8人是诸如导演弗兰克·卡普拉（Frank Capra）、作家威廉·萨洛扬（William Saroyan）、漫画家查尔斯·亚当斯（Charles Addams）甚至苏斯博士（Dr. Seuss）等名人。看起来斯坦与这些人中的任何一个都没有太密切的合作，尽管他们中的一些人和他共享了在纽约皇后区一个由电影工作室改成的新住所，但他很自豪地认为自己是他们中的一员。关于入伍人员分类的官方军事手册这样描述剧作家的职位："为戏剧、广播或电影作品编写场景和剧本，用于娱乐或指导军事人员，或用于宣传目的……需要有为广播、舞台或电影编写或改编剧本或场景的民事经验。"按照这个标准，斯坦是一个奇怪的人选：漫画书没有被列入所需经验的清单中；也不清楚斯坦除了仅有对话的大纲之外是否写过完整的漫画脚本；并且他似乎觉得自己不合适，因为他后来写道（尽管这可能是某种虚情假意的谦虚）："我能加入那个庄严的小组只有一种解释：他们觉得需要一个无名小卒参与其中充当象征，我想政治正确性在当时也是很重要的。"

更耐人寻味的是，关于斯坦服役期间的文件明显不多。他声称在剧作家部门取得的大部分成就都没有现存的记录，尽管他的叙述似乎真实可信。他曾在杜克大学（Duke University）和印第安纳州的本杰明·哈里森堡（Fort Benjamin Harrison）服役，同时创作出越来越多令人振奋的产品。他说自己一开始写的是部队训练片，有着《战斗条件下M-10步枪的命名和操作》（The Nomenclature and Operation of an M-10 Rifle Under Battle Conditions）和《大兵组织鞋柜的方法》

(*The G.I. Method of Organizing a Footlocker*)这种刺激的标题。与童年时为《先驱论坛报》举办的写作比赛的故事相呼应，斯坦经常讲述一个关于自己在工作上表现出色的虚构故事，他在自传大纲中简要地列举道："主管官员要求我写得慢一点，因为这会显得其他人做得不好。"他很快就转向了相对来说更有趣的内容。他为军队财务部写了一首进行曲，他记得这首歌是这样写的：

> 出发吧，去我们的办公室
> 坐在我们的桌前，从清晨到夜晚
> 远离任何战场的喧嚣
> 给那些作战的兄弟们付账
> 同事们，警醒起来，守卫账本，远离任何谬误
> 我们书写，我们计算，坐正，别开枪
> 什么也拦不住我们的财政部部长！

在斯坦的讲述中，这篇歌词非常成功，使他被委以重任，即负责让财务部门的工资手册更容易阅读。因此手册中充满了小漫画和谜题，主角是一个名叫"财政弗莱迪"(Fiscal Freddy)的人物。但没有什么比他设计的一张海报更让他高兴的了，这张海报是为了防止海外士兵在休整期间感染性病。他声称自己画了这样的画面：一个卡通化的军人微笑着行进，指着自己，同时夸耀道："性病？ 我没有！"按照斯坦的说法，他非常渴望为国家服务并摆脱乏味的生活，因此他要求成为一名军官并被派往战场。据说，他的指挥官这样回答："斯坦，如果你成为一名军官，我们就会失去你。他们会把你送

到海外，我们就没有足够的作家来做我们所有的教学手册和电影。"也许这是真的，也许不是。但无论真假，这个故事都是斯坦·李自我膨胀的一部分。

这些都不是特别艰巨的工作，斯坦也从未远离过文明生活，所以他仍然过着平民生活。他买了第一辆车，一辆二手的 1936 年普利茅斯，然后是一辆四门的别克辉腾。这是个一生爱恋的开始，朋友们经常谈及斯坦对汽车的热爱。说到恋情：他还建立了一个颇有女人缘的声誉。他说起过与印第安纳波利斯的一位富家女约会，但"没能发展为一场恋爱"的故事。洗衣部的一名军队雇员是他的另一个热恋对象，但"她有一个可怕的习惯，我无法忍受。只要有什么事让她不高兴，她就会说：'哎呀，倒霉！哎呀，倒霉！'我不觉得自己能和一个一直说'哎呀，倒霉'的女孩共度一生。"

但最重要的，也是最神秘的，是那个差点和斯坦结了婚的女子，我们只知道她有一个不寻常的名字：琪叶（Kiye）。在斯坦·李的自传大纲中对她有个简短的描述："遇见琪叶，我差点和她结了婚。"在一次采访中，他谈到她是一个"我非常认真对待的女孩，本想着离开军队后能和她结婚。"但对当时 20 岁出头的斯坦来说，有一个棘手的情况："我发现她才 16 岁。我觉得这样对她不公平，所以我离开了。"虽然琪叶可能是斯坦在战争期间最与浪漫有关的希望，但最引人注意的还是后来写出《盐的代价》(*The Price of Salt*) 和《天才雷普利先生》(*The Talented Mr. Ripley*) 的作者帕特里夏·海史密斯（Patricia Highsmith），她当时正在为时代公司写漫画书。法戈为斯坦安排了这次潜在的浪漫会面。海史密斯是一个出了名的铁石心肠的人，也是一个以同性之爱闻名的女人。对后人来说不幸的是，斯坦不记得，或者至少没有透露他们谈话的任何细节。法戈报告说，这次会面没有发展成正式的约会，因为"斯坦·李只对斯坦·李感兴趣"。

与此同时，在非工作时间，斯坦设法以某种方式继续为时代公司写漫画，"二等兵斯坦·李，顾问编辑"的名字有时会出现在作者名列中。他写的是关于卡通形象和爱国英雄的故事（为了与他的宣传工作保持一致，他甚至写了一个旨在让读者购买战争债券的故事），偶尔也为一些常规杂志写些幽默文章。他经常讲一个故事，说他为了从法戈那里得到一个时间紧迫的漫画任务而闯入收发室，差点被送上军事法庭。这个故事符合斯坦对自己的描述，他是一个"极富幽默感"的工作狂，但目前并没有证据证明这个故事的真实性。

斯坦于1945年9月29日光荣退伍时，已经完成了对一个步兵来说非常了不起的创造性工作。他在后期明确地表示，战争对他没有影响。"我只是年长了3岁，"他告诉一位采访者，"我服役了，我做了我必须做的事，我回到家，想找个女孩结婚。"这样的说法太简化了。他经常说他钦佩广告人，并希望在推销他所服务的品牌和他自己的个人品牌（而这两者往往是一体的）方面拥有他们的能力。但他从未在麦迪逊大道的广告公司工作过。他为美国政府做过广告工作，彼时他在自己的心理工具箱中放入了另一套修辞工具。斯坦·李回到纽约时已万事俱备，准备在艺术和文字方面迈向更高的成就。但是，和《最伟大的一代》(*The Greatest Generation*)里许多回到了战后平凡生活中的人们一样，他的下一个阶段面临的是：希望的破灭和野心的受挫。

第三章

无声绝望

◆ 1945—1961 年 ◆

一得到重回漫画业全职工作的机会，斯坦就立刻开始想要摆脱这个行业。他在自传大纲里的"回归日常生活"的标题下，写的第一件事就是"想要加入教科书行业。贝内特·瑟夫（Bennett Cerf）该试试其他的发行人。就这样吧"。瑟夫是兰登书屋受人尊敬的负责人和创始人之一，也是著名的幽默作家，他在战争末期已是文学界内的一位名人。在斯坦·李的档案中可以找到他多年后的一份演讲文字稿，声称他"努力了 6 个月"，希望和瑟夫建立"一个出版教科书的附属机构"，但后来他意识到政府审批这类业务的过程"太让人费解"，遂放弃。

"很可惜，我当时太年轻、太傻，又没有经验，我没想到还可以向教育出版界的人求助，"斯坦继续写道，"我当时就觉得，'行吧，这事没成。'然后我就回去搞漫画了。"他没细说自己为何想要加入教科书行业，可能他之前为美国军队编写教材的经历，让他觉得自己有特殊的说教才能。斯坦总是对自己新做出的成绩十分亢奋，他从未表现出自己特别热爱漫画这一行业，而且不得不再次与反复无常又总是死气沉沉的古德曼打交道也确实令他反感。教科书似乎是一个很好的出口,如果说从他退伍到《神奇四侠》问世的这几年经历对他而言有何启示,那就是让斯坦想退出漫画行业。

20世纪四五十年代,斯坦一直在想方设法脱离漫画业,但因种种原因都没能成功:运气不好、经济不景气、灵感匮乏,诸如此类。结果就是他一直没能辞去正职。时代漫画——或者不管它在那段时间里被称作什么,都在继续推出四色叙述故事[1](four-color narratives),而斯坦又回到了负责整个生产线的状态,尽管他依然很年轻;法戈被解除了总编辑的职责。后来他注意到,不管斯坦有什么缺点,古德曼似乎都很信任他。法戈说:"古德曼从不干涉斯坦做什么。他信任斯坦。他知道斯坦在主导大局,工作也做得不错。"斯坦有助理编辑,但他牢牢掌控着主导权,相信自己的直觉,同时在新兴漫画行业的水域中航行,而这片水域很快就会危险起来。

人们对他在这一时期的领导能力评价不一。"有些人可能认为斯坦的管理风格是粗暴的。"卡通画家艾尔·贾菲(Al Jaffee)回忆说。他曾以创意人的身份为斯坦工作,并短暂地担任过副总编辑。后来,他成为EC漫画公司《疯狂》(Mad)杂志的幽默传奇人物。艺术家亚伦·贝尔曼说:"斯坦挺友好的,就是有点孤傲。他通常和别人保持一定距离,以此来确保自己的主编地位。但他对自己的员工不错。"

《献给阿尔吉侬的花束》(Flowers for Algernon)[2]的作者、作家

---

[1]译者注:"四色"指当时在美国印刷漫画书只会用到四种基本色:青绿、品红、黄、黑。

[2]编者注:指美国作家丹尼尔·凯斯最著名的作品之一,本书主要讲述了查理·高登通过手术,由低智力变成天才的科幻故事。

丹尼尔·凯斯（Daniel Keyes）在20世纪50年代为斯坦工作过，但他对此不以为然，说斯坦是"那时我见过的最害羞的人。不肯跟任何人说话，总是闷在自己后面的办公室里。我对他的记忆就是他在地上放了一个杯子，一个轻击球杆，在那里打迷你高尔夫球"。

斯坦有一位秘书名叫阿黛尔·库尔兹曼（Adele Kurtzman），她的丈夫就是当时也在为《时代杂志》工作、后来创立了《疯狂》杂志的画家哈维·库尔兹曼（Harvey Kurtzman）。关于丈夫为斯坦工作的那段时间，她是这样评价的："为斯坦工作并不是开心的经历。我想哈维觉得斯坦给的有些批评并不算恰当。当时的漫画是黑白印刷的，斯坦会说：'多来点黑的！多来点白的！'这没什么实际意义。我只能说……他只是在羞辱人。"但她对自己的工作没有什么怨言，并表示斯坦创造了一个轻松的工作环境："他从没开除我，也不冲我发火，从来没有过。他让我印象深刻……有一次，他爬到了我们隔壁房间的一个文件柜顶上，并且宣布：'我是一个神，你们都得膜拜我！'就是那种孩子气的傻事。"

艺术家吉恩·柯兰（Gene Colan）在1947年中期开始为斯坦工作，总是觉得他很有意思。吉恩后来这么评价："斯坦就像个孩子一样，总是充满欢乐。如果他想充分表达自己的意思，他会真的站到桌子上摆出姿势，好让我们明白他的要求。我第一次见到他时，他戴着顶鸭舌帽，帽子上还有个小螺旋桨。当时窗户开着，那东西就转个不停。真是难以置信，我后来和他一直处得不错。"

无论人们对斯坦有什么看法，对他的评价都比对那些空谈家或者臭脾气的编辑要好得多。斯坦几乎是最好的编辑：他知道如何发现并留住人才，知道如何搭配作者和画师，他还拥有"媒人"般的眼力。这个时期，时代公司的工作或许还不能说是革新性的，但很扎实。可以说他最强的能力在于编辑，而能与之比肩的另一个能力则是宣传推广的天赋。当然他从未以"最伟大的漫画编辑"自居，而是把自己称为"最强创意者"。这一点可以被认为是斯坦传奇人生的悲剧核心：他从未把自己最无可争议的成就放在首位，而是选择了那些最有争议的成就。

如此，在斯坦退役后的头两年间，漫画书编辑成了他唯一的工作。出版历史学家瓦萨洛（Vassallo），号称拥有世界上最全的古德曼出版物收藏，他对此这样描述："在刚刚结束战争的1945年底至1947年中期，斯坦·李负责监督所有漫画书的进度，但没做任何实际的写作工作。"

古德曼的公司在斯坦缺席期间扩大了规模，增加了复杂性，甚至在他不在时搬进了帝国大厦，有了更大的空间。他们的工作间里现在有了几十位艺术家，还有越来越多的自由撰稿人。在更接近后期有争议的"漫威模式"中，斯坦会为这些撰稿人提供一些故事思路，让他们自由地安排剧本，最后由漫画家们描绘成型。

他们递交的作品和斯坦最初作为职业作者时主导的作品很不一样。第二次世界大战和它象征的光明与黑暗的史诗冲突结束后，超级英雄们的第一纪元也随之落幕了。没有了纳粹，他们现在要和谁战斗？简单的街头打斗似乎不够宏大，又也许是因为美国的年轻人厌倦了摩尼教[1]式非黑即白的战斗。尽管DC漫画仍在出版超人

---

[1] 编者注：摩尼教（Manichaeism）又称明教、明尊教、二尊教、末尼教、牟尼教等，源自古代波斯祆教，为公元3世纪中叶波斯人摩尼（Mani）所创立、在巴比伦兴起的世界性宗教。它的主要教义是二宗三际论，有自己的戒律和寺院体制。

（Superman）、蝙蝠侠（Batman）、神奇女侠（Wonder Woman）等系列，但大部分故事都逐渐淘汰了那些裹着氨纶紧身衣的英雄传说。时代公司也是如此，在少量地出版了一些关于纳摩、霹雳火和美国队长的故事后，很快就放弃了。

取而代之的是各种故事类型不断变化的潮流，古德曼和斯坦则按照市场的引领，尽职地逐个追随。他们做了趣味动物童话、阿奇（Archie）[1]式的青少年故事、西部故事、硬核犯罪传奇、恐怖故事以及年轻职业女性如何闯荡世界的故事，还进行了电影和电视的授权联动，甚至开发了《圣经》的重述作品。斯坦偶有试水的另类作品是爱情漫画。爱情漫画一般都是虚构的故事，通常表现为来自年轻女性对其爱情生活的"真实告白"。具有讽刺意味的是，发明这种作品的是这两个男性：西蒙和柯比，他们在时代公司和DC漫画之外工作。爱情漫画成了20世纪50年代漫画市场的主导力量，常常位居排行榜的榜首，并为漫画故事的创作留下了沿用至今的情节。斯坦当时还没有在连载艺术媒介上做出重大创新，但他未来的搭档已经在第二次引领产业变革了。

与此同时，斯坦正试图通过将自己定位为该行业的专家来超越该行业。1947年，他做了两次大胆的尝试，试图突破漫画的主流非小说散文。第一次尝试是在那年秋天为《作家文摘》（*Writer's Digest*）写了一篇封面故事，标题是有些愤世嫉俗的"漫画自有黄金屋！"（*there's money in comics*！）。斯坦本人充当封面模特，外表是标准的家长式风格，梳着光滑的背头（他的发际线在他这个年龄段以

---

［1］译者注：《阿奇》是20世纪40年代起畅销美国的系列漫画，主角是一位叫阿奇的少年。

惊人的速度后退），嘴里叼着一个烟斗（虽然他不抽烟）。"嗯，你还在等什么？"第一句话就这样问道，其余内容读起来就像给战后劳动者看的、开朗活泼的自助指南一样。它阐述了如何编写和销售漫画，以及"漫画好剧本的 5 个要素"（5 Elements of a Good Comic Script）。

其中最有趣的是第 3 条"好的对话"，它预示着斯坦最终对超级英雄对话方面所做的革新，且贬低了时代公司过去的作品。他驳斥道："美国队长一边暴揍红骷髅（Red Skull）一边咆哮'你想玩玩吗，嗯？'的时代已经过去了！"并补充道，"要让你的角色像真人那样说话，而不要像是来自某种令人困惑的异世界一样！"结论充满了杜鲁门（Truman）式的"能做到"（Can-do）精神："所以，你们这些急于开拓新市场的作家，有一个为你们量身定做的市场在等着你们……我相信你们不会后悔花这个时间，我没后悔！"这篇以第一人称所写的长文章是"漫画大师斯坦·李"这个人物的首次公开亮相。他还远未找到这个角色后来获得的完整话语模式，但已经存在这种"私下聊聊"的语气。现在回顾起来，这是他成功的又一块显著基石。

第二次也是更具说服力的尝试，是他在 10 月 28 日自费出版的一本 99 页专著《漫画背后的秘密》（Secrets Behind the Comics）。这并不完全是一本漫画书，尽管它有斯坦的朋友和雇员肯·鲍德（Ken Bald）的大量插图。这本书和《作家文摘》的文章一样，旨在将斯坦定义为一种漫画行业的代言人，以及为非专业读者解释行业内部知识的人。如果你愿意的话，还可以将它当作一册本地指南。他后来承担了这种角色并靠其获取了极大成功，得益于他夸张措辞的天赋。这点在《漫画背后的秘密》中也有所体现。书的介绍中说:"这是一本你从未读过的书!""这本书会让你兴趣盎然,让你大为震惊!""好好保管这本书,因为你会想一读再读,并在今后多次向你的朋友展示! 现在舒服地坐下来,准备享受这份新的阅读快感吧!"其余部分说明了创作漫画书过程中的每一个关键步骤,从想法的萌芽到读者手中的印刷品,都以一系列编号的"秘密"(Secrets.)形式呈现。这些内容其实平淡无奇,基本上就是描述了漫画这种娱乐产品的生产流程,让人们得以窥见一些细枝末节,但其表达方式有一种欢快的活力,出人意料地让人耳目一新。

然而,《漫画背后的秘密》包含了斯坦第一个在艺术界持续的争议,他将无数次地引发这种争议,直到对他的声誉造成灾难性的影响:隐藏创作归属权。"秘密12"是关于美国队长的诞生,该角色可能至今仍是时代公司最著名的创作。它在几页的体量里,以漫画分镜的形式展示了一个从未被其他人证实过的描述。在书中,马丁·古德曼在《漫威漫画》第1期中获得了初步的成功,他的崇高追求源于他的信念:"必须让年轻的美国读者认识到纳粹和法西斯主义的危险! 我必须做得更多! 我必须创造一个漫画人物,他将代表自由与法西斯主义斗争!"旁白接着写道:"在接下来的几周里,马丁·古德曼让全国顶尖的作家和艺术家提交了关于新的爱国主义类型角色的想法,直到最后,一个角色被选中——美国队长,自由的哨兵!"下一页便是队长和巴基叉腿站立的画像。但全书99页中都没有提到西蒙或柯比。当然,普通人对队长的真正出处一无所知,按照斯坦的说法,容易轻信的读者们"不知怎的"注意到了这本册子,初次印刷就售空了。这个先例就这样发生了。

第一部分　壮志未酬

这年也有一次重要的个人经历，使1947年成为斯坦具有非凡意义的一年。他在曼哈顿阿拉玛克酒店（Alamac Hotel）常住时，进一步发展了他"妇女之友"的事业。他对这次奇特的经历感到特别自豪，因为当时与他见面的那位女子实际上是名伴游女郎，并且很想和斯坦聊一聊她的工作行业内幕。他后来写道："我成了对社会边缘人群的信息最为了解的人之一，尽管对我来说那些信息大多是通过二手资料获得的。"后来，斯坦为古德曼的一本杂志写了一篇题为"不提倡性工作合法化"（Don't Legalize Prostitution）的社论。

在某个冬夜，按照安排，他要去表弟莫顿·费尔德曼（Morton Feldman）所在的帽子公司参加节日聚会，并且与一位名叫贝蒂（Betty）的职业模特见面。斯坦敲了敲门，开门的是另一位模特，一名褐发的英国女子，名叫琼·克莱顿·布科克（Joan Clayton Boocock）。数十年后，琼回忆这段相遇，用她无可挑剔的英式口音描述道："我记得很清楚，他来到门口，把雨衣挂在肩上……还有一条围巾之类的东西，像个领结。"斯坦一直说她与自己童年时的某个人物原型十分相似，令他惊诧不已："我很小的时候就会画卡通，画些小画，"他说，"几乎每个画画的人都喜欢画女孩子，而且一般都会画自己理想中女孩的脸。她的脸就是我一直画的那样：美丽的大眼睛，微翘的鼻子，姣好的双唇。"那一刻，在冬日的寒风中，脑海中的幻想在斯坦眼前变得清晰起来。"我看了她一眼，那正是我一生都在画的脸。"琼说当时斯坦·李说的第一句话就是爆炸性开场。"他说：'你好，我想我要爱上你了。'我当时就想，可不能错过这个人。"

但在此之前，还有个小小的障碍，琼的新婚丈夫是一名驻扎在她故乡英国的美国士兵，也正是战场新娘的身份使她来到美国。但琼已经认准了斯坦,她长途跋涉到内华达州的里诺市,只要在那里住上一段时间就可以获取离婚证书。斯坦一开始仍留在纽约,两人保持着通信。据传,有次琼在信中提起了一个叫杰克的人,斯坦生怕自己的爱人会另觅新欢,就急忙搭乘飞机赶去了里诺。但这是杞人忧天:琼顺利地离了婚。更有传言称,随后,为琼办理离婚的法官就为这对害羞的新人缔结了婚姻。

这一天是 1947 年 12 月 5 日,几乎正好是他们相遇一周年的日子。而后,这对璧人飞回了纽约,举办了第二次婚礼仪式,这一次满是亲朋好友,由拉比(rabbi)主持,于利伯一家当时在华盛顿 170 大街的住所举办。在那个年代,犹太人和非犹太人之间的异族通婚非常少见。杰克非常激进地严守自己的犹太民族习俗,而西莉亚,按斯坦的话说,是个"十分守旧的犹太女士"。因此,拉里说斯坦"与外教人结婚"对杰克来说是"一个很大的困扰",这种说法是可信的。然而利伯家族的后裔总是坚持说,他父母对他的基督徒新娘表示欢迎。当然了,即使他们有反对意见,也无法阻止斯坦和他的爱情。

然而,即使在这种喜悦之中,也有一股强烈的、悲剧将近的气息。在举办婚礼仪式时,西莉亚的身体状况就不容乐观。"她先是得了过敏症和关节炎,最后是胃癌。"拉里回忆道。12 月 16 日,就在斯坦与他梦寐以求的女子结婚的 11 天后,他失去了生养自己的母亲。西莉亚·所罗门·利伯被埋葬在皇后区黎巴嫩山的犹太公墓里。

她离世时甚至未满 58 岁。不知出于何种原因,斯坦不太愿意谈论这个悲伤的变故,只在回忆录里一句话中有所描述:"当我母亲去世时,我们的生活发生了戏剧性的变化。"这种变化并非源于悲伤,

第一部分 壮志未酬

而是更源于生活流程上的。拉里当时16岁,和母亲非常亲近,因为她的逝世,拉里从一个无忧无虑的少年变得有些神经质。他需要一个栖身之所。他们的父亲杰克搬去了70大街上一间小一些的公寓,不肯当单亲父亲。拉里推测他的父亲"没有让我和他住在一起,是因为他知道我们不会那么容易相处……家里其他人也没有建议过我和父亲一起住。"

于是,斯坦和琼允许拉里和他们在长岛买的新房子里一起生活。斯坦说他们搬进新家是为了给拉里提供住宿的空间。但这个新安排似乎不是很顺利。斯坦写道,琼把这份类似家长的新职责做得"像一个老练的演员,对拉里好得不能再好,体贴得不能再体贴"。然而,敏感的拉里将自己当时的境遇与布兰奇·杜波依斯(Blanche DuBois)[1]相比较,感受到了一种不受欢迎的气氛。弟弟说:"我能强烈感觉到他对我住在那里有着十分矛盾的心情。"我问拉里为什么会有那样矛盾的心态,他拒绝回答,只是说:"你必须了解他和琼的情况,主要是琼,但我不想谈论此事。"不过他大致谈到了琼对斯坦的不良影响。"我觉得琼改变了他原本拥有的、令人钦佩的优点,同时放大了他的缺点。比方说对事物缺乏同理心,金钱至上,对人厉声叱骂,等等。"于是在一起生活了没几个月,拉里就选择去和他的表亲马丁和琴·古德曼一起生活了。

不仅如此,对斯坦的期望而言,《作家文摘》的封面故事[2]和《漫

---

[1] 译者注:布兰奇·杜波依斯,名剧《欲望号街车》的女主角,家道中落后寄人篱下。
[2] 1951年,著名媒介理论家马歇尔·麦克卢汉(Marshall McLuhan)在其著作《机械新娘》(The Mechanical Bride)中简短地提及了这个封面故事。

漫威先生:斯坦·李的传奇人生

画背后的秘密》并没有增添什么建树,没有产生后续的故事或巨大的赞誉。斯坦无法让自己去关心他所从事的艺术形式。"可笑的是,我从来不是一个漫画书读者,"他后来说,"我只是写它们,但我并不喜欢看它们。"他在结婚前后重新开始做漫画,但拉里回忆说,斯坦主要对写作的"量化方式"感兴趣,而不是对质量感兴趣:"我记得他说,'琼,我在20分钟内完成了一部西部故事'。"后来,当拉里问哥哥斯坦是否曾想过写一本小说时,斯坦回答说:"我没有那么喜欢写作。我写作是因为我能写,写起来很容易,能以此谋生。"斯坦自己后来说,在《神奇四侠》之前,如果没有必要他几乎不会去想工作。"作为一个终极写手,我在坐到打字机前的这一刻才开始思考,一分钟都不提前。"他在《精益求精》中写道,"虽然我从做漫画中得到了乐趣,但它对我来说只是一份工作。"

无论是好是坏,这份工作需要迅速开展。随着40年代结束,斯坦写的多为一些幽默故事,诸如帕茜·沃克(Patsy Walker)和模特米莉(Millie the Model)这样性格随和的女性角色的冒险故事,以及一系列明目张胆地对货架上更受欢迎的漫画所做的廉价仿制:《可怕的奥斯卡》(Awful Oscar)仿制了《祸害的丹尼斯》(Dennis the Menace),阿奇漫画(Archie Comics)的"出名少年"被改编成了名叫乔治(Georgie)的小伙子,诸如此类。然后就发生了一个工作上的大变故,而这很可能是斯坦的错。常见的说法是他对自由职业者过于仁慈,囤积了半秘密性的"库存"漫画,也就那种只需填充或替换内容就可以用来出版的模块型页面,并为他们的工作支付报酬。古德曼发现了装满成品的柜子,于是决定解雇创作团队(bullpen),转而利用大量的现有库存和自由职业者的劳动力。也有人猜测古德曼用自由职业者取代固定创作团队，是出于税收原因，但无论如何，他们的漫画工作室确实被关闭了。

从1949年末到1950年初，斯坦被指派去解雇漫画工作室的所有工作人员，有时是亲自去，有时是通过助理编辑或秘书。大楼里有个对讲机系统，由于不断裁员，大家给扬声器取了讨人厌的外号"讨厌鬼盒子"。艾伦·贝尔曼回忆说："每天都会有一个人或两个人被叫进去，我当时很紧张，而且才刚刚结婚。最终他们还是叫了我的名字。"贝尔曼觉得在自己被解雇时，这位前老板至少没把这难办的差事推给他人，算是一个闪光点："是斯坦本人解雇的我。"

新生儿的到来对一个人的生活来说通常是相当重要的，但斯坦无法预料他的第一个后代会为他的生活带来什么样的影响。1950年4月18日，琼·西莉亚·李通过剖宫产出生，她在成年后与埃里克·克莱普顿（Eric Clapton）的一次交流中称自己的名字是"JC"。在斯坦去世的时候，JC被编剧兼导演凯文·史密斯（Kevin Smith）和斯坦的朋友称为"世界上糟糕透顶的人"，斯坦自己也称她为"世界上最危险的人"。一个在斯坦生命的最后几年占据了他的大部分心思的人，一个无法放下的忧虑——JC一直折磨着他，但他永远无法让自己脱离对方。她的生活从一开始就充满了争议。在妻子琼的要求下，斯坦让他的孩子们接受了基督教的洗礼。据拉里说，琼是负责通知杰克的人，而后者并不接受。"太残忍了，要告诉我父母说他们的女儿受洗了，"拉里叹息着，"然后那些信件可能就来得更多了。"

他所说的信件，是指杰克寄给斯坦日益不满的信，痛斥他对犹太教和犹太人民不忠。拉里回忆说："杰克会不停地给斯坦寄信，'更像犹太人一点''要过犹太节日',诸如此类,把他烦得要命。"杰克狂热地关注着当时成立不久的犹太国家以色列,拉里怀疑杰克在信中让斯坦"应该对此做些什么"。这并不奇怪,毕竟,杰克的父亲,也就是斯坦的祖父西蒙·利伯,很可能就在那边生活。但这种要求显然被无视了。拉里说杰克和斯坦与琼的私人关系仍然很亲密,斯坦也会寄钱给杰克,但显然父亲对儿子这样急速转变为异教徒并不高兴。结果就是 JC 会和母亲一起唱基督教的虔信歌,在家里摆上十字架,甚至在中年时还尝试录制一首关于圣子耶稣的单曲。如果杰克担心自己家族绵延数千年的犹太传承会在此终结,那他的担忧并不是没有理由的。

虽然家庭成员增加了,但没能像斯坦和琼希望的那样更加人丁兴旺。3 年后琼再度怀孕并又生下了一个女儿:"我们叫她简(Jan),琼觉得这是最接近斯坦的名字。"斯坦日后回忆说:"琼为她准备好了房间,装饰得漂亮可爱。"然而婴儿一出生就有严重的健康问题。琼回忆说:"我要求见她,她那么小,比 JC 要小,是个可爱的小婴儿。我永远记得,他们是那么兴奋。他们不断告诉我,'瞧,她今天喝了一点水,她今天吃了一点东西'。"琼记得自己在保温箱旁专注地观察了几天,但最终"那边的护士走过来说,婴儿死了"。夫妻两人都没能完全走出这份创伤。斯坦写道:"这是我们的生活中第一个也是最为心碎的悲剧事件。"53 年后在录制一部纪录片时,二人的声音仍会颤抖不已。斯坦在镜头前哭了出来,琼说她和斯坦"从没有真正地讨论过有关简的事。这很奇怪"。

更糟糕的是再度尝试的希望也破灭了。他们过去在怀孕方面遇到了困难,出于某种未解释的原因,医生将琼的输卵管结扎了。她回忆说:"单单结扎输卵管还是可以恢复的,但我的医生不仅把它们结扎了,还把它们剪断了,这就没法复原了。我想要收养孩子,但我不能。我不能领养一个犹太婴儿,因为我不是犹太人。我也不能从天主教家庭收养,因为我是圣公会教徒……当时也不可能收养任何混合婚姻的孩子。"就这样,JC成了斯坦和琼的唯一孩子,这一身份使她在他们心中有了特殊的地位,无论她给他们的生活带来了多少麻烦。正如琼所说,"也许这就是为什么斯坦、我们的女儿和我,一直是一个如此紧密的家庭"。

在怀俄明大学斯坦·李的官方档案中,有一些老录像(斯坦向该机构的美国遗产中心捐赠了文件和录音),其中大部分似乎是由斯坦拍摄的这个亲密的家庭在艾森豪威尔时期田园牧歌式的美好生活:冬日里,身穿红色连衣裙的琼和她穿着白色大衣、上小学的女儿在后院里挥手跳舞;稍大一点的JC,与她的母亲和一只大黑狗在一起嬉戏;骑在马背上的JC;玩玩具卡车的JC;琼和JC在泳池边,前者穿着黑色连体衣,戴着泳帽,后者套着橙色救生圈;斯坦一家在动物园,注视着鸵鸟、瞪羚、鳄鱼和大象;JC在表演编排好的舞蹈,喜欢镜头对她的关注。偶尔,斯坦会突然出现在镜头里,摆出仿佛对着台下充满感激的观众歌唱咏叹调的姿势。这看起来像是对郊区家庭和谐生活的一种拙劣模仿。对许多人来说,在那个时期能像斯坦这样生活是完全令人满意的:有一份自己擅长的稳定工作,一位相貌出众的爱妻,一个充满活力的女儿,几只狗,还有一所房子,离世界上最伟大的城市只有一趟列车的距离。

但是翻阅档案的其他部分,你会发现斯坦声称自己过得很悲惨。也许这都是回顾性的评估,但在他1978年的自传纲要中,他把自己

50年代的生活称为"僵持之年"。斯坦在那一节中断断续续地描述了郊区生活的琐碎痛苦，这些描述比得上他在任何其他载体上曾写过的最为沮丧压抑的词句，像是厄普代克小说中的内容。"这简直是恶性循环，我们花钱是因为我们觉得应该从这些写作中获取些什么，而我继续写作是为了能够支付我们的生活开销。"提纲中这样写道，"我最大的爱好是看二手车以及去服务站闲聊，这里是我们的社交中心；还有就是和琼一起吃晚饭。这就是我的日程安排。去办公室——回家写作——度过周末和夜晚。"

他有编辑工作的薪水，但他的写作工作基本以自由职业者的身份进行，也就意味着他有额外收入。但这对于他家庭习惯的生活方式来说仍然不够。他写道："没有存钱，我真是太蠢了，没意识到钱都交了税。工资不断提高，'自由职业'报酬率不断上升，但毫无意义，税档也水涨船高。不改变生活方式就存不下钱，但如果不能理所应当地用自己的所得去生活，努力工作赚钱的意义何在？"最要紧的是，他的发迹线更为显著地后退了。"僵持之年"以一段阴郁的自我评价结束："不管怎么说，我还是做了件积极的事。我最终意识到自己确实讨厌秃头，就去买了顶假发。但我仍感到自己止步不前——我越来越老了，怎么还能一直做漫画书呢？何时何地才能停止？"

看起来斯坦并不以自己的职业为豪。他和琼会举办和参加各种盛大晚会，但聚会时他会竭尽全力避免谈及自己的职业。"有时一些不太熟悉的人会走向我问：'你是做什么的？老天，我真不想承认自己的工作。所以我会说：'噢，我是个作者。'然后就转身走开。但他会跟上来问：'你写什么？'我只好说：'呃，就是给小孩看的故事。'我又走开，他又跟过来：'什么样的故事？'问到后面我只好说：'漫画故事。'听到这里他终于转身走了。"

这种对工作的省略说明，一方面纯粹出于对职业感到尴尬，另一方面则出于自我保护。随着 50 年代的发展，漫画书成为全国范围内道德恐慌的对象，任何明智且自尊自爱的健康社区成员都不愿意与它们有关联。自 40 年代末以来就不断有批评漫画业的声音，当时讲述犯罪和恐怖类型的漫画正在迅速扩散。那时的一些抱怨来自美学家，如评论家约翰·梅森·布朗（John Mason Brown）称漫画书为"摇篮里的毒品"，但更具破坏性的攻击来自心理学界。

1948 年 3 月 19 日，心理治疗促进协会在纽约市举行了一次题为"漫画书的心理病理学"（The Psychopathology of Comic Books）的研讨会。会上，研究心理疾病的专家宣布，漫画正以其对强者的半法西斯式崇拜腐蚀着美国的儿童，这种说法并非没有道理。"儿童的幻想，在漫画书图片的刺激下，使他们把暴力想象成唯一的出路，"一位专家在大会上说，"因为即使'善'征服'恶'，它也只能通过暴力来实现。没有人能够从此过上幸福的生活。亚历克斯翻过这一页，知道会有一个新的故事，同样的人通过与上次略有不同的、直接的、血腥的暴力方法来解决同样的问题。"另一位专家发言说："超人并没有教导人们服从法律，而是颂扬了由个人将法律掌握在自己手中的'权利'。超人并非勇敢无畏，他的内心无时无刻不处于一种内疚和恐惧的煎熬中，这种极度的焦虑也实实在在地传递给了读者。"美国的空气中弥漫着青少年犯罪的恐惧，漫画被认为是造成这种状况的原因之一。

仅仅 8 天之后,《科利尔》(*Collier's*)杂志就刊登了一篇有关漫画界针对研讨会组织者的文章,这篇文章引起了轰动。那是一个几乎单枪匹马地改变了数代漫画产业的人:弗雷德里克·韦瑟姆博士(Dr. Fredric Wertham)。他出生于德国,是热衷于弗洛伊德(Freud)作品的学生,拥有令人羡慕的教育背景。在移民到美国后且在约翰斯·霍普金斯大学(Johns Hopkins)任教之前,他从精英云集的维尔茨堡大学(University of Würzburg)获得了医学学位。虽然韦瑟姆因其支持审查制度的立场经常被漫画迷们认定为保守派,但总的来说,他是一个强有力的自由派进步人士。他致力于提高美国黑人的地位,在白人医生通常回避这种责任的时候,他曾广泛地治疗他们。而他关于种族主义会带来心理伤害的著作,在具有里程碑意义的、反种族隔离的最高法院案件"布朗诉教育委员会"(case Brown v. Board of Education)中被引用。

然而,正是他对漫画书的执着,这同样来自改善全人类的进步信念,令他载入史册。《科利尔》杂志上以"苗圃中的恐怖"(*Horror in the Nursery*)为题的文章,向广大读者介绍了韦瑟姆对图画书的激烈看法。他被引述说:"漫画书,从意图和效果上看,正在败坏年轻人的道德水准。它们以一种不正常的方式带有性冲动的攻击性。它们使暴力变得诱人,把残忍视作英勇。它们不是教育性的,而是僵化性的。如果那些应当负责任的人拒绝清理漫画书市场——目前看上去大部分人都是拒绝的——那么现在是时候立法,将这些书从报摊和糖果店中清除出去了。"诸如此类的想法在美国精神中找到了一个重大的立足点,到 1948 年底,至少有 50 个城市禁止或审查了漫画书。

第一部分 壮志未酬

但这也为斯坦带来了一点福音：正是这个事件带来了第一次媒体采访的机会。1948年5月9日，《纽约先驱论坛报》的一篇文章引用"斯坦利·利伯"的话说："我们并不是靠色情和血腥去卖书。我们是商人，不能指望由我们保护那些可能受到警匪故事影响而行为不良的孩子。我们认为已经自我审查得很严格了。"最后一句话至少有一部分是真的。

1948年秋天，发表在《时代杂志》上的一篇社论称，一位人称让·汤普森博士（Dr. Jean Thompson）的精神病学家正在审查他们所有的漫画作品，以"确保我们的漫画不包含任何可能遭到父母、老师或朋友反对的内容"。在之后的漫画中还有些越来越尖锐的针对此问题的社论，很可能是斯坦所写："让如今这些批评家看看他们的历史。应该让20世纪的评论家自己决定，是否想被后世看作和历史上把《鲁滨孙漂流记》（*Robinson Crusoe*）评论为'泔水'的人一样的货色。""正如会有好人和坏人，有好的和坏的广播节目，有好的和坏的电影一样，也会有好的文学和坏的文学。"诸如此类。时代漫画的内容要比其蒸蒸日上的竞争对手DC保守得多，而且在刚开始时古德曼的底线没怎么受到讨伐行动的影响。事实上，截至1952年，时代公司几乎是漫画界最成功的出版商，其销售额大约超过了DC漫画的两倍。

虽然如此，韦瑟姆依然奋战在第一线，斯坦也继续与其对抗，尽管可能不是以他后来声称的那种方式。斯坦在他的回忆录中写道："对我来说，韦瑟姆是个狂热分子，纯粹又简单。我以前会和他辩论，这很有趣，因为我通常会赢，但这很少被公开。他曾经声称自己做了一项调查，证明少年管教所的大多数孩子都是漫画书的读者。所以我对他说：'如果你再做一次调查，你会发现大多数喝牛奶的孩子都是漫画书的读者。我们应该禁止牛奶吗？'"这些被斯坦称为"李－韦瑟姆辩论"，但它们似乎从未发生过。历史学家们翻遍档案去寻找这些所谓的言辞交锋，但没能发现任何证据。

最接近于证据，并且能表明斯坦当时对韦瑟姆进行过激烈抨击的，是他为古德曼的《暂停》（*Suspense*）系列第29期撰写的一个故事，题为"狂热的疯子"（The Raving Maniac）。故事中描述，一个发疯的人冲进一间看起来像斯坦的漫画编辑办公室，大声斥责其出版的"可怜的杂志"。他指着画有吸血鬼、狼人等内容的漫画页，质问："你们怎么能刊登这样的故事？"假斯坦以斯坦特有的调侃方式回答道："这简单！我们只是把它们送到印刷厂……一下就好了！"不过，假斯坦给了这个名义上的狂人一个真正意义上的反驳："我来告诉你为什么人们喜欢读我们的杂志！看看报纸吧！"他指着有关饥荒、谋杀和核战争的文章，叫道："至少我们的读者知道我们的故事不是真的！他们可以放下我们的杂志就把它抛之脑后！但现在光看报纸就能把自己吓死！"疯子说他不喜欢编辑制作的漫画，编辑则回答："好吧！那就别看了！没有人逼着你看！这就是我们这个伟大国家的美妙之处……每个人都可以自由地做他想做的事……只要不伤害别人！"

事实证明，这种对言论自由至高无上的倔强信念，并没有得到漫画业其他成员的认同。1954年4月，反对漫画的战争出现了两个重大的转折。韦瑟姆出版了一本总结了他反对漫画业的书，书名为《诱惑无辜》（*Seduction of the Innocent*），令人难忘；而美国参议员埃斯蒂斯·凯福弗（Estes Kefauver）在国会大厅举行了一系列关于青少年犯罪和漫画书的听证会。

时代公司和其他出版巨头被推上了风口浪尖；委员会的调查员理查德·克伦登（Richard Clendenen）强调了古德曼的《奇异故事》（*Strange Tales*）中的一个问题，"在5个故事中有13个角色因遭受暴力而亡"，包括一个医生"用手术刀插入自己的胸部"。古德曼派遣他的业务经理小门罗·弗罗利希（Monroe Froehlich Jr.）出席作证，后者声称自己处于道德制高点，他说："如果哈里特·比彻·斯托（Harriett Beecher Stowe）没有写《汤姆叔叔的小屋》（*Uncle Tom's Cabin*），这个国家就不会遭受痛苦吗？它也充满了武力、酷刑场面、暴力行为以及死亡。"

不仅如此，《诱惑无辜》的巨大成功和漫画产业在听证会上的糟糕表现，给那些以漫画书为生的人带来了一场普遍的公共关系灾难。出版商们联合起来成立了一个名为美国漫画杂志协会（Comics Magazine Association of Amarica，简称CMAA）的团体，并立即着手制定《漫画法》（*Comics Code*），这是一个类似于好莱坞《海斯法》（*Hays Code*）的全行业审查制度。其要点是极端的清规戒律："任何图画都不应显示女性的不雅或不适当的暴露，而且在任何情况下都不能比在美国常穿的泳衣更裸露。""犯罪的表现方式不能引发人们对对抗法律和正义的同情，或激发他人的模仿欲望。""绝不应使用粗俗和淫秽的语言。""不应该幽默地对待离婚，也不应该把离婚说成是迷人的或诱人的"等。有十几家公司倒闭了，专业人员也陆续从这个行业离开了。全行业摊位上的漫画系列数量减少了一半。斯坦后来回忆说，听证会后几个月，他对一个在度假时遇到的人说起编辑漫画书，那个人回答说："你做漫画书？这绝对是犯罪，完全应该受到谴责。你应该为你所犯的罪行去坐牢。"

尽管有这样的公众讥讽,并且古德曼规定他可以在每个星期三在家写作,但斯坦还是继续前来工作。他制作的漫画,总的来说没有什么特别之处:无非是牛仔、骑士、幻想存在、纯洁浪漫等故事。古德曼,像这个行业的其他人一样,希望能与新生的《疯狂》(Mad)杂志的成功相媲美,因此斯坦也推出了一本名为《混乱局面》(Snafu)的幽默杂志,写了一些拿制作人员名单恶搞的内容("由欧文·福布什创立[1]……由马文·福布什丢失")和为照片(包括琼摆出魅惑姿势的照片,像在成为家庭主妇之前她一直渴望成为的模特一样)配上搞笑文字。即使这种惯性工作也被古德曼的一个不明智的商业决定打乱。

在1949—1950年的大规模解雇员工后,古德曼开始通过一家名为亚特兰斯新闻(Atlas News)的公司发行他的漫画,并慢慢地重新建立了一个由职员创造者所组成的规模有限的创作班子。但在1956年,由于并不明确的原因,但可能与希望削减成本以摆脱凯福弗听证会后的销售低迷有关,古德曼选择关闭阿特拉斯并开始通过一家美国新闻公司进行分销。1957年初,美国新闻公司(American News Company)突然关门了。惊慌失措的古德曼与一家名为独立新闻的经销商签了约。唯一的麻烦是,该公司为他的竞争对手DC漫画所有。独立新闻公司迫使古德曼将他的产量削减到每月仅8本漫画——惊人地减少了约80%的产量。接下来惊天动地的大裁员开始了。

"我记得那个黑暗的日子,马丁对我说:'斯坦,我们必须让全

---

[1] 译者注:英语中"创立"一词,与"找到"的过去时拼写相同。

第一部分 壮志未酬

体员工离开。我想让你解雇所有人。'"斯坦在《精益求精》中写道。"我说:'我不能这么做!'他回答说:'你必须这么做。我要去佛罗里达州度假,必须有人来做这件事。就这样。'"于是斯坦就像7年前那样,把工作人员一个接一个地叫进办公室,告诉他们公司不再需要他们了。"这是我一生中做过的最艰难的事情,"他后来说,"我不得不告诉他们噩耗,而我和这些人是朋友。有那么多人,我在他们家里与他们共进过晚餐,我认识他们的妻子和孩子,而我必须告诉他们这些。"有一个可能只是谣传的故事,说斯坦在解雇员工的间隙,多次找借口去洗手间呕吐。当一切都结束时几乎无人留下。虽然斯坦后来经常写到"欢乐的漫威漫画工作室",在漫威革命启动后的真实情况是,在它所谓的全盛时期,那样的欢乐场景早就不复存在了。"我就像一个人形指示灯,留在那里燃烧,希望能在未来的某一天重新启动我们的创作工作。"如果说以前的漫画似乎是一种拖累,那么现在似乎是一个核灾难现场。

斯坦多年来一直在尝试逃离。他在自传大纲中写道:"我一直在做其他类型的自由职业工作。"令人惊讶的是,其中的一些工作似乎是在广播领域。在大纲中,斯坦还说他为广播电台代笔写过剧本,琼告诉采访者说斯坦"会去参与非常早期的电视工作"。在一份写于20世纪50年代末的"斯坦成就列表"中,声称他是电视艺术与科学学院(Academy of Television Arts and Sciences)的成员。学院说他们没有他的成员记录,但也说他们那个时代的文件不全。似乎没有任何记录表明斯坦参与了哪些广播或电视节目,但他当然有可能涉足这些渠道。他偶尔会提到,他以自由职业者的身份为广告公司和报纸写了些文案。此外,他还定期为古德曼的杂志尝试写一些长篇散文，比如那篇关于社会边缘人员报道的文章，和一些题目类似于"顶峰点的狂人"（*The Madman of Peakskill Point*）、"你的刺在哪里？"（*Where Is Thy Sting?*）的短篇小说。这些作品都没有成为实质性或持续性的非漫画作品。

斯坦获得成功的领域是漫画书的姊妹载体：报纸连环画。如今看来可能有些奇怪，但考虑到报纸连环画更为悠长的历史，和它们在高发行量期刊中的傲人地位，报纸连环画在20世纪50年代时被视为一种更值得尊敬的工作。所以也难怪斯坦会想要向上攀登，投入连环画的领域。50年代初，他曾为《我的朋友厄玛》（*My Friend Irma*）和《豪迪·杜迪》（*Howdy Doody*）这两部喜剧片做过一些替补脚本的工作，但没能获得全职的工作。在50年代中期，斯坦说服古德曼允许他使用古德曼公司的一个不起眼的部门，《时代画报》（*Timely Illustrated Features*），这个部门的部分工作是制作和销售报纸连环漫画的样本。奇怪的是，古德曼似乎允许斯坦将此作为一个个人项目来做，但它并没有给公司带来什么利益，因为斯坦最终的连环画合同似乎与古德曼的出版帝国无关。他之后在连环画界的经历通常会被忽视，他为了进入连环画界拼尽全力、孜孜不倦，最终获得了部分成功。如果不去深入了解他所做的这种努力，就很难真正理解这个人。

我们对这一历程的了解，大多来自存放在俄亥俄州"比利-爱尔兰漫画图书馆"的连环漫画经纪人托尼·门德斯（Toni Mendez）档案中的信件和文件，得益于漫画历史学家格尔·阿珀尔多恩（Ger Apeldoorn）近年来的汇总。在他的研究中，阿珀尔多恩发现了斯坦和门德斯之间的大量通信。斯坦大约在1956年首次雇用门德斯，在

第一部分　壮志未酬

韦瑟姆的讨伐行动破坏了漫画界生态之后，在时代公司即将崩溃之前。门德斯本身就是一个迷人的人物：她是土生土长的纽约人，曾在哥伦比亚大学短暂学习，然后成为火箭队的一名舞蹈演员。她后来成为一名编舞和"美国剧院之翼"（American Theatre Wing）的成员，这使得她更深入地参与到艺术工作中去；而这反过来又使她接触到各种连环画创作者，并最终促使她成为他们的经纪人。她很快就有了一系列的客户，包括获得巨大成功的艺术家史蒂夫·卡尼恩（Steve Canyon）和米尔顿·卡尼夫（Milton Caniff）。斯坦自然会求助于这样一位握有大量关系的女性。

档案里没有门德斯和斯坦初次沟通的记录，可能是通过电话交流，似乎他们的初次尝试是推广一部名为《副总裁克莱·默多克》（Clay Murdock, V. P.）的连环漫画，由后来成为漫威顶梁柱之一的文斯·科莱塔（Vince Colletta）作为合作画师。这是一部以广告公司为背景的肥皂剧，按阿珀尔多恩的话说是一部"去掉原有讽刺意味的《广告狂人》（Mad Men）"。门德斯把它寄给了《芝加哥太阳时报》联合集团（Chicago Sun-Times Syndicate）、出版商联合集团（Publishers Syndicate）、《国王精选》（King Features）、《芝加哥论坛报》（Chicago Tribune-New York）以及纽约新闻联合集团（New York News Syndicate），热情地称这个企划是她"最近一段时间内看到的最好的连载漫画"。每家都拒稿了，克莱·默多克的企划到此为止。没关系，斯坦还有另一个想法在酝酿之中。

接下来的尝试是建立在斯坦对一个经常被遗忘的前漫威时代核心人物的信念上。他的名字叫乔·马尼利（Joe Maneely），是一位能力出众的漫画家，斯坦非常喜爱他。在20世纪50年代的进程中，斯坦和马尼利在漫画界的一系列项目上进行了合作。马尼利出生于费城，其绘制的优雅形象和动态十足的动作令斯坦着迷，两人的关系变得越来越密切。当斯坦想推出一个新系列并在读者中引起轰动时，他经常求助于马尼利。马尼利可以画西部故事，例如《毛皮小子》(*Rawhide Kid*)；也可以画剑与魔法的故事，例如《黑骑士》(*Black Knight*)；还可以画间谍故事，例如《黄色利爪》(*Yellow Claw*)，没有他做不到的。他甚至为斯坦的《疯狂》山寨作品之一，创作了完美模仿《祸害的丹尼斯》的漫画，表明幽默漫画也尽在他的能力之内。

因此，斯坦向马尼利寻求真正的连环画创意是合情合理的。这次他向门德斯提出了一个名为《里昂先生的部落》(*Mr. Lyons' Den*)的提议。它将是一部家庭情景喜剧，但有一个小小的噱头：它有时会以被称为童子军的全美男孩俱乐部中的一群孩子为主角。当然，斯坦只有一个女儿，因此对童子军或其上级组织美国男童军（BSA）没有直接经验，但这并不妨碍他进行相关创作。他和马尼利构思了一些连环漫画样书，和门德斯带着提案和样书联系了BSA，看他们是否有兴趣支持这部作品。

即使用最客气的词形容，他们收到的答复也是令人沮丧的。童子军协会的执行官乔治·C.弗里克尔（George C. Frickel）逐条抨击样书故事中的许多细节是错误的。例如，"在第3号中有低龄童子军去露营的故事，这在我们的政策里是不允许的"。他们建议将重点从虚构的里昂先生转向他的妻子里昂夫人，再将名称改为里昂夫人的童子军。于是他们一一做了修改，也对标题做了润色，然后通过与BSA公共关系办公室的人脉，获取了该组织对这个漫画的认可，随后再度进行推广宣传。而且令创作者高兴的是，1957年秋天，芝加哥太阳时报联合集团（Chicago Sun-Times Syndicate）选上了这个故事。但该集团在向旗下的各家报纸推销这部漫画时遇到了困难，正如它的一位代表在一封信中所说："我认为作品本身挺好，但没能抓住主题。我们有的只是些穿着童子军制服的小男孩，做着不论是不是童子军的孩子都可能做的事情。"这个意见是有道理的。

为了提高人们的兴趣，一份名为《编辑与出版商》(Editor & Publisher)的新闻行业杂志刊登了关于斯坦和马尼利以及他们刚起步的连环画的专题报道。这是最初关于斯坦的新闻报道之一，几乎像所有他在之后几十年中收到的后续报道一样，充满了对斯坦个人魅力的溢美之词。"斯坦个子很高，外表有麦迪逊大道的风格，笑容很有感染力。"作家群体也夸奖连连，还提到作家和画师之间显而易见的友谊。"很难赢过这两个机智的人，他们兴奋地大笑，妙语连珠，滔滔不绝。"尽管如此，虽然有几家大报转载了《里昂夫人的童子军》(Mrs. Lyons' Cubs)，这部作品仍然没有在公众中流行起来。据斯坦说，琼提出的想法是打电话给当地的BSA领导人，看看他们是否喜欢这部漫画；如果他们喜欢，再问问他们是否可以写信给他们的报纸刊登故事。这些电话的结果有好有坏：一些领导人看过并喜欢它，其他人则理解不了这是什么。

与此同时，斯坦试图与科莱塔一起销售另一部连载肥皂剧，这部作品名为《为了琳达的爱》(For the Love of Linda)，正如斯坦的推销词所言，这个漫画围绕"美丽的琳达·黑尔，孤儿"(Gorgeous Linda Hale, orphan)展开——她"在大学毕业时收到了一份重要的电报"：她的"叔祖父去世了"，给她留下了一家报社，在一座"很小

漫威先生：斯坦·李的传奇人生

很乏味的小镇"。她到了那里，遇到了各种各样的人物，并"作为一个久经考验的报社女郎面对未来"。两家报业集团在1958年中期拒绝了斯坦和门德斯，于是他们就放弃了可怜的琳达。

尽管比其创作者们想要的页数要少，《里昂夫人的童子军》仍在每日发行。斯坦总是在寻找权威认证，他立刻加入了国家漫画家协会和报纸漫画委员会。漫画内容的喜剧性存在一定问题，例如，有一期节目是个三格漫画，一个小伙子穿上制服并梳理头发，但是画面外的父母却说："该睡觉了，年轻人。"接着是最后一格，这个男孩沮丧地说："什么？那这些不都白做了！"如果能有机会发展成熟，这个连载也许能成长起来，可惜事情没能如此。

1958年6月7日清晨，马尼利摔倒在一列通勤火车的两节车厢之间，不幸身亡。这就悲剧性地注定了项目的灭亡。这对斯坦来说是个人和职业上双重的毁灭性打击，导致他（以及漫画历史学家们）经常会想，如果这位受人爱戴的画师能够活下来，他又能为漫威革新做出什么样的贡献。这场死亡也引起了杰克·柯比的共鸣，据他最终的助手史蒂夫·舍曼（Steve Sherman）所说，柯比一直认为马尼利是为斯坦过度工作精疲力尽才会倒下的，而他绝不会允许斯坦对自己控制到那种地步。斯坦让时代公司的艺术家阿尔·哈特利（Al Hartley）接替了马尼利的工作，这个连载勉强维持了几个月，然后在12月被取消了。这是一个悲哀和耻辱的结局。

但希望仍在涌现。马尼利发生致命事故后的那段时间，斯坦和门德斯在试图推销各种想法。比如做一本名为《艺术脚本》(*Art Script*)的书，把著名的艺术作品与幽默的标题做配对。有一个叫《雄鹿线》(*Stag Line*)的推广，细节内容不为人知，但似乎是一个从男性视角出发的插图建议专栏。有人提议做一个叫"小名气"(*Li'l Repute*)的年轻女性冒险故事的连载漫画。还有人提议与艺术家丹·德卡洛（Dan DeCarlo）合作，他因创作了美国最受欢迎的青少年漫画形象"阿奇"而闻名，漫画作品名为《主街》(*Main Street*)。斯坦和门德斯甚至提出做一本填色书的想法。但这些都没有结果。最后，斯坦、德卡洛和门德斯卖出了一个连环画的提案，这个作品刚开始是描述一个纽约市警察的日常经历，叫作《巴尼的节拍》(*Barney's Beat*)，但后来变成了一个关于小镇邮递员的傻里傻气的连环画，叫作《威利·兰普金》(*Willie Lumpkin*)。这部作品一举逆转了颓势，于1959年12月首次印刷并被50多家报纸采用，其中许多报纸的发行量很大。然而，该漫画很快后继乏力，于1960年底被取消。

经历上述所有失败之后，斯坦真正绝望了，转向自助出版。这是他继近15年前发行《漫画背后的秘密》之后没再做过的事情。他独自成立了麦迪逊出版公司（Madison Publishing），于1961年推出了两本书：《匿名高尔夫球手：适合不完美的高尔夫球员（我们不都是这样吗？）看的书》[*Golfers Anonymous: The Perfect Book for the Imperfect Golfer（and Aren't We All?）*]和《红脸段子：花花公子的低俗读物》(*Blushing Blurbs: A Ribald Reader for the Bon Vivant*)。每本书都混合了照片：前者是高尔夫球员的照片（有时是斯坦自己的脸叠加在上面），后者是漂亮女孩的照片（当然包括琼），再加上斯坦的搞笑说明（在他的职业生涯中，他不停地尝试这种给图片添加文字的游戏，一直到千禧年，尽管它从未流行起来）。紧随其后的是第三本出版物《我自己的执行ABC涂鸦书》(*My Own Executive ABC Doodle Book*)，这是部搞笑的作品，由一些关于人们像奴隶一样受困于现代工薪制度的笑话与斯坦做的简单插图组成,并为读者提供了自己的涂鸦空间。前两本书成功出版了,第三本书虽然已经完全排好了,却未能出版。尽管斯坦不断努力,他仍被困在漫画行业中。尽管他当时无法想到,但正是在漫画这种媒介的土壤中,播下了他未来声名大噪的种子。

如果不是在 20 世纪 50 年代有三个人来到古德曼的门口,1961 年漫威帝国的曙光基本上是不可能出现的。他们每个人都有着各自不同的才能,与斯坦的才能相得益彰。每个人都在不同程度上贡献了最终会彻底改变漫画的想法(尽管不是在这个时期)。而每个人最终都对斯坦不是彻底厌恶就是抱着褒贬参半的看法。

第一个出现的是史蒂夫·迪特科,他安静而神秘,显得有些怪异。关于他的人生轨迹,人们都知之甚少。迪特科极度注重个人隐私,与斯坦形成鲜明对比,他坚决拒绝聚光灯,回避一切声名诱惑。迪特柯比斯坦约小 5 岁,于 1927 年 11 月 2 日出生在宾夕法尼亚州的一个家庭,父亲是东欧移民木匠,母亲是家庭主妇。他的父亲也叫史蒂夫·迪特科,是报纸连环画的狂热读者,并把他对连环画的热爱传给了他的孩子。孩子们会阅读母亲安娜(Anna)手工缝制的连环画册。年轻的迪特科后来成为新生漫画书的超级粉丝,开始狂热地画画,先是作为业余爱好者,然后在第二次世界大战最后的日子里,为驻扎在德国的军队报纸画画。值得注意的是,这与他的前辈和同时代人不同,那些人一般是意外开始从事漫画工作的,或是将漫画作为其他事业的垫脚石,而迪特科一直梦想成为一名漫画家。他可能是第一个最终成为该行业顶尖人才的漫画书迷。

迪特科很崇拜蝙蝠侠的画师杰里·罗宾逊(Jerry Robinson),

而多亏《士兵权利法案》(G.I. Bill of Rights)，战争结束后不久，他得以在纽约市的漫画家和插图画家学校向罗宾逊学习。在罗宾逊的印象里，迪特科"沉默寡言，非常勤奋"。而且他拥有一种天赋，使他能够超越其他学生的水平。罗宾逊经常把漫画专业人士带到他的课堂上。有一次，在20世纪50年代初，他邀请了斯坦，斯坦尽责地参加了，那时他还不知道听他演讲的其中一个小伙子后来会成为他最重要的合作者之一。迪特科在毕业后为各种漫画出版商工作，也在西蒙和柯比的工作室工作，既是主要画师（primary artist），又是上墨师（inker）。这是一项关键却不受重视的工作，需要为主要画师，也就是线稿师（penciler）的铅笔底稿做上墨修饰，以便使作品完成后可以印刷。他崭露头角的职业生涯被一场几乎致命的肺结核打断了，为此他在1954年回到了宾夕法尼亚州。当他第二年回归漫画界时，他想向以前的雇主之一查尔顿漫画公司（Charlton Comics）寻求工作，却得知公司所在地遭遇了一场洪水，损失惨重。迪特科渴望继续工作，他便想在马丁·古德曼打造的公司里试试手。

斯坦显然对迪特科的作品印象深刻，立即与他签了约。迪特科在半年的时间里为斯坦创作了17个故事，其中大部分是恐怖、神秘和悬疑的故事。古德曼1957年的发行惨败和随之而来的大规模解雇，意味着迪特科与斯坦最初合作的结束；但后者在1958年中期将迪特科重新邀请回了公司，以从事自由职业的项目。这对搭档开始创作，其作品主要是因为迪特科日益精进和独特的绘画技术而引人注目。最终，斯坦为迪特科设计的情节开始符合欧·亨利的模式，其叙事主要依靠曲折的结局，来呈现严肃的寓意或很强的冲击力。迪特科利用这些原材料，将之以独特的怪诞方式呈现出来，在画面中充满了不可思议的动感（悬浮的建筑物、穿墙而过的人等），还有一些令人深感不安的变异人：他们的身形细长而有棱有角，关节扭曲的方式似乎稍有不妥，他们的面孔充满了恐吓、震惊或令人毛骨悚然的丑陋，有时这三者同时出现。奇怪的是，这些怪异但极具效果的元素在迪特科后来创作超级英雄作品时仍然存在。

比起迪特科，斯坦更为了解第二个招募的人：他的弟弟，虽然也没有人们想象得那么深入。自从他和斯坦以及琼短暂的共同生活之后，拉里开始了他对艺术一生的热爱，并将其转化为具体的工作。尽管他和斯坦之间存在不和，在1950年左右，他还是为哥哥的时代公司做了一点琐碎的印刷工作。事情并不顺利。"在我们的关系中他总是老大，即使在我工作时也是如此，"拉里回忆说，"他已经拥有了地位，结了婚，有了一个孩子。我是谁？我是拉里·利伯，在那个时候我没有朋友。所以我不喜欢当时那种情形。"沮丧的拉里离开了古德曼的公司，打起了零工。有一次他在《纽约时报》当一名送货员，在他们的大楼里运送物品和备忘录。"斯坦总是很聪明，"拉里回忆说，"他说，'不要告诉别人你是做快递的。告诉他们你在运输和通信领域工作'。这就是斯坦。"拉里在1951年应征参加朝鲜战争，并在冲绳担任绘图员；但他也立刻说明他并不擅长这种技术性绘图。退伍后，他开始在纽约艺术学生联盟的课堂上磨炼自己的技能。

但在1957年古德曼的发行崩溃后，他自己发展事业的尝试就结束了。当时绝望的斯坦让他的弟弟再次来作为他的廉价劳动力。拉里答应了，交给他的工作是绘制爱情漫画。而令他惊讶的是，他还需要写剧情。"斯坦说希望有人能帮他写作,因为他当时无人可用,所有东西都只能自己做,"拉里回忆说,"我说,'斯坦,我不是一个作家'。他说:'哦,你能写。我读过你在空军的信。我会教你怎么写漫画故事。'"这是一种难得的恭维,拉里顺从了这个建议,负责编写和绘制爱情漫画。据他和斯坦说,然后他们就开始为古德曼公司在 50 年代后期招募的第三个、也是最重要的人写其他类型的脚本。这个人就是杰克·柯比。

柯比从 1941 年离开时代公司后的这些年就像坐过山车一样。他和西蒙去了 DC 漫画,并被赋予了相对自由的主导权来创作他们自己设计的开创性故事。他们改造了公司的角色"沙人"(Sandman),塑造了一个新的角色"追捕者"(Manhunter)并创作了关于硬派青年团体的故事(当然,部分灵感来自柯比的童年),如"男孩突击队"(Boy Commandos)和"新闻男孩军团"(Newsboy Legion)。柯比在 1943 年被征召入伍,他服役的职位比斯坦或迪特科更加危险。他负责在欧洲战场上担任侦察兵,甚至曾在奥马哈海滩(Omaha Beach)登陆,虽然是在 D 日[1]的两个半月之后(他后来说那只是 10 天之后,不是记忆力差就是夸大了)。战争结束后,柯比和西蒙重新聚在一起,开始从事西部故事和犯罪漫画的创作,然后如我们提到的那样,在 1947 年开创了爱情漫画,这是他们自《美国队长》以来带来的最大影响。多年来,言情作品是他们的衣食来源,某一期副本的固定月销量经常超过 100 万册。他们也涉足其他类型的故事,从恐怖类到科幻类,各种各样。

---

[1] 译者注:即诺曼底登陆战的那一天,奥马哈海滩为当时盟军的 5 个登陆点之一。

大约在那个时期，西蒙和柯比做起了自己的生意，创建了一家名为"主线出版物"（Mainline Publications）的公司，但它成为韦瑟姆时代崩溃的受害者，于 1956 年倒闭。此后他和西蒙分道扬镳。绝望的柯比不得不向编辑们乞求自由职业的工作，包括那个他仍然确信多年前曾告发他的人。他为斯坦创作了不到 20 个故事，但即使这样也不能持久。1957 年的发行失败意味着斯坦再也负担不起像柯比这样的人了。起初这并不是世界末日，因为柯比仍然可以为 DC 漫画工作，而且他碰巧正在画《太空部队的天空大师》（*Sky Masters of the Space Force*）连环画。然而，后来帮助柯比获得《天空大师》工作的 DC 漫画编辑杰克·希夫（Jack Schiff）起诉了柯比，称其在应得报酬的问题上存在欺骗行为，于是柯比的这两份工作都丢了。柯比陷入了困境。这时，他听说斯坦腾出了钱来委托自由职业者工作。就这样，在 1958 年 6 月初，杰克·柯比又开始为一个曾经给他带来麻烦的人工作。正是在这里，一切开始发生变化；也正是在这里，一切真正变得复杂起来。

这是柯比在 1989 年的一次采访中回忆他回归古德曼公司和受雇于斯坦时的情景：

事情很简单。我进去的时候，他们正在搬走家具，桌子也搬走了，而我需要这份工作！我有一个家庭，有一栋房子，而突然之间，漫威公司就要散架了。斯坦·李不知道该怎么做，他坐在椅子上哭泣着——他刚从青春期走出来。我跟他说别哭了，我说："去找马丁，告诉他别再往外搬家具了，我会让书赚钱的。"然后我做出了一排的新书，所有这些书都开始赚钱了。

第一部分　壮志未酬

不知为何，他们对我有信心。我知道自己能够做到，但必须想出以前没人见过的新鲜人物。我想出了"神奇四侠"（Fantastic Four），我想出了"雷神"（Thor）。只要能卖掉书，不论什么我都能想出来。

斯坦，正如人们所料，对这些让自己显得很难堪的事件描述提出了异议。在1998年的一次采访中，他对此做出如下回应：

我从来不记得他们搬走家具时我在那里。如果他们曾经搬过家具，那也是在周末，大家都在自己家里的时候搬的。杰克倾向于夸张事情，就像上次有人引用的他的话说，他进来时我正在哭，还说："请拯救公司！"我不是一个爱哭的人，我也绝不会那么说话。我很高兴杰克在那里，我喜爱和他一起工作，但我从未向他哭过。

由此，柯比与斯坦的陈述对决开始了，这将持续搅浑1958—1970年间两人发生的事情。大众通常只知道关于漫威革新的一种说法，那就是斯坦的说法。他的说法可以很简单地概括为："斯坦想出了所有的人物、情节和对话；杰克只是做出了视觉画面。"斯坦是作家，柯比是画家，这种观念是在无数的复述和引用中被反复提及的常规说法。与之相对的是柯比的叙述，可以简单概括为："杰克想出了所有的人物、情节和视觉画面；斯坦只是想出了对话。"只有在硬核漫画狂热爱好者圈子的一些角落里，才有少数人认为柯比是著绘者、斯坦是小工友。

在他们的一生中，两个人都没有公开承认对自己的叙述有任何不确定性，也不会承认有任何会表示合作或模棱两可的回旋余地。两个人都非常坚定地表示只有自己才是主要负责创造这些拥有不可思议价值故事的人，而不是另一个人。如果引述英国诗人吉卜林[1]的话就是：斯坦的就是斯坦的，杰克的就是杰克的，二者永不交会。更糟糕的是，他们两个人都会在自己的叙述中加入一些细节，使他们所说的东西变得可疑，从而使得历史学家痛苦地难以找出谁才是说实话的人。

让我们回到关于柯比在1958年来到古德曼办公室的故事。我们有理由怀疑柯比的复述。首先，斯坦在1958年6月并不是"刚刚走出青春期"，他当时已经35岁了。如果我们把这个错误说成一个七旬老人的记忆错误，那就等于要质疑他在采访中所说的其他内容。如果我们给它贴上夸张的标签，我们就不得不去想哪个部分是夸张，哪个部分是事实：桌子真的是围绕着流泪的斯坦搬出来的吗，还是我们要把它当作某种隐喻？ 更重要的是，我们如何解释柯比说自己在1958年创造了神奇四侠、雷神和其他作品，但直到60年代初这些作品才被印刷出版？

但我们也不能将斯坦的反驳视作真理。柯比说法的主要部分很可能是真实的。柯比回归时，古德曼的漫画发行部门状况很悲惨，这一点我们是有理由确认的。"50年代末期有一段时间，那是个只有一扇窗户的凹室，斯坦没有助理，得自己做所有的校正。"拉里回忆说。作家布鲁斯·杰·弗里德曼（Bruce Jay Friedman）当时正在

---

[1] 译者注：鲁德亚德·吉卜林，19世纪英国作家和诗人，其诗歌代表作《东西方民谣》的第一句即为"哦，东方是东方，西方是西方，二者永不交会。"

为古德曼的杂志部门工作,他回忆说,古德曼在这一时期正试图逐步取消本就没什么价值的漫画出版业务。画师迪克·埃尔斯(Dick Ayers)在那段不景气的时期为斯坦工作,记得斯坦和古德曼在当时关系紧张:"我觉得事情是在1958年开始变得非常糟糕的,"埃尔斯说,"但斯坦仍然留下我工作。有一天我进去的时候,他看着我说,'天哪,我叔叔刚才走过,甚至都不跟我打招呼'。他指的是马丁·古德曼。接着他对我说:'你知道,这就像一艘沉没的船,我们都是船上的老鼠,必须下船。'"马尼利的死亡使这种严峻的气氛更加浓厚。如果计算日子,柯比很可能在6月9日星期一接受了他的第一个新任命,就在马尼利死后不到72小时。考虑到斯坦和马尼利的关系十分密切,以及马尼利对古德曼的漫画出版业务有着极为重要的影响,悲痛欲绝的斯坦可能在这个濒临破产部门的简陋办公室里流泪,这不也很合理吗?

无论那一天的具体情况如何,值得关注的是之后3年的故事主要基于搭建出的框架而非实际内容。直到1961年,柯比在漫画界的主要工作是为古德曼和斯坦编写科幻故事。这些事件是重复性的,灵感来自当时流行的电影,关于泰坦怪物和来自星空之上的生物恐吓无助的凡人。柯比在1975年说:"让我做怪物我就做了。我更愿意去画毛头小子。但我还是画了那些怪物。我们有'格鲁特'(Grottu)、'科尔苟'(Kurrgo)和'东西'(It)。要想用这些可笑的角色做任何事,都非常具有挑战性。"柯比可能认为这些角色很可笑,但他的艺术作品正在凝聚成一些真正特别的东西:他是创造震撼场面的大师,创造出庞大的块状人形,仿佛是从33世纪的工程教科书上摘录下的精妙机械,还有运用了"前缩透视法"的画面设计,很有冲击力，让人觉得每一拳都打在自己脸上。这些技艺将在后来的数年中愈加成熟精妙。

关于科幻、怪兽时期的疑问挥之不去。数十年来，对于这些故事唯一能确定的是柯比画了它们，因为他的绘画风格是极具个人特色的。但是谁在写这些故事呢？没人能够证实，因为那些出版的故事上没有署名，也没有人声称是自己所作。直到1998年5月，在对斯坦的门徒罗伊·托马斯的一次友好采访中，斯坦才第一次声称是自己写了这些故事，没有提及其他文字工作者。第二年，托马斯采访了拉里，而拉里说科幻故事的创作过程是这样的：斯坦会给拉里一个简要的情节大纲，由拉里写出一个包含视觉效果指示的详细剧本，以及加入对话及叙述部分的副本，然后柯比会根据这个剧本来做画面，之后在画页上加上剧本里写好的对话。我们没有什么理由怀疑拉里的说法，因为他明确表示他对自己的漫画生涯并不关心，而且从不急于要求得到任何荣誉。我问拉里，柯比是否在没有斯坦参与的情况下自己想出了最初的故事。他回答说："也许他这么做了。要知道，他们两个人讨论时我从来都不在现场。"我们还是无法确切地知道柯比作为一个作家，在1958—1961年的科幻漫画中的具体参与程度。

看起来在那个时期，斯坦与一些艺术家，主要是柯比和迪特科，共同具象化了后来的"漫威模式"。不了解这个方法，你就无法理解几十年来关于斯坦参与的漫画创作者信誉归属的争议。在该方法出现之前，漫画通常是以人们直观认为的方式制作的：作者会先做出脚本，确定清楚每一页、每一格应该有哪些图像和文字，然后把脚本交给画师，画师按照指示画出对应图像，拿去编辑、上墨，再进行嵌字并加上事先写好的文字。但是,"漫威模式"将这一切都颠覆了。这种操作从一开始就让作者和画师一起讨论做出怎样的漫画故事——最关键的是没有先写出剧本。画师随后根据讨论出的一些模糊的概念想法制作出叙述故事的分镜,由此创作出实际的剧情。然后,作家会把这些有情节的艺术页拿出来,决定应该用什么词来进行对话和叙述。根据任何合理的标准,这意味着画师实际上同时负责写作和绘制剧情。这样捋清事情以后,人们可以争辩说,身兼二职的著绘者才是故事的主要作者,而原本意义上的"作家"只是对已经创造出的内容进行润色。

麻烦还在于还原用"漫威模式"创作的漫画在最开始的剧情讨论中究竟发生了什么。直白地讲,没人能真正知道这些讨论具体是怎样的。没有录音留存,也没有秘书做会议记录。漫画书行业当时仍是个不稳定的新兴行业,很少有人认为它能生存下去,所以更想不到还要为后人留下什么特定记录。柯比直至临终都坚持不懈地声称,所谓讨论只是他告诉斯坦在特定情节中将要发生的事情,然后回家做出他说过要做的东西,斯坦只是在过程中对作品稍做编辑修订。例如,以下是柯比在1990年的一次采访中的总结:

> 是我写出了整个故事,也是我画出了整个故事。我做完铅笔稿后会把稿件交给负责描线的人,勾完线后再由负责嵌字的人配上文字,都做好后我会把稿件交给斯坦·李或任何其他负责编辑的人,至此我的工作就完成了。我会告诉他们我接下来要做怎样的故事,然后我回家去做出来,做好了我才会再来公司。没有人需要和我一起做这个故事。

漫威获得成功后，斯坦总是把创作过程描述为先由他独立想出剧情大纲，再由他和柯比共同打磨塑造出故事，重点强调核心创意是来自他自己一个人的。比如，斯坦在1987年谈及和柯比和迪特科使用"漫威模式"时说：

> 这些伙计们画了不少我写的故事。他俩都很擅长做故事，我可以只给出几个关键词，他们就能把余下的整个故事做出来，我仅仅是在他们做完后稍做修饰。这个工作方式非常棒。

然而至少有一次，斯坦承认了柯比经常会亲自主笔剧情。这可是个很要命的事实，差一点就可以看作确凿证据。斯坦在1965年左右接受过一次采访，当时没什么人在意署名信誉，他这样说：

> 当然有些艺术家会需要更为细节具体的剧情。而像杰克·柯比这样的艺术家则根本不需要你为他写出剧情。我只要跟杰克说，"让毁灭博士（Doctor Doom）来当下一个反派"……有时我甚至不需要说这句话，他就会与我的想法不谋而合。然后他回家把故事做出来。他创作剧情的水平非常高，我相信比我要强1000倍。他会为那些故事创造出各种剧情，而我只是去做点编辑工作……有时我可能会跟他说有些情节他设计得太过。当然，偶尔我也会给他提供一些剧情，但基本上对于这些故事，我和他都是作者。

第一部分　壮志未酬

正是在这样的背景下，我们终于可以看到这本为斯坦·李、杰克·柯比、马丁·古德曼和世界文化带来转机的漫画：《神奇四侠》第一期。它在 1961 年被酝酿时，没人觉得这会有什么了不起。然而后来发生的一切如今我们都看到了。

　　斯坦把自己 1945—1961 年间的大部分工作称为"垃圾"。他在回忆录里写道："实际上，我可能是最纯粹、最彻底的雇佣写手。"而这带来一个问题：这个"雇佣写手"是如何跻身现代历史上最具影响力的全球知名作者行列的？斯坦在四五十年代梦想过的一切几乎都在 60 年代实现了。这又带来了第二个问题：之后发生的事是否能满足他的野心？

02 漫威先生

我清楚地知道,
如果我拥有超能力,
我是没法守口如瓶的。

——斯坦·李

第四章

胜利何价

· 1961—1966 年 ·

作家沃尔特·莫斯利（Walter Mosley）在 2005 年写道："《神奇四侠》塑造出了一种艺术形式，它对我们文化的影响可与爵士乐、摇滚乐和嘻哈相媲美。它不仅与年轻人们对话，还帮助塑造他们，为他们释放甚至连老一辈人都不知道的压力和紧张。"这是很高的评价，第一次，现代读者即使不认同所读到的内容也可以接受它的存在。就像许多引领潮流、定义流派的艺术作品一样，如今，《神奇四侠》第 1 期即使在不专业的人看来似乎也已经陈旧过时了，但是在 1961 年 8 月 8 日漫画上市后，对不计其数的读者来说，它无疑是一部震撼人心的作品。

然而有一个问题挥之不去，只有少数读懂字句中隐喻的好奇者才会问：是谁想出了这个故事并以此开始了漫威的革命？传统上这一荣誉始终属于斯坦·李。但除了斯坦自己反复这样说以外，目前没有任何已知的证据表明是他创造了《神奇四侠》第一部的设想、情节和人物。没有演示板，没有同时代的法律文件，没有信件记录，没有日志条目，什么证据都没有。当然也可能确实有某些证明材料尚未公开，但考虑到从法律、历史和新闻角度为了确认这件事的创意来源所做过的那些艰苦搜索，这个可能性就非常低了。能拿出支持斯坦说法的最接近证据的东西是一份奇怪的文件，但它的背景值得怀疑。

这是一份打字机打出的关于这本漫画书的总结，标题为"摘摇（'摘要'两个字还写错了）:《神奇四侠》1961年7月的时间表"(*Synopses: The Fantastic Four July '61 Schedule*)。斯坦的门生罗伊·托马斯声称斯坦在60年代末给他看过这份记录，在其据说成型的数年之后。托马斯在各种场合多次复印了这份文件，以此表明斯坦是主要创作者。但核心问题是这份摘要究竟是何时写成的，是在斯坦和柯比讨论作品想法的之前还是之后？ 如果是在之前，那么斯坦就是"神奇四侠"的创造者；但如果是在之后，那么也许杰克才是创造者。而有显著的证据表明这份摘要可能是在他们交流之后才写的。

甚至斯坦自己在1974年发表的讨论此漫画的文章里，也显示了后者才是事实真相："和马丁（古德曼）及杰克讨论了一段时间后，我决定把这个与众不同的四人组称为'神奇四侠'。我写了一份详细摘要交给杰克跟进，之后就如历史所说了。"1997年，托马斯在采访中说他"见过斯坦为《神奇四侠》第一期做的情节，但即使斯坦本人也从未声称他在写下摘要前没先跟杰克讨论过这些想法。"90年代末，斯坦在和托马斯的私人通信中改变了说法，对他说："顺便一提，我并没有先和杰克讨论，而是先写摘要，在写之前我告诉杰克这是为他而做的，因为我知道他是画这个故事的最佳人选。"有传言说整个文件其实是在漫画实际上市后才做的。2009年，柯比的助手史蒂夫·舍曼回忆说："我问过杰克这个摘要的事。他说那是在《神奇四侠》第一期发表后写的。我相信他的话。"那么柯比对这件事的直接说法是什么呢？在 1989 年，一名采访者对柯比说："斯坦说是他构思了几乎整个"神奇四侠"的内容，是他设计了所有的角色。他还说自己'写了一份详细摘要交给杰克跟进'。"柯比对此的回答简短直接："我从没见过那东西，所以我说那是个彻头彻尾的谎言。"

欢迎加入"究竟是斯坦还是柯比创造了这些在漫威繁荣时期出现的超级英雄们"的永恒争论。对于研究流行文化的历史学家来说，这场辩论令人沮丧却又不得不进行。数十亿美元的资金都与此息息相关，迪士尼的生计取决于斯坦对它的解释。有个针对它的法律案件差点儿上了最高法院，后来以不可言说的金额结案。而且就我们目前的陈述而言，没有什么比这件事更重要的了，因为你对斯坦的整体印象正取决于你是否认为他真的创造了改变世界的"漫威众神"。几乎可以肯定的是，没有任何现存的权威材料可以解决这个问题。在 20 世纪 60 年代初的那几年，漫画业实在是太杂乱无章了，没人能确切地记录、保存谁做了什么事。那时候的日常工序就是把东西随手一扔，然后继续做下一件事，即使在斯坦开始获取声望时也是如此。那是一个充斥着狂热的实验和推广的时期，所有这些都引致了巨大的后续影响，但都没有为后人留下详细细节。

实际上，"神奇四侠"并不是古德曼的漫画工坊重新启动超级英雄幻想故事的初次尝试。一定程度上来说，他们已经落后于时代了。DC 漫画在不知不觉中开创了如今称为漫画的"白银时代"（Silver Age of Comics）。"黄金时代"（Golden Age）是指漫画媒体诞生后的前 15 年左右，于 1956 年发行了《展示》（*Showcase*）第 4 期，这本漫画介绍了黄金时代高速魔鬼（speed demon）的改编版——闪电侠

第二部分　漫威先生

（Flash）。DC漫画和其他公司不断创造出其他超级人物，而古德曼的公司却落在了队伍的后面。然后出现了"德鲁姆医生"，请注意这个名字中的第二个"r"，因为这是该角色与后来漫威主打的毁灭博士的区别所在[1]。

1961年春天，在新系列《神奇冒险》(*Amazing Adventures*)中出现了德鲁姆（Droom）这个角色，而即使以当时的标准来看，这个故事也过于离奇而且存在严重的种族歧视。在这个故事中，一个姓德鲁姆的美国白人医生无意中听到他的同事在讨论一个患有严重疾病的大师，他决定冒险为其治病，于是搭乘飞机去了喜马拉雅山，通过了一系列力量和智慧的考验见到了当事人。垂死的大师要求德鲁姆成为"继续与世上存在的邪恶势力进行无尽斗争的人"，并承接神奇的力量，医生接受了。突然，他感到自己的脸发生了变化，现在看起来正是人们刻板印象中东亚人的模样，大师告诉他："我已经给了你一个适合你新身份的外表！"然后这位新晋的超级英雄开始思考接下来他该做什么。

《神奇冒险》的后续几期由柯比绘制，很可能也是由他编写的剧情（尽管斯坦或其他的写手可能也共同参与了写作）。故事中德鲁姆和黑暗势力作战，但很快消失得无影无踪了。这里提到德鲁姆，主要是为了说明这个超级英雄在新纪元初是多么漫无目标，并没有大张旗鼓地爆发出来，而是跌跌撞撞地形成的。虽然漫威宇宙后来成了一个错综复杂的故事集锦，这些故事为了相互关联会提前做好长久的计划安排，但在当时，当古德曼的公司重新开始出品这些超

---

[1] 译者注：此处原文是"Doctor Droom"，"德鲁姆"（Droom）与"毁灭"（Doom）相差一个"r"。

漫威先生：斯坦·李的传奇人生

人类的故事时，并没有什么连贯的战略。

这种缺乏条理的情况，也是难以确认"神奇四侠"究竟为何以及如何被创作出来的原因之一。斯坦对此说过不少版本，很多版本之间都有明显的冲突。首先是可以称之为厌烦版本的说法。在20世纪60年代末，当被问及"神奇四侠"的诞生时，斯坦没有给出任何特别的陈述，只是说一些对自己随意想法和公司的愿景。例如在1965年左右，有位记者询问斯坦关于设计这4位超级英雄的情况。他回答："嗯，我想当时我们在寻找能够吸引新读者的东西，此外，我觉得可能也和我们自己觉得厌倦了有一点儿关系。我们已经出版了大约20年的书了。一直都是同样的类型……所以我想，让我们尝试一些更另类的东西……我觉得当时的主要思路就是避免老套。"1966年，他对年轻的罗杰·艾伯特说："我们年复一年地给儿童们制作漫画，因为他们本应是主力市场……有一天，纯粹因为感到厌烦了，我们说：做点我们喜欢的故事吧。于是我们试着去掉那些老掉牙的内容。漫画太没有新意了。为何不试着让超级英雄仍然带着他的超能力，但把其他的一切都尽可能做得真实呢？"

但几年后，斯坦开始提出一个不同的说法，我们可以称之为"琼的版本"。在这个版本中，是他的妻子促使他鼓起信心，改变原有的工作过程，创造出了"神奇四侠"。我能找到的最早的"琼的版本"发表于1969年，当时斯坦告诉采访者他是如何对自己的漫画工作感到沮丧，并一直渴望能改变自己所处的行业。"最后，大约7年前，我的妻子对我说：'斯坦，你知道吗，你好傻。显然你大部分人生都会做漫画的工作，不要再去想令你一心两用的事情了，为什么不专注在漫画中做出成绩呢？'"他回忆道，"就在那时，我决定真

第二部分　漫威先生

正做一次老派的尝试，暂时忘掉其他的一切。我们推出了新的'漫威漫画'系列，我尽可能把这些作品做得完善、精彩。我很高兴地说，它们真的很受欢迎。"1972年，他在特拉华大学向一群学生演讲，说自己在"神奇四侠"之前写的漫画"都是一样的"，直到"有一天，我的妻子转向我——她平时都是不看我的——然后说：'你为什么不试试做些新东西？'"

之后斯坦把两个原有的版本糅合成一体，这个版本我们可以称为"马丁和琼的版本"。1974年，斯坦在一本名为《漫威漫画起源》（Origins of Marvel Comics）的书中详细描述了"神奇四侠"是如何在现实生活中被创作出来的，他说这个过程始于他和琼之间关于漫画的谈话，以及他在其他媒体的各种演讲。他写道："她想知道为什么我对漫画没有像对其他自由职业的工作那样，投入大量的精力和创造力。"然后是古德曼的部分："可爱的李夫人刚让我充满狂热的决心，我就立刻进行了另一次谈话，这次是与马丁·古德曼。"他说："马丁提到，他注意到《国家漫画》（National Comics）出版的其中一个作品似乎比其他大部分要卖得好。那是一本叫作《美国正义联盟》（The Justice League of America）的书，这个联盟由一队超级英雄组成。好吧，我们也不想给自己找来太多压力。马丁提议：'既然《美国正义联盟》卖得不错，我们为何不也让超级英雄们组个队呢？'"这样就有了"神奇四侠"。

这个版本也随着时间的推移被抛到了一边，取而代之的是一个稍有改动但又体现内情的版本，也是现今最常出现的版本，我们可以称之为"辞职版"。其中心内容围绕着斯坦向琼宣布他将完全离开漫画业这一事件，这是和以往所有版本显著不同的一个变化。之前的版本不但从未提及这种事，有时还提及琼和斯坦认为他将永远被困在这个行业。"辞职版"还偶尔提及一场高尔夫比赛，正如他在中年时重述"辞职版"时所说的那样：

> 我记得一开始是因为马丁·古德曼，他是时代公司的发行人和老板。古德曼有天来找我，说他和DC漫画的某个高层一起打高尔夫，那时"DC漫画"还叫作"国家漫画"。那人告诉马丁DC漫画出版了一本新漫画叫《美国正义联盟》，卖得挺不错。马丁就觉得那咱们也该出一本。他来找我说："斯坦，我想让你给我做个超级英雄的队伍。"在这次复述中，斯坦说很快又发生了第二个事件。
>
> 于是，我跟琼夫人说我要退出漫画业去做点别的。她说："这么多年你都在抱怨不喜欢按他的方式做故事，既然现在马丁让你做一本新书，为何不按照你自己想要的方式去做呢？最坏的结果无非就是他解雇你。那又怎样！你本来也说不想干了嘛。"我想了想她说的话，觉得有道理。

然而，即使是这个最终版本，故事的细节也会反复变化。有时斯坦说先是琼让他按自己想要的方式去做漫画，再是古德曼提出建议；有时则反过来；有时他甚至不提古德曼的部分，只提琼的部分；有时会提到一场高尔夫比赛；有时只是古德曼以一种不确定的方式得到消息。简而言之：很难总结出对于创造"神奇四侠"一事，斯坦到底想让他的粉丝们相信什么——尽管到最后，有一个信息是明确的：柯比与这些人物的构想毫无关系，只是绘制了他们。

第二部分　漫威先生

柯比也没有给出前后呼应的完整故事来解释是他创造出"神奇四侠"的这个说法。柯比思维比较跳跃，说话又比较迂回，很少用线性方式去讲述自己生活或事件的过程。当被问及"神奇四侠"的事情时，他常会搞错事实，说法多变。1989年，他说自己一回到古德曼的公司就提出了"神奇四侠"的构想，但同一场对话里他又会说是在已经做了一段时间的科幻漫画后才创造出的"神奇四侠"：

> 我需要做些不同类型的作品。做怪物类的故事有其局限性——这种故事能做的非常多，然后每个月都是怪物漫画，所以你必须换成其他内容，因为重复故事只会影响销量。所以我想要一直都能拿出新内容，换言之，就是要有爆炸性内容。我就想出了这样的爆炸内容。我想出了神奇四侠、雷神索尔，我很熟悉北欧雷神的神话。然后是浩克、X战警、复仇者，我试着不断用新的内容去冲击他们。

不仅如此，柯比的回忆也令人困惑。1993年时他对采访者说："'神奇四侠'，你看，他们都是青少年。我喜爱年轻人。你会看到'神奇四侠'在很多方面都体现出了这个群体的特点。年轻人很有活力，'神奇四侠'组合显然也是如此，所以'神奇四侠'体现了我对年轻人的欣赏。"

但任何看过这个漫画的人都会发现，除了其中一个成员是青少年［即乔尼·斯托姆（Johnny Storm），霹雳火］外，其他成员都是成年人。有一次柯比说启发他的是世纪中期人们对于原子弹的恐慌："人们开始讨论原子弹以及它对人体可能造成的影响，同时开始讨论

漫威先生：斯坦·李的传奇人生

变异问题，因为明显存在这种可能。我当时说，那想法非常好。所以神奇四侠就是这么开始的，一次核能爆炸以及它对角色们的影响。"但神奇四侠是在一次失败的太空飞行中遭受了宇宙射线而获得的能力，并非因为核能爆炸。为柯比辩护的人一般说他应该是把《神奇四侠》和先前为DC漫画做的《未知挑战者》混淆了，那个故事也是描述因共同遭遇意外而获得超能力的四人组英雄以及他们是如何立誓对抗邪恶的。但柯比只会稍微提一两句未知者对"神奇四侠"的影响。和斯坦的各种不同的说法相似，柯比的各种回忆版本中对于"神奇四侠"唯一比较一致的地方，用他在70年代早期的话来讲，是"神奇四侠是我的主意，按照我想的方式所做，按照我想的方式所发展出来的"。

也许两人各有一半创造出这个组合的功劳。但对历史学家而言这样思考问题很危险，这是一种索洛蒙式的分裂，把数学平均数误认为历史的实际可能。虽然确实有可能最初的想法是在两人你来我往的探讨之间产生的，但两人都坚称自己才是唯一的创造者，可能确实有另一方在说谎。我们也许永远无法确认这件事真相，既然没有实质性的证据，历史自然是由胜利者所书写。

《神奇四侠》第一期的开场是主角们在从事日常工作时被他们的领导者召唤，导致他们使用出自己的超能力，而无辜的旁观者都吓坏了。随后通过回顾我们看到了这些人的起源故事，这种方式是在漫画业之前的28年历史中从未出现的。

超级英雄的故事原来都是讲述一些和蔼可亲的人，因为某些缘故意外获得了超人的能力，然后欣然踏上寻求正义之路。但"神奇四侠"的情节打破了这一模式。在这个故事中，这个出名的四人组

第二部分　漫威先生

是被迫获得的超能力——而且不得不说是以相当痛苦的方式强加给他们的。科学家里德·理查兹（Reed Richards）带着他的飞行员朋友本·格林（Ben Grimm）、女朋友苏珊·斯通（Susan Storm）和苏珊的弟弟约翰尼（Johnny）进行了一次实验性的火箭飞行，却遭遇了宇宙射线的高速撞击。故事中有6格画面都打上了猩红色阴影，表现了几人在幽闭环境中的痛苦状况。本惊慌失措，断断续续地说道："我的——我的手臂好重——太重了——动不了——太重了——必须躺下——我动不了。"他们被撞回地球后，立即发现自身的情况变得更加糟糕。苏珊开始变得透明，她看着自己逐渐消失的肉体尖叫起来。本的皮肤融化并膨胀起来，直到他像一堆畸形的橙色石块；他开始怪罪里德并试图痛揍他。约翰尼看到他朋友们的变化，说他们都是"怪物"，然后他自己的身体漂浮起来，全身喷出了火焰。里德的四肢可以像膨胀的橡胶一样从他身上伸展出去，他号叫道："我在做什么？我身上发生了什么？我们都怎么了？"这些人物似乎被困在一个恐怖的虚构故事中。

最终，他们冷静下来，决定用他们的力量来帮助人类：里德被称为"神奇先生"（Mr. Fantastic），苏被称为"隐形女侠"（Invisible Girl），约翰尼将成为"霹雳火"（这个名字与时代漫画原本的角色无关），而本将成为"石头人"（Thing）。但是，即使在他们决定成为正义斗士的场景中，李所写的对话让他们相互进行消极的攻击争吵，柯比则把他们画出痛苦的神情。整个故事不像是传统的超级英雄漫画，而更像是一部大卫·柯南伯格的电影，或是一场在感恩节晚宴上的醉酒战斗。然后画面切回到故事中，他们与可怕的"鼹鼠人"（Mole Man）作战，这个反派为了追求权力而将地下生物带到地球表面。最后这部分并不特别，但故事的开场和人物起源这一内容序列是开创性的。

《神奇四侠》第 1 期立即受到了欢迎。斯坦在 8 月 29 日所写的关于这一期的信中说："从早期的销售报告来看，我认为我们手上有一个成功作品！"在同一封信中，他似乎已经把目标定得比以前的漫画作品更高了，他补充说："我们正在努力（也许不会有成果）吸引稍微年长、更为成熟的读者群体。"这个系列最初只是每隔一个月发行一次，古德曼仍在 DC 漫画大幅挤占的市场份额外努力工作。

随着故事的发展，读者逐渐累积。其中一位读者是年轻的阿兰·摩尔（Alan Moore），他长大后写出了《守望者》（*Watchmen*）、《V 字仇杀队》（*V for Vendetta*）、《来自地狱》（*From Hell*）、《天降奇兵》（*the League of Extraordinary Gentlemen*）和《蝙蝠侠：致命玩笑》（*Batman: The Killing Joke*）等漫画界的里程碑作品。1983 年，摩尔回忆起小时候读《神奇四侠》第 3 期时的情景，以及它对自己的影响。他写道："这本漫画惊世骇俗，会让人震惊得口吐白沫。最能立刻引人注目的是杰克·柯比的绘画所具有的那种纯粹的奇特：它有一种棱角分明而又纹理鲜明的质感，对那些习惯了卡迈恩·因梵蒂诺的优雅形象，或墨菲·安德森（Murphy Anderson）的流畅勾线（DC 漫画的两位艺术家）的读者来说有些刺眼。虽然如此，但我很快就喜爱上了这种风格。"

摩尔对斯坦写的对话保留了特别的赞誉。他写道："最为特别的是对角色的塑造，如人物的语言、思考和行为方式。"比如里德，"对从 ε 辐射到宇宙大爱的一切都会发表自命不凡的长篇大论"；比如苏,"她看上去总像是更适合窝在扶手椅上,拿着一瓶安定和最新一期《时尚》(*Vogue*),而不是被鼹鼠人或类似的人抓住";乔尼"自以为是,口风不严,但并不让人厌恶,看上去是很快能选定心仪高档卡车却选不定固定女友的那种人";以及最重要的本,对于他,"你会觉得他总是快要成为一个彻底的反派,并将永远退出神奇四侠"。当然了,这些都是略微夸张的说法,故事中有足够的细节内容让年少的摩尔做出了这些推断,这是非常出色的一点。主角们各有缺陷但都生动而独特,他们的冒险也是与众不同且富有想象力的。由于"漫威模式",柯比可能是这些"神奇四侠"故事的主要作者,但在这个仍由平淡无奇的正义形象占据主流的市场上,这部由柯比构思的剧情和斯坦创作的对白所融合成的作品是极为独特的。

在《神奇四侠》第1期和下一批超级英雄到来前有一段空档,也许是因为古德曼和斯坦没有预计到这种类型会真的流行起来。无论怎样,1961年秋天,在《神奇四侠》的意外成功之后,某种程度上,特别是对柯比和斯坦而言,似乎就进入了古德曼公司的一个狂热创作期。下一个出现的超人类是《不可思议的绿巨人》第1期中那个笨重的核心角色。在斯坦1974年的讲述中,对"神奇四侠"的反馈使他想要超越自己。他写道:"打字机上放着一张崭新的纸,我在办公桌前准备再度开始痛苦的创造过程。漫画读者们在等待一个什么样的英雄? 我们能想出什么内容让粉丝大吃一惊? 一个埃罗尔·弗林类型的人如何,或者加里·库珀(Gary Cooper)? 但是,有个小小的声音一直在我脑海中低语:'要创新。要有原创性。他们希望你能想出一些与众不同的东西。'"他意识到外表畸形的石头人"是《神奇四侠》中最受欢迎的角色,很可能也是整个漫画领域中最受欢迎的角色"。他仔细考虑了这一点,又回忆起他对维克多·雨果的卡西莫多(Quasimodo)、环球影业版的弗兰肯斯坦以及罗伯特·路易斯·史蒂文森(Robert Louis Stevenson)的《杰克博士和海德先生》(*Dr. Jekyll and Mr. Hyde*)[1]的喜爱。他写道:"想想看,把一个怪物变成一个英雄,这将是什么样的挑战。我知道我需要一个完美的名字,来形容一个可怕的、可能会杀人的、巨大的野蛮人。然后我停下来,就是'巨大'这个词。它会充分激起人们的联想。我知道已经找到了合适的名字。他必须叫:绿巨人。"虽说他、柯比和拉里在几个月前已经发行了一本关于非超级英雄的怪物漫画,名为《绿巨人》。

另一方面,柯比说"绿巨人"完全是他的想法,部分甚至以他自己为基础。他在1969年对一位采访者说:"我也创造了绿巨人,并把他看作英俊版的弗兰肯斯坦。我从不觉得绿巨人是个怪物,因为我会觉得绿巨人就是我自己。我会感到所有的人物都是自己,他只是表面上看起来是个怪物。"1982年,他引用了史蒂文森的话:"漫画一直在做的就是不断翻新经典作品。所以我借鉴了《杰克博士和海德先生》。我觉得每个人心里都有一个海德先生,这就是我想要的角色,我称呼他为'绿巨人'。"而在1989年,柯比对"绿巨人"的创作过程进行了让人有点难以置信的阐述,尽管并非不可能是真的:

"绿巨人"是我看到一个女人抬起一辆车时创造的,她的孩子当时被夹在这辆车的踏板下。那个小孩原本在水沟里玩耍,

---

[1] 译者注:即《化身博士》。

第二部分　漫威先生

他从水沟里爬到人行道上车辆的踏板下。他的母亲被吓坏了。她从车的后窗看到了,然后这个女人拼尽全力抬起了汽车尾部。我突然想到,在需要拼死一搏时我们都会这样做。我们可以推倒墙壁,我们可以发狂,我们会这么做。你不知道当我们处于狂暴状态时可能会发生什么,你甚至可以把房子拆掉。我创造了一个会做所有这些事情的角色,并称他为"绿巨人"。

也许柯比真实目睹了这一母性力量的壮举,也许他把新闻中听到的事错记为亲眼见到的,或许这一切都是他编造的。从1961年底到1962年初,最重要的是制作这个角色首次亮相的同名漫画。这是一个怪异可怕、令人不安的故事:承载着"伽马辐射"的炸弹在一次实验性测试中出了问题,性情温和的科学家布鲁斯·班纳(Bruce Banner)因此遭遇了不幸,会不受自己控制地变成一个身形巨大的野人。这部漫画在1962年3月左右首次亮相时,实际上被视为销售失败,成为斯坦和柯比未来之路的一个绊脚石,但这个角色最终找到了立足点,成为他们最知名的人物之一。

《绿巨人》虽然表现不佳,但并没有减缓整个创作进程的热度。斯坦和柯比,以及参与不多、偶尔以编剧身份加入的拉里,正在采用原本的"古德曼方式",不断尝试各种新花样,以期提高打动市场的概率。1962年中期,三个超级人物的首演开始了。几个月前,斯坦、柯比和拉里创作了一个科幻故事,讲述了科学家亨利·皮姆博士(Dr. Henry Pym,这个名字是拉里的主意)开发出能将自己缩小到昆虫大小技术的故事。斯坦后来回忆说:"这个故事卖得很好,我想如果把他变为一个超级英雄可能会很有趣。"果然,在1962年夏天的《惊天动地》(Tales to Astonish)第 35 期中，皮姆回来了。这次他穿上了蚁人的服装，指挥着一支蚂蚁军队与不法行为作斗争。柯比从未详细谈论过这个角色的创作，但把人类缩小到微观尺寸的概念对他来说已是老生常谈，早在 1940 年，他单独制作的（或与乔·西蒙合作完成的）故事中就采用过这种概念。

1962 年中期，漫威漫画中首次出现了源自北欧神话的"雷神"角色。斯坦说这个角色来源于自己再次遭遇瓶颈期的沮丧感。"我的脑海里不断冒出一个荒谬想法：要想超越其他人，唯一的办法就是用超级的神。"他在 1974 年写道："在最近的一次电台采访中，节目主持人一直在和我谈漫威的故事，他把它们称为 20 世纪的神话体系……他提出的一个观点是，漫威的英雄们身上的某些魅力，有那种古代童话故事、古希腊和北欧神话的味道，而这正是吸引我的地方。这就是答案。"他转向了这几个传说中的后者："我记得北欧神话总是让我感到兴奋。如果说有什么丰富的素材来源可以让漫威进行挖掘的话，那就是它了——我们将开发它。"

这种说法的问题有两个。首先，在《雷神》构思期间，极不可能有人邀请斯坦上电台谈论漫威。考虑到在那个年代制作一部漫画需要好几个月的时间，这个所谓的采访应该发生在 1961 年底，也就是在"神奇四侠"首次亮相的几个星期后，在"绿巨人"初次出场之前。虽然《神奇四侠》第 1 期在漫画的年轻读者中很受欢迎，但它并没有突破主流的成人市场，因此它在广播中出现是不太可能的。而且即使它出现了，该公司也没有创造出足够多的角色，让他们能够合理地被称为神话体系。更重要的是，斯坦之前从未对北欧神话表现出兴趣，甚至在他青年时代的叙述中也没提过。与此形成鲜明对比的是，柯比对这些传说有着长期、公开的迷恋——事实上，他在 50 年代已经做了两个由不同版本的雷神主演的漫画故事，一个是在 DC 漫画公司做的，一个是在古德曼公司做的，"我试图给索尔做个新造型，让他穿上超级英雄的服装，"柯比在 1983 年说，"他穿起来很好看，大家都喜欢他，但他仍然是索尔。"拉里被邀请根据斯坦打出的摘要写一个剧本（当然，这个摘要很可能是从柯比的最初构想中诞生的），《神秘之旅》第 83 期介绍了将在两个世纪占据人类想象力的著名的雷神版本。

然而，这些角色，甚至是"神奇四侠"，都没有达到 1962 年中期到来的三人组的最后一名成员所享有的高度：彼得·帕克——超凡蜘蛛侠。对漫画历史研究者来说，不幸的是，他的创作故事包含的不是一个、两个，而是三个人相互矛盾的叙述，其中一份叙述还涉及另外三个人。斯坦喜欢在讲述蜘蛛侠的起源时，对其真实性做一个略带暗示的声明，正如他在 2008 年的一次采访中所说："这故事我讲了很多遍，它甚至有可能是真的。"在那次采访中，他将蜘蛛侠的起源追溯到自己对一只昆虫的观察。"我觉得当时我是在看一只苍蝇爬墙，然后我说：'天哪，如果我们做一个英雄能像昆虫一样粘在墙上，那不是很酷吗？'我就想，去做一个像昆虫一样的人。好的，做哪种呢？怎么称呼他，昆虫人？这听起来不够戏剧化。蚊子人？不行。我顺着思路往下想，一直到蜘蛛侠。蜘蛛侠，哦，这听起来很有戏。所以我觉得干脆就这样称呼他，再让他去喷网。"

但是这个版本与斯坦以前常说的一个完全不同的版本有着直接的矛盾。在那个故事中，他把起源点说成是对作者哈里·斯蒂格（Harry Steeger）在 20 世纪 30 年代的廉价幻想杂志上所写的"义兵蜘蛛"的翻版。"为什么叫这个名字？"斯坦在1974年写道,"为什么是蜘蛛侠？很简单。在那个早已逝去的、几乎是旧石器时代的年代,在我即将成为青少年时,我最喜欢的纸浆杂志的英雄之一是一个名叫'蜘蛛'的坚毅之人……吸引我的是他的名字,这就够了。"

有时他又说这个想法源于他想创造一个青少年的超级英雄,有时不是。有时他说它起源于想创造一个有现实问题的英雄,有时不是。同样,唯一贯穿始终的说法是在他想出最初的创意火花时没有得到任何人的协助。

柯比,如你所料,对蜘蛛侠的诞生有着完全不同的说法。这对于外行人来说可能有点让人惊讶,因为柯比没有执笔画这部漫画,很少有人能把他和这个角色联系在一起。但他诅咒发誓说整个进程起源于他。据乔·西蒙说,1953年时他和柯比在经营他俩的出版公司,一名一度有着很高人气的画师C. C. 贝克（C. C. Beck）前来询问是否能得到工作。这对出版界的二人组让写手杰克·奥莱克（Jack Oleck,西蒙的姐夫,这也再度表明了那时的漫画业有多么依靠裙带关系）和他合作,两人构思了一个名叫银色蜘蛛（Silver Spider）的角色方案。然而,事情在这个阶段变得复杂起来,因为并不能确认是西蒙和（或）柯比想出了这个角色并把它交给了奥莱克和贝克,还是他俩自己做的。无论怎样,银色蜘蛛与最终成型的蜘蛛侠没有任何相似之处,除了在名号中带有"蜘蛛"。更重要的是,这个角色从没能出现在完成的漫画书里,他存在的唯一证据是口头证词和一些不完整的文件。几年前,当西蒙和柯比以自由职业者的身份为《阿奇漫画》工作时,首次推出了一个名为"蝇人"（Fly）的失败的超级英雄,他有昆虫般的能力,包括结网和粘墙的能力。再一次,他的主题或性格与蜘蛛

第二部分　漫威先生

侠没有相似之处，他的名字和能力却与之有明显的呼应。

倒退到柯比1958年回到古德曼公司的那段时间。在柯比的叙述中，他在那段期间的某个时刻提出重启银色蜘蛛的一些外观设计，一个他声称由自己和西蒙创造出的角色，并发展出一个人物名叫"蛛侠"（注意此处缺少连字符，*Spiderman）。"这是我和乔最后讨论的东西。我们做了一期连环漫画……或是条漫画，叫'银色蜘蛛'。"柯比在1982年说，"我对于'复活'这些超级英雄角色的热情很高，我对他们有很大的信心。他们那时还没有被制作完成。我感觉可以'复活'这些角色，我就提出'蜘蛛侠'这个角色或许是个不错的开始。但乔已经另做打算了，所以我和斯坦说的时候这个想法已经存在了。"据说柯比随后为斯坦制作了某种演示文稿，它没有以现成的形式保存下来，但据后来漫威漫画的主编吉姆·舒特说，他曾经看到过其中一页，"我见过它！我把它拿在手里过。"当问及这个角色是否像完成的蜘蛛侠时，他回答道：

不，他看上去像美国队长，很像美国队长和蝇人的结合体。他穿着美队那样的靴子，系着皮带，有一个喷网手枪，还有一把枪。笔记上说他是警察局长的儿子，这就是他能发现那些罪行的原因，但他被画得像一个成年男子。大块头、强壮，美国队长的类型，服装上没有网之类的东西。

然后是史蒂夫·迪特科。无论斯坦还是柯比是创始人，柯比最终都没有完成漫画的内页（尽管他确实画了封面）。在斯坦的叙述中，他委托柯比画了一些样本页，并认为他对这个角色的处理太过，几乎完全是"那种外表强大、英俊、充满自信的典型英雄类型",并让柯比退出了这个项目。按照柯比1989年的讲述,他只是太忙了。"我创作了所有这些书,但我不能把它们都做完。我们决定把书交给史蒂夫·迪特科,他是这项工作的合适人选。"此时,稳重的史蒂夫·迪特科已经成为斯坦信赖的合作者之一,在为《神奇冒险》(*Amazing Adventures*)、《神奇幻想》(*Amazing Fantasy*)或《神奇成人幻想》(*Amazing Adult Fantasy*)这些系列工作。迪特科在后来的一篇文章中提及,当时斯坦和柯比还在研究的时候,斯坦与他讨论了一个'蛛侠'的原型,这个角色"将是一个少年,拥有一个魔法戒指,可以用它把自己变成一个成年英雄"。他说后来看到了柯比起底稿的五页样本故事,尽管他不知道最初的想法是否是斯坦想的。第一页据称有一个"典型的柯比英雄/动作镜头",一个英雄带着"一把喷网枪,但从未见他使用"。随后的四页描绘了"一个与婶婶和叔叔一起生活的少年。婶婶是一位慈祥的老妇人,叔叔是一位退休的警察队长,硬朗而有些粗鲁"。然后故事中看到这个孩子正在向"一个参与某种实验或项目满脸胡须的科学家"的房子走去,这就是作品的结尾。

按迪特科的说法,柯比出于某些他不知情的原因没有制作这部漫画。迪特科得到了"两份概要",概述了实际要完成的情节和角色。迪特科拒绝接受采访,只通过邮寄信件在纸张上发表他的看法,直到他2018年去世时也是如此。令人沮丧的是,他从未说明是谁写了这些概要。他说自己随后重做了设计,做成了世界闻名的那个形象:一个戴着面具的骨瘦如柴的小伙子,长着一双大眼睛,穿着蓝、红、黑三色的蛛网服装。

第二部分 漫威先生

蜘蛛人的起源可能存在争议，但他的首次盛大亮相完全未受影响。该角色首次出现在《神奇幻想》第15期的一个短篇故事中。情节广为流传，几乎不用重述：呆头呆脑的少年彼得·帕克（Peter Parker）被一只放射性蜘蛛咬伤，获得了爬墙的能力和成比例放大的蛛形动物的力量；他制造了一台机器，使自己能从手腕上射出蛛网；他利用新发现的能力来充实自己；他冷酷地拒绝去制止一个强盗；后来在他的叔叔被杀后，他追赶凶手时发现这个恶人正是他先前未去阻止的那个强盗；他深感内疚，从此投身于打击犯罪行为。这个现在已经非常熟悉的道德困境，显然是斯坦和迪特科多年来在作品中共同创造的结论的清晰回应。它由下列叙述标注出来："这个瘦小、沉默的身影慢慢地消失于黑暗中，他终于意识到，在这个世界上，能力越大，责任越大！[1]"

虽然斯坦仍然被誉为作家，但即使是他最忠实的粉丝也很少记得或指出有什么出自他作品的名言，但这句引文确实成了不朽金句。这句话通常被错误地引用为"巨大的力量会带来巨大的责任"，时常在每个喜爱超级英雄小说的人和许多并不喜欢超级英雄的人的耳边响起。52年后，布莱恩·迈克尔·本迪斯（Brian Michael Bendis），这位长期创作漫画《终极蜘蛛侠》（*Ultimate Spider-Man*）的著名作家，会这样总结这个结局的影响：

> 这个故事有着非常强烈的主题："能力越大，责任越大"。而这个主题如此完美，言简意赅，你可以围绕它建立一个教派。

---

[1] "With great power comes great responsibility."

作为一个粉丝，我时刻记得它，但当你开始想描写它时，你会意识到，哦，这是世界上最重要的一课。这不是关于超能力的教育，而是关于能力本身。如果你有能力歌唱，或抓住人们的注意力，或任何其他的东西，那么随之而来的是责任，你需要定义自己是什么人，提升自己。我开始创作《终极蜘蛛侠》时没有孩子，而现在我有4个孩子，我也是这样教育他们的。

然而就像斯坦创作生涯中这一时期的其他内容一样，这个短语的起源是模糊的，这句话有很多类似的先例。1793年法国国民大会（French National Convention）的一项法令指出："他们必须考虑到，伟大的责任与伟大的权力是分不开的。"1906年，人们引用年轻的温斯顿·丘吉尔（Winston Churchill）的话说："有强大权力的地方，责任必将强大；有较小权力的地方，责任也较小；而没有权力的地方，我认为没有责任。"1945年，在富兰克林·德拉诺·罗斯福（Franklin Delano Roosevelt）死后才被发表的一篇鲜为人知的演讲中提道："今天，我们在战争的沉痛中学习到：巨大的权力与巨大的责任相关。"还有更多的例子，但斯坦从未承认受到其中任何人的启发。在2008年的一次采访中，他只是将这句话称为"我想出的一种表达方式"。也许斯坦就像那些作家和演讲者一样，从宇宙的智慧源泉中汲取了灵感，也可能他是借鉴了别人的言论。

在《神奇幻想》第15期出版后的几个月内，斯坦和古德曼将漫画系列的商标永久地改为了"漫威漫画"，从而追溯性地给漫画这种载体，在历史上蓬勃发展的新时代赋予了一个品牌名称。也许斯坦觉察到了风向，知道自己的运势将近，就像他经常说的那样。

第二部分　漫威先生

但这种假设得出的是修正主义的历史。有证据表明，当时对于自己的漫画事业，往好的方向说斯坦是保持谨慎，往坏的方向说他是持续低迷。

1962年12月，斯坦、琼和当时12岁的JC前往琼在英格兰的家乡纽卡斯尔（Newcastle），大概是根据斯坦或琼给他们的信息，当地的报纸把斯坦称为"美国出版商和新闻工作者"，并未提及漫画的部分。1963年7月，在步入婚姻近两年后，斯坦和琼的一次泳池聚会被列在长岛的《南岸记录》（South Shore Record）上，该条目同样只字未提斯坦在从事漫画创作，而是宣传了他的"滑稽照片配文书"。那本书是"可不是嘛！"（You Don't Say!）系列的一部分，进一步体现了斯坦的担忧。该书的第一卷在当年早些时候发行，由100多张新闻照片组成，附有讽刺性的对话框。这种在照片上添加搞笑对话的做法是斯坦早期痴迷的艺术形式之一，他始终无法承认这件事从来没成功过。"可不是嘛！"的内容包括菲德尔·卡斯特罗（Fidel Castro）[1]在新闻发布会上的照片，给他配的文字是："然后，在我从'魅力学校'毕业后……"或者一个晕头转向的女人站在胸部丰满的玛丽莲·梦露旁边大喊："它们是真的！"

他很喜欢这本96页的小册子，以至于他还做了一本体量类似的续集《更多的可不是嘛！》，这本的封面是约翰·肯尼迪（John F. Kennedy）发表演讲的画面，上面有一个气泡："请允许我介绍一

---

[1] 编者注：菲德尔·卡斯特罗（Fidel Castro，1926年8月13日—2016年11月25日），全名菲德尔·亚历杭德罗·卡斯特罗·鲁斯，又称老卡斯特罗，是古巴共和国、古巴共产党和古巴革命武装力量的主要缔造者，被誉为"古巴国父"。后文中所说的"卡斯特罗"指的也是他。

下自己。"据称，这本书的封面简介来自专栏作家沃尔特·温切尔（Walter Winchell），其中有一个令人困惑的省略号，"大时代……以及搞笑的标题"。事实证明，肯尼迪可能是促使这个系列结束的推动力。在另一本这种类型的书，即2008年出版的《选举迷茫：他们真正在说什么？》(*Election Daze: What Are They Really Saying*?) 一书中提到，斯坦在接受采访时回忆说他和古德曼制作的第三卷流产了。他说："我们让杰克·肯尼迪在封面上插科打诨，就在书快要印刷的时候他被暗杀了。唉，我们太难过了，不能把这本书印出来，所以就在印刷厂把书取消了。我们没有再继续出这个系列。"

在2008年的那次采访中，斯坦对他和古德曼就"可不是嘛！"系列进行的尝试透露了一个引人注意的趣闻："实际上，我们当时甚至想过也许可以放弃漫画，因为它们更容易做，而且能卖得更贵、赚更多的钱。"这是一个重要启示，与他未发表的自传大纲中提到这一时期的一段话相吻合："我忘不了MG告诉我，他提高自己一本杂志的价格，就可以比我全年的工资总和更高。我知道他是对的。而且，我知道他一直对纸质杂志比漫画更感兴趣，更自信、更熟悉也更舒服。所以我还是在原地踏步。"这本来是斯坦的一个胜利时期，但他并没有感受到他向外界投射的那种阳光般的乐观。他在大纲中写道："事情变得越来越让人激动，但就个人而言，我仍觉得自己处于一个死胡同。"

读者们并不知道这些幕后的烦恼，这个自称创造了他们如此痴迷的漫画世界的人才刚刚走进他们的视野。在1962年底发行的《神奇四侠》第10期的书信页上，斯坦宣布了部分决定："看！不用再写什么'亲爱的编辑'了！杰克·柯比和斯坦·李（也就是我们！）

第二部分　漫威先生

会亲自阅读每一封信,我们希望你们能觉得和我们都互相认识!所以我们改变了以下信件中的敬语,让你们更能感受到我们的友好!"后来他声称,是读者们出于对他们的空前喜爱而主动称呼他们为"斯坦和杰克"的,但也许他们确实不需要他的指示才这样做:毕竟斯坦竭尽全力地用诙谐、动人的文案吸引着他们。他在自传大纲中写道:"我意识到我们可以把公司发展得更加了不起,如果我们打好手中的牌,推广它,营销它,把它当作一个巨大的广告活动,也许能打造成另一个迪士尼。"果然,斯坦开始用他唯一能真正称得上是自创的人物形象、嘉年华宣传式的话语来填满书信页和叙述框:斯坦·李。

以 1963 年中期发行的《超凡蜘蛛侠》(*The Amazing Spider-Man*)第 4 期为例。它以迪特科所作的一格巨大的分镜开场:蜘蛛侠试图用拳去打一个罪犯,罪犯的身体围绕着超级英雄的拳头化为沙砾,接着是爆炸性的叙述,打破了第四面墙,直接对读者说话:

在前面 3 期,你们这些读者使《蜘蛛侠》成为超人类角色历史上最伟大、最惊人的成功之一!现在,随着这本创纪录的第 4 期《蜘蛛侠》的问世,蜘蛛侠将与最神奇的敌人战斗,并飞向更广阔的宇宙!所以,请静下心来享受这份惊险刺激——蜘蛛侠与沙人的命运决战!

这种语言风格几乎是闻所未闻的。DC 漫画公司在 50 年代做了相当多的粉丝宣传,这种令人窒息的介绍在以往的广播连续剧中很常见,但在超级英雄们沉闷、高贵的世界中,这种直接的、后现代的互动是非常罕见的。在同一期的故事内容中，斯坦所写的叙述也同样惊心动魄：某个时刻，沙人袭击了彼得的学校，在他准备换上制服的那一格上有段描述："但是，在教室门外，回来的彼得·帕克听到了骚动，他迅速换掉衣服，以神奇蜘蛛侠的身份像龙卷风一样猛地冲进房间！"DC漫画公司对于描述性的文字通常只会写"突然！"两个字，就不会再往下写了。如果暂时脱离原文来看，迪特科创作的杂技动作和更精简的情节设计十分突出，而斯坦赋予主人公火星四溅的嘲讽也同样令人瞩目：竞争对手公司的英雄角色一般会喊"抓住你了！"之类的话，而蜘蛛侠却会在激烈的战斗中对沙人嘲讽地喊道："我赌你在派对上一定很受欢迎！因为你就是个大笑话，对吧？！"

不仅如此，当时竞争对手们的故事结束通常都是一切回归本位，并不会暗示这次的事件会继续下去；但在这本书里，像很多漫威漫画的故事那样，故事结束在一个悬而未决的小插曲上。彼得戴着眼镜失落地站在那里，皱着眉头思考着：无论他做了多少好事，公众仍然憎恨他。解说词写道："最后，独自站在自己的房间里，这个被称为'蜘蛛侠'的神奇少年探寻着自己的灵魂。困惑、迷茫和痛苦！有一件事是肯定的！蜘蛛侠下一次伟大的惊人冒险将很快问世！因为你们的需求越来越高，它将很快发售！现在就预订！"

斯坦会对读者的来信做出机敏的个人化回应，这更是让读者们欣喜不已。一位可能用了假名的比尔·施穆克（Bill Schmuck）的加拿大人告诉"斯坦和史蒂夫"，他希望蜘蛛侠有"自己的总部，也许还有一架印有他标志的蜘蛛飞机"，斯坦回复道："我们都赞成，比尔，但是一个贫穷的超级英雄，上哪儿去弄他自己的蜘蛛飞机呢？

第二部分　漫威先生

我们最新的消息是,他正在试着筹集一辆自行车的首付款!"漫画界并没有其他人尝试与粉丝建立这种联系。考虑到他的年龄,这个年近40岁的人能与儿童或青少年保持如此良好的关系,本身就非常了不起了。如果这些还不够的话,信件部分的结尾是一张即将出版的、漫威漫画标题页的剪裁图片。"喜欢蜘蛛侠吗?那么你肯定会翻阅……"阅读图片上的文字,图片显示的是《X战警》的标志,以及"最奇怪的超级英雄"(The Strangest Super-Heroes of All)的标语。这本你刚刚读完、握在汗湿手掌中软绵绵的廉价印刷漫画,是一个不同于以往存在的文化物品。只有一点,包括漫威超级英雄阵容中的其他作品,所有这些作品都把斯坦列为忠实的作家兼编辑。

说到X战警,他们在1963年夏天首次亮相,由5名青少年变种人组成,他们生来就具有潜在的超能力,在一位名叫X教授(Professor X)的秃头先生所管理的学校里活动。他们将成为斯坦和柯比之间又一个争论的焦点。斯坦说:"我想做一个新的英雄团队,我对自己说,已经用过放射性物质、伽马射线和宇宙射线了。我还能想出什么理由让这些家伙得到超能力?我选择了更平和的方式,说,等一下——如果他们只是变种人呢?如果他们只是生来如此呢?"柯比表示:"我对变种人只是做了正常会做的安排。你会对那些显然没有危险、只是普通孩子的变种人做什么?你会让他们上学,发展他们的技能。所以我给他们设计了一个老师,X教授。"

X战警最初并不怎么受欢迎,当然也比不上同月内首次组建的另一支超级团队——复仇者联盟,由各种现有的漫威超级英雄角色组成:蚁人(Ant Man),他在下一期中提升了级别,开始被称为巨人(Giant Man);他的女朋友黄蜂(Wasp),一个痴迷时尚产品的小精灵,并不能算是女权主义的象征;绿巨人(Hulk),因为脾气太差而被踢出了最初组建的团队;雷神,他邪恶的弟弟洛基(Loki)是促使团队集结的动力;以及钢铁侠(Iron Man),一名改过自新的武器经销商,早前亮过相,斯坦和柯比都声称对其创作有贡献。他们同名系列的第4期主角不是别人,正是西蒙和柯比多年未见的美国队长。

《复仇者联盟》集中展示了斯坦和柯比构建的庞大"漫威宇宙",以及这种宏大的叙事结构究竟发展到了何种程度,任何发生在某个单独系列中的故事,即使是远在40年代的故事,都会对其他系列的事件产生影响。漫威是一个生机盎然、不断发展的宇宙,是DC漫画、查尔顿公司或任何其他超级英雄出版商所创作的那种杂乱无章的世界无法比拟的。这是一种高明的叙事手段,更是一种高明的营销策略。如果你想知道全部有关这本漫画的情节,就必须购买所有其他的漫画,以确保你不会脱节。柯比从未将这一想法归功于自己——事实上,他的助手和传记作者马克·埃瓦尼耶(Mark Evanier)说,柯比觉得这很复杂,很恼人,因为这迫使他将其他人的想法纳入自己的漫画;而斯坦对"漫威宇宙"的概念则感到非常自豪并在所有的超级英雄漫画中保持了这一概念。

罗杰·艾伯特(Roger Ebert)常说电影就像一台机器,旨在创造共鸣。斯坦的漫画系列则是一台旨在创造"上瘾"的机器。在下一世纪,好莱坞将抓住这一概念并将其带入多厅影院,带来极富利益和争议的后果。不过这就是后话了。

斯坦火力全开,同时为大量的连载漫画系列工作,他的热情相当富有感染力。"他工作很努力,似乎从来无忧无虑;他总是对每个人都很友好，总是赞赏大家的工作。"芙洛·斯坦伯格（Flo Steinberg）回忆道，她是斯坦在1963年雇用的一名开朗的、带有纽约口音的秘书，平时就坐在斯坦办公室外面的桌子旁。"人们会走进办公室，所有的著绘者，像史蒂夫·迪特科、杰克·柯比、唐·海克（Don Heck），或者迪克·艾尔斯（Dick Ayers），还有沃利·伍德（Wally Wood），"她提到，"各种人。他们会谈话，因为兴奋而提高音量，斯坦会表演出他希望角色做什么或说什么，他们的行为和动机。"斯坦几十年来，一直使用肢体语言向画师们展示他脑海中的漫画形象，但随着超级英雄的动作形态变得越来越狂野，他的小剧场场景也是如此。斯坦伯格说："斯坦会跳来跳去，跳上桌子，跳上椅子。他体力充沛，会做出动作，来回奔跑，然后'轰！轰！轰！'连墙壁那边都能听到他说要做的音效。"

在某些方面，斯坦正在创造漫画界有史以来对艺术家们最友好的环境。他在发表的稿件中对他的合作伙伴们制作的视觉效果大加赞赏，还开始做一些前所未有的事情，在期刊的开头分类列出创作人员名单。在此之前，如果你参与制作了一部漫画，书上能有你的名字就够幸运了，很少会明确列出你具体的贡献。如果你在食物链上的地位比草图画师或作家低，那就自求多福吧。但斯坦有一个想法，那就是固定列出作家、草图画师、上墨画师和嵌字师的名字，并经常使用热情洋溢、充满诗意的语言。例如，1964年春天的《X战警》第6期的署名如下：

编剧：以斯坦·李的天赋

草图：以杰克·柯比的气质

漫威先生：斯坦·李的传奇人生

上墨：以奇克·斯通的细心

嵌字：以 S. 罗森的大胆

当然，这列署名包含了两个谎言：首先，斯坦并不是这些漫画的唯一作者，甚至未必是主要作者，这要归功于"漫威模式"；其次，起稿草图的人并没有因为他们所做的写作工作而获得应得的荣誉。正如迪特科后来所说，"李很早就开始了这种自吹自擂、自我满足的做事风格，即先给予信誉，然后又通过取走或自行占有大部分甚至于全部的功劳来减少原本给出的信誉。"也许更为重要的是，著绘者们并没有因为他们所做的大量写作而得到报酬。斯坦在公司的职位是编辑，所以他负责撰写故事情节，同时还获得了作为自由职业作家的薪酬。但像柯比和迪特科这样的人，他们是在没有公司职位的情况下工作，结果被剥夺了理应获得的写作的酬劳。当时漫画业没有工会，而这些著绘者急需工作，所以此事并未引起很大的骚动，但这就是对劳动者的不平等剥削。在极少数情况下，当著绘者站出来的时候，大家都知道斯坦会击倒他们。漫画历史学家巴里·珀尔（Barry Pearl）曾与画师迪克·艾尔斯（Dick Ayers）谈论过，后者筹划了《弗瑞军士和他的咆哮突击队》（*Sgt. Fury and His Howling Commandos*，下简称《弗瑞军士》）的某一期的事情，对听到的内容感到震惊：

迪克说有一天斯坦给他打电话说："我想不出《弗瑞军士》第 23 期的故事。要是你也想不出什么，我们就做不了这一期！"忧心忡忡的迪克彻夜难眠，让（他的妻子）林迪（Lindy）也别睡。他们讨论了一个又一个故事，直到半夜时分，林迪想到了让突击队去拯救一名修女和她照料的那些孩子的点子。迪克说："斯坦不会同意的，他对宗教毫无兴趣……但我会问问他。"当迪克这样做时，斯坦说："这是个好主意，就用它。"于是，他们一起做出了一期非常棒的故事。而当最终做好的页面被拿给迪克看时，他发现自己只被列为画师。迪克走到斯坦的办公室，问是否可以把自己也列为共同策划人。斯坦大喊："你什么时候开始变得这么自大了？出去！"

在他的自传大纲中，斯坦写道："每个人都有功劳。创作人员名单自然就成了弗兰肯斯坦的怪物。当画师和写手们开始追求自己的公众关注度，事情就会变得难以对付。"讽刺的是，其实是斯坦自己开始追求公众关注，并且变得难以对付，至少在某些时候如此。柯比定期交出数量疯狂而惊人的作品，仅在某个特定年份就有1158页。所以下面这件事也就不奇怪了。据说，有次斯坦要求柯比为《不可思议的绿巨人》(*The Incredible Hulk*)其中某期重做一遍故事，两人大吵大闹，最后柯比愤怒地撕毁了这些画页并把它们扔进了垃圾箱。斯坦也开始说着绘者们的坏话。在给粉丝杂志编辑杰瑞·拜耳斯（Jerry Bails）的一封信中，斯坦轻率地侮辱了迪特科的一个提议。他写道："好吧，我们在为《奇异系列》(*Strange Tales*)做一个新角色（只是5页的填页内容，角色名为"奇异博士"），让史蒂夫·迪特科来画他。有点像黑魔法的主题。第一个故事不怎么样，但也许我们可以让这个人物有所作为。这是史蒂夫的点子，我想我们应该给它一个机会，尽管我们又不得不把第一个故事赶得太急。"奇异博士后来成为漫威神殿中的重要成员，斯坦则在之后声称这都是他的主意，他在《精益求精》中写道："1963年7月，我为世界带来了我喜爱的另一个角色，奇异博士。"

其中一些诋毁是公开进行的，尽管是以半开玩笑的名义。在《神奇四侠》的信件页中，有人祝贺斯坦和柯比出版了《弗瑞军士》，斯坦用他和柯比之间的模拟对话作为回应："杰克：'《弗瑞军士》？那是我们做的吗？'斯坦：'你这个傻瓜，你一个星期前才画的！'杰克：'天哪，谁能记得那么久以前的事？'"在回复一封关于超级英雄与漫威西部漫画联动的信件时，斯坦也玩了类似的把戏："'嘿，杰克，我们还在出版西部故事吗？''你在问我，斯坦？我都不记得该给石头人画几根手指了！'"大约在这一时期，迪特科去参加了他唯一一次参加过的漫画大会，一个名叫伊桑·罗伯茨（Ethan Roberts）的崇拜者告诉这位著绘者，他希望成为一名漫画家。迪特科透露，事情并不是他所想的那样。"他接着告诉我这份工作有多难做，报酬太少，而且没有什么持久的回报。"罗伯茨后来回忆说，"这真是给我当头浇了盆冷水。"

1964年中期，来自科尔盖特大学（Colgate University）的约翰·巴特沃斯（John Butterworth）的一封信刊登在《神奇的蜘蛛侠》第15期上，让斯坦感到特别兴奋。"我想你可能有兴趣看到蜘蛛侠对高等教育的影响，"信中写道，"我和朋友们已经认定蜘蛛侠在该领域远远领先于任何其他的超级英雄。我试图在校报发表的一篇文章中总结出原因。每个读过《蜘蛛侠》的人都会认同他，如果彼得·帕克想上大学，我们会努力让他在这里获得奖学金——附加一个兄弟会的申请。"斯坦的答复提到巴特沃斯附上了上述文章，其标

第二部分　漫威先生

题是"在超级英雄人人自危、竞争激烈的漫画世界中，蜘蛛侠在努力奋斗"（"spider-man strives for status in competitive comic book world of insecure superheroes"）。"这聪明得没边儿了。"斯坦夸赞道。大约在这一时期，纽约巴德学院（New York's Bard College）邀请斯坦在校园演讲，他欣然接受了。从此，斯坦开始在各个大学露面，持续了几十年。

1964年秋天，斯坦成立了漫威粉丝俱乐部"欢乐漫威行军协会"（Merry Marvel Marching Society，简写为 MMMS），人们只需支付一美元就可以获得会员资格和各种福利。随后，漫威的读者俱乐部如雨后春笋般出现在美国各地，甚至还出现在英国的牛津大学和剑桥大学。剧作家迈克尔·麦克卢尔（Michael McClure）推出了一部名为《胡须》（The Beard）的戏剧作品，其中有一段摘自《奇异故事》第130期的奇异博士独白。著名的视觉艺术家罗伊·利希滕斯坦（Roy Lichtenstein）将柯比的一框《X战警》的分镜改编为他的画作《图像复制者》（Image Duplicator），柯比对这位波普艺术画家没有致敬他而感到很生气，但斯坦似乎十分享受处于这股热潮的浪尖，他开始在漫画上写上"漫威流行艺术作品"的字样。到了1965年，漫威在主要的广播电台和全国性报纸上都有报道，而斯坦总是作为公司的发言人和创意引擎出现。斯坦甚至想要重新涉足他10年前进行过代写工作的媒体：电视。

斯坦和古德曼与格兰瑞·劳伦斯动画（Grantray-Lawrence Animation）公司达成协议，将柯比的画作制作成半动画版本的宣传片，并由斯坦本人出镜做介绍。这可能是他第一次在家庭电影之外的影视作品中出现，他的外表和发言方式都不像后来的形象，戴着假发和眼镜说"嘿！你好吗？"他几乎是秃头，没戴眼镜。他看着镜头，平静地吹嘘着公司："在月销量上，漫威的漫画集团是当今所有出版的漫画杂志中公认的领先者，我们的超级英雄是那种如果你或我拥有了超能力会成为的那种人，这使得他们与当今出版的其他超级英雄都不同，这可能也是他们远比其他任何角色更受欢迎的原因。"实际上DC漫画当时实际上仍是销量第一的公司，其旗下的超人和蝙蝠侠更出名。

漫威的超级英雄受欢迎的另一个原因，当然是因为著绘者们花了很长的时间来打磨他们。斯坦在这一点上做得还是不错的，他继续把合作者们的名字放在漫画页的前面，比业内通常对画师们所做的更多。时髦的绰号开始出现在字幕中。"快乐的杰克·柯比""稳重的史蒂夫·迪特科""可爱的阿蒂·西梅克""耀眼的唐·赫克"等等。斯坦则称自己为"斯坦大咖"，这让他会永远与圣路易斯红雀队（St. Louis Cardinals）外野手斯坦·穆休（Stan Musial）竞争这一绰号的所有权。尽管古德曼的公司已经有10年没有设置"工作间"了，但斯坦还是经常写有关"漫威工作间"（Marvel bullpen）的文章，甚至还录制了一个简短的音频剧来介绍一些工作人员和自由职业者，只要加入MMMS就能收到这个音频剧的黑胶唱片。"我意识到，我们的大多数读者觉得他们认识工作间里创作团队的成员，因为我总是在写他们，"斯坦后来回忆道，"因此，在灵感的鼓舞下，有一天，我把整个团队都带出了办公室，来到一个大约5个街区外的录音室。"在斯坦的复述中，大家兴高采烈地"一直在即兴演说"。但柯比对这件事的叙述则大不相同：

第二部分 漫威先生

我们在办公室排练，斯坦就像是给奥斯卡颁奖一样。他拿着自己写的剧本，反反复复地重写，我们一边录他一边不停地重写。我们都进了办公室，人多得站不下，没到自己排练部分的人就得去外面大厅等着。那天没有做漫画的工作，都在录制。我们排练了一上午，本来该去吃了午饭再去录音室。录音室在第55街或第56街，我忘记在哪里了。但是到了午餐时间，斯坦说："不，不，我们还没准备好。"所以大多数人都没吃到午饭，而是留在那里继续排练。然后我们坐出租车到录音室，我们应该在一两个小时内搞定，但我们一直在那里待到晚上。我不知道我们反复录了多少次。

这张唱片名为"漫威之声"（The Voices of Marvel），开场是斯坦对听众说他经常使用的半军事化的短语："面向前方！"他正在养成使用这种短语的习惯——唱片附加的信件以他第二喜欢的结束语"语毕"收尾。要再过3年他才会开始使用后来最喜欢用的短语"精益求精"。和他后来的形象相比，他此时的语气还是有些拘谨。之后是斯坦、柯比、斯坦伯格和其他人之间进行的几分钟莫名其妙的对话。比方说：

> 斯坦：好吧，快乐的杰克·柯比！对粉丝们说几句话吧，杰克逊！
> 柯比：好！几句话！
> 斯坦：嘿，伙计——幽默的部分让我来。
> 柯比：你？同样的梗你都用了多少年！

漫威先生：斯坦·李的传奇人生

斯坦：好吧，但这就不能说我善变了，对吧？顺便一提，杰克，读者们又在抱怨苏[1]的发型了。

柯比：我应该怎么做，当个美发师吗？下一次，我会把她画成光头的！

斯坦：老天，还好现在你心情还不错！

诸如此类。这个环节后是一首主题曲《欢乐漫威行军曲》，由军乐队和合唱团表演。值得注意的是，迪特科没有参与录制，他拒绝参加——正如柯比在叙述这一事件时评价的那样，"在这些事情上，史蒂夫比我们聪明多了。"

也许迪特科有些聪明过头了。自从《神奇蜘蛛侠》的连载开始，他和斯坦间就存在着艺术上的僵持。

长期以来的传统观点一直认为是由迪特科负责推动蜘蛛侠的动作冒险部分，而斯坦为角色带来人文气息的塑造。但迪特科激烈抗议说情况恰恰相反。他后来写道，用他在邮递的文章中经常使用的"彼得·帕克"和"蜘蛛侠"的缩略语，"我更希望把PP/S-M（*Peter Parker，Spider-man）的创意更多地建立在青少年觉得可信的世界上"。例如在某一期中，蜘蛛侠从一个流浪太空舱中救出了一名宇航员，迪特科认为"这个故事内容和主人公的青少年背景是割裂的""这就像让一个高中足球运动员参加超级碗比赛"。更为尴尬的是，多年来，迪特科一直认同自我主义作家和思想家艾恩·兰德（Ayn Rand）的观点，形成了一种不可动摇的是非观，对那些从他人

---

[1] 此处指"神奇四侠"的成员苏珊·斯通·理查兹，昵称为苏，是四侠中的"隐形女侠"。

第二部分　漫威先生

身上榨取钱财、缺乏正直或信念的人感到厌恶。迪特科对斯坦热衷于取悦来信粉丝的行为感到厌恶，把他们称为"其他人""局外人"或"OO们"。斯坦称漫威漫画为"创意之家"，其竞争对手为"某品牌"（Brand Echh）[1]，但迪特科想知道这两个角色实际上是否是颠倒的。"斯坦吹嘘说他在'创意之家'做着独特的事，"迪特科评价道，"难道那个'家'要开始拒绝它自己独特的'想法'，而开始讨好、顺应、融入平平无奇的大众，成为另一个'某品牌'？"

最终，消沉的迪特科向斯坦申请允许自己独立编写《神奇蜘蛛侠》的剧情，不让斯坦提出剧情想法，只是让他参与讨论并进行编辑工作。斯坦默许了，第18期完全由迪特科策划，斯坦只提供了对话和叙述部分，尽管致敬页上仍写着"由斯坦·李撰写"和"由史蒂夫·迪特科绘图"。斯坦以极为对抗性的方式在漫威的信件页面上为这部漫画做宣传："很多读者肯定会讨厌它，所以如果你想知道他们在批判什么，一定要买一份！"两期之后，两个人之间的隐性冲突更加明显。"许多读者问，为什么斯坦的名字总是排在创作人员名单的第一位！"1964年末的《超凡蜘蛛侠》第20期的第一页上的旁白写着："于是，心胸宽广的李同意这次把史蒂夫的名字放在第一位！怎么样？！"在这些话的旁边是一个致敬框，迪特科的名字放在了第一位，但斯坦的名字被放大了两倍，还是用红色的粗体字。

斯坦在后期从未公开承认他对合作者的挖苦，总是说不知道问题出在哪里。斯坦在《精益求精》中写道："渐渐地，我注意到

---

[1] 译者注：按照当时的美国法规，在广告中提及竞争厂商产品时不允许说出具体品牌名称，只能以"某品牌"替代，因此在漫威内部，DC漫画等漫画出品公司被戏谑地称为"某品牌"。

史蒂夫开始散发出敌意的气息,史蒂夫并不是这世上最善于沟通的人,直到今天我还不太清楚问题出在哪里。"然后出现了决定性的破裂。迪特科说:"在第25期之前的某个时候,斯坦拒绝与我沟通。"从那时起,迪特科只是把他完成的作品带来漫威办公室,交给制作经理索尔·布罗茨基(Sol Brodsky),再由他交给斯坦。斯坦看到故事情节,试着写出相应的陈述和对话,他把这项任务比作填字谜。也许是由于斯坦不太情愿为他没有多少控制权、甚至可能不喜欢的漫画负责,1965年春天的第26期,带来了一些引人注目的变化:第一次有一个身兼作者、绘者二职的漫威创作者被赋予了与写作相关的荣誉。扉页上写着"史蒂夫·迪特科苦心策划和绘制",尽管"斯坦·李默默编写故事脚本"仍然排在署名栏的第一位。

迪特科不是漫威唯一一个直接反抗斯坦的著绘者。一位名叫华莱士·"沃利"·伍德(Wallace "Wally" Wood)的业内老将,被安排做《超胆侠》(*Daredevil*)的低销量系列,该系列讲述了一个盲人犯罪斗士的冒险故事。由于眼盲,超胆侠的其他四种感官得到了提升。它是由斯坦和另一位老前辈比尔·埃弗雷特(Bill Everett)发起的,但后者赶不上截稿时间,所以在第一期后就换人了。在他之后招募的是经典创作者乔·奥兰多(Joe Orlando),他认为斯坦想要的是仿照柯比风格的画面,因此也退出了。伍德在第5期被招入麾下,却很快意识到自己对"漫威模式"存在的职业道德问题并不满意。这是他多年后对一个采访者说的话:

> 我喜欢与斯坦在《超胆侠》中的合作。除了一件事,我需

第二部分　漫威先生

要去编制整个故事，然后他获得写作的报酬，我获得绘画的报酬，但他并未想出任何剧情。参加剧情讨论会时，我们就只是相互盯着对方，直到我想出一个故事情节。我觉得只有我在创作剧情，但没有得到写作的报酬。

伍德抱怨了这种情况并造成了足够的影响，使得斯坦允许他在《超胆侠》第10期上作为唯一署名的作家，包括对话和叙述的部分，尽管仍只给他画师部分的报酬。伍德回忆说："我写好故事递交上去，他说这东西无药可救，说他必须全部重写，然后亲自写下一期的内容。"伍德抱怨说，除非给他作者部分的报酬，否则他不会进一步做这个故事。据伍德说，斯坦说他会"研究一下"，但从未实际支付过报酬；然后又追加了三次羞辱的伤害。首先，斯坦以一种被动攻击的陈述作为这期杂志的开篇，幸灾乐祸地说："沃利·伍德一直想尝试又写故事又画画，而心胸宽广的斯坦（反正他想休息）同意了！所以谁也不知道接下来会怎么样！你可能喜欢也可能不喜欢，但可以肯定的是……它将是不同的一期！"（斯坦在那一页上只被记为编辑，但他的名字仍排在署名栏的第一位）。其次，据伍德说，在谈到实际的故事和剧本时，"斯坦只改了5个字——比编辑通常改得还少"。如此，没给自己写作部分的报酬就更令人沮丧了。最后，在信件页上还有会心一击："神奇的沃利决定他没时间写接下来的结束语，而且他已经忘记了我们需要的大部分答案！"斯坦宣布："因此忧愁的斯坦不得不接手，将这千头万绪聚拢起来，最后还得设法搞定所有的问题，拿出点像样的东西！你就别埋怨你有一堆麻烦事了！"

漫威先生：斯坦·李的传奇人生

伍德放弃并离开了，他终生没有原谅斯坦。"他看不起斯坦，"伍德的前助手拉尔夫·里斯（Ralph Reese）回忆道，"斯坦总是要出头，总是在做'斯坦·李'这个角色。他只是一个无情的自我推销者。在伍德看来，他有点像个骗子。"几年后，据里斯说，伍德和迪特科会在一起抱怨斯坦。"他们说斯坦是个吹牛的人，抢了很多不是自己真正创作的作品的功劳，"里斯回忆说，"他们更恨斯坦赚了几百万美元，而他们却还在租来的公寓里挣扎谋生。"

在漫画出版界这个小圈子里，他们从1961年漫威问世以来，就开始不断地吹捧漫威的革新，但主流媒体近4年后才开始跟进。漫威的重大突破是在1965年4月1日，当时美国最受欢迎的报纸《乡村之声》（The Village Voice）发表了一个长篇专栏，标题是"森林山的超级反英雄"（Super-Anti-Hero in Forest Hills）（蜘蛛侠彼得·帕克就住在纽约皇后区的森林山地区），由一位年轻记者萨利·坎普顿（Sally Kempton）撰写。在大致介绍了流行文化中人们的"狂热现象"以及漫画媒体在其中的历史地位之后，坎普顿切入了她的主题，宣称："根据现有的流行文化热点的发现规律，漫威漫画的热潮即将出现。"这篇文章声称已经看到了漫威漫画风靡的种种现象：

> 大学生们会去解读漫威漫画；康奈尔大学的一位物理学教授向学生们介绍了它们；"垮掉的一代"（Beatniks）[1]会阅读它们；女学生和家庭主妇们梦想着漫威的英雄们；我自己也曾深爱上了一个漫威的英雄兼反派的角色，足有两个星期。漫威的漫

---

[1] 译者注：指出现在美国20世纪50年代言行、穿着另类的年轻人。

第二部分　漫威先生

画实际上是历史上第一次可以让后青春期的逃避者能够亲身参与的故事类型，因为漫威的漫画是第一个让人想起、甚至隐喻现实世界的漫画类型。

这篇文章夹杂在反战集会和巴尔干（Balkan）民间舞蹈课的广告之间，尽管带有几分知识分子的矜持，坎普顿还是在文中深入研究了各种漫威人物并颂扬了他们的优点。此文不同于以往任何关于大众市场漫画书的报道，它是10年前那场反对漫画的风波发生以来的一个里程碑。坎普顿最后对《蜘蛛侠》大加赞赏。

> 和其他的超级英雄不同，蜘蛛侠还没做过保卫人类存亡的事。他的战斗始终是关于个人的，这个时而懦弱时而勇敢的年轻人与强大的社会力量徒手搏斗。他没有为崇高目的战斗的安心感，也没有任何外部支持。即使是那些为他的胜利欢呼的公众也总是在关键时刻抛弃他。蜘蛛侠是一个荒谬的英雄，他用纯粹的防御性武器与自己无法理解的敌人作战。……像超人那样孔武有力的青壮年角色，怎么能和这个活生生的现代困境象征来比较？蜘蛛侠，这个敏感又脆弱的年轻人，我们时代的超级反英雄。

大约在这一时期，漫威终于发现自己有足够的钱可以雇用两个年轻人作为助手帮助斯坦。他们是罗伊·托马斯（Roy Thomas）和丹尼·奥尼尔（Denny O'Neil）。两人都来自密苏里（Missouri）小镇，前者接受过教师培训，后者则受过记者的培训，他们是最初一批在自己喜爱的公司工作的漫威粉丝。托马斯曾在 DC 漫画短暂工作过，上司是个因为坏脾气而闻名业内的编辑莫特·韦辛格（Mort Weisinger），相比之下他觉得斯坦是一股清流。"他与我读（他的漫画）所想象出的形象没有太大区别，"托马斯回忆，"他的个性有点外向和不拘小节，你会自然而然地觉得该称他为'斯坦'而不是'李先生'之类的。他就是天性如此，并不是表演出来的……这是非常友好轻松的。"奥尼尔对自己刚开始为斯坦工作时的回忆，则带着略微的嘲讽："他是我认识的第一个真正想成为富人和名流的人，"奥尼尔回忆道，"在我为他工作的第一个星期，他最初交给我的工作之一是研究他能否获取荣誉学位。可能是因为我是一个大学毕业生，所以他觉得可以交给我来研究。但我说：'我对这个一无所知，在我印象里这得由他们来邀请你，而不是靠自己申请的。'"

托马斯很快就得到了斯坦的青睐，但奥尼尔就没那么幸运了。他回忆说："有一天早上，我被叫到斯坦的办公室，他当场就把我解雇了，我也说不清楚是为什么。我带着一个无业的妻子和一个两个月大的婴儿，没有钱，没有工作。"奥尼尔最终在 DC 漫画找到了工作。几十年过去，他多少和斯坦和解了一些。2001 年，斯坦为奥尼尔所著的一本关于如何做漫画的书写了一段介绍。斯坦在介绍中这样描述奥尼尔结束漫威工作的事："我想是因为他觉得 DC 漫画公司比我们更需要他，所以他离开了我们的团队。我们的损失无疑是 DC 漫画的收获。"奥尼尔至今对他这个说法都很震惊。"斯坦说，'我们不应该放走丹尼'。我就想，放走？我没有钱，还有个新生婴儿，我会在早上 10 点说我要走？给我扫地的工作我都会干呐！"

奥尼尔在漫威还是工作了一段时间，目睹了 1965 年 11 月斯坦

第二部分　漫威先生

和漫威的分水岭时刻。尽管斯坦对这件事的描述也还是存在矛盾和争议之处，但其中的核心事实毋庸置疑：费德里克·费里尼（Federico Fellini），意大利新浪潮导演，制作过《8又1/2》（$8\frac{1}{2}$）和《甜蜜的生活》（*La Dolce Vita*）这样的佳作，他来到当时位于麦迪逊大道的漫威办公室，告诉斯坦自己是多么喜爱漫威的漫画。不久之后，在接受记者关于此事的采访时，斯坦说费里尼突然打电话到他的办公室，说："你好，我是费德里克·费里尼。我非常喜欢你的漫画。一小时后我去见你，就这样。"然后就过来了。几年后，他告诉另一位记者说费里尼没有提前打电话就闯进了办公室，身旁带着一个随从，漫威的接待员告诉斯坦，"费德里克·费里尼来见你了。"他说，"好啊，告诉他圣诞老人在这里。"还有些时候他说接待员因无知而无法读出费里尼的名字。在斯坦的各种复述中，有一点是一致的，那就是他对这样一位杰出人物热爱而敬畏。

但奥尼尔对斯坦的反应有一个非常不同的叙述："所有负责动作故事、填字游戏和爱情故事工作的人，一直到走廊上，从办公室里都探出了头，因为费德里科·费里尼就在这里。大约一个小时后，他就离开了。之后斯坦走出来问我们说，'那是什么大人物吗？我还以为就是我的一个粉丝'。斯坦不是很紧跟潮流。"

这也许是事实，但斯坦确实善于营造一种时髦的氛围。这在他与一位名叫纳特·弗里德兰（Nat Freedland）[1]的记者打交道时最为明显，他当时正在完成《纽约先驱论坛报》的一项任务。弗里德兰曾为小报纸《长岛报》（*Long Island Press*）工作，并试图以自由职业

---

[1] Freedland 原本叫 Friedland，他改变了自己的署名，因为他认为"'弗尔德兰德'看起来很蠢"。

的身份兼职一些杂志写作。"当时，我想成为下一个汤姆·沃尔夫（Tom Wolfe），我想成名，我想成为重大新闻的优先人选，"弗里德兰回忆道，"我在等着发掘那些汤姆·沃尔夫还没有涉及的小角落。"他想到了这个话题，他引用《乡村之声》专栏的说法："蜘蛛侠、漫威和斯坦·李，纽约当时真正的大事件"，并认为它引起了"流行文化追捧者"的兴趣。他向《先驱论坛报》的编辑詹姆斯·贝洛斯（James Bellow）提出了一个关于漫威的专题，得到了批准。他说："我致电漫威，斯坦·李接了电话，我告诉他我被委任工作，他很兴奋。"这位记者在1965年末来到漫威的办公室，只待了一个下午。访问的一个组成部分是对斯坦进行采访，而斯坦火力全开。"现在回想起来，我可以发现一些小迹象，极端利己和把所有的功劳据为己有的那些迹象，"弗里德兰说，"但当时他和我讲了各种事情，我觉得他很可爱也很了不起。我看到画师们在周围走来走去，但没怎么和他们交谈。"

他唯一一次参与的、有画师在场的互动，是斯坦特意安排的与柯比进行故事会议的那次，目的是讨论《神奇四侠》下一期的故事。弗里德兰回忆说："李和柯比的交谈十分泛泛，而柯比只是'嗯哼'，不怎么说话。"斯坦开始表演他的故事，跳来跳去，冲着空气出拳。等斯坦说完，柯比只是说："挺好，挺好。"柯比坚持把这事视作一个事先安排好的虚假表演。"杰克说他们并不是在为一个真正的问题做策划，"马克·埃瓦尼耶回忆说，"他们事先已经安排好了那一期的内容，基本上只是在为记者重现过程。而杰克在会议上不怎么说话的原因之一就是他没想这个故事。他不需要带东西回去画，这个故事对他来说已经完成了。"事实上，根据柯比的说法，那时主要是

第二部分　漫威先生

他在向斯坦发号施令，告诉他在一个特定的故事中要做什么，那些微不足道的情节对话甚至没有当面进行，都是通过电话做的。弗里德兰对此一无所知，也懒得去了解。他说："我当时对整件事太过着迷了。"

当天与弗里德兰交谈时，斯坦以他标志性的消极攻击的方式抨击迪特科。"我不再策划《蜘蛛侠》了，"他告诉记者，"画师史蒂夫·迪特科一直在做这些故事。在销量没开始下滑之前，我不会管他。自从蜘蛛侠变得这么受欢迎以后，迪特科就觉得自己是世界级的天才。我们为剧情线争执得太厉害，我说那就让他自己去写故事。"

此时《超凡蜘蛛侠》第33期同时问世，它被整个漫画界公认为杰作。在故事中，蜘蛛侠困在一大堆金属设备的重压之下，周围是汹涌而下的水流，面临要被砸死或淹死的危险。在他身边有一小瓶血清可以用来拯救他的亲人梅姨，梅姨正在病床上奄奄一息。他几乎要放弃了，但想到梅姨和已故的叔叔，他羞愧地低下头对自己说："如果她没能活下来，那就是我的错！就像我总为本叔叔的事谴责自己一样！世上对我最亲的两个人！我不能再失败了！不能再发生第二次了！我不准！我不会！"悔恨和决绝的情感带给他新的力量，他奋力挣扎。"我必须证明自己能应对这个任务，能对得起这份力量，不然我就不配拥有它！"他获得了些许进展，然后奋力将沉重的机器抬高了最后几英尺[1]："能轻易——获胜时——任何人都能赢！只有当事情变得困难时——只有看似无望的时候——这才算数！"终于，他摆脱了困境，肌肉绷紧，飞速向上跃起并离开了。

---

[1] 编者注：1英尺等于30.48厘米。

由于迪特科对故事节奏的掌控和人物内心的剖析,这一幕经常被认为是超级英雄漫画中最伟大的一幕,经常被模仿,甚至在2017年的热门电影《蜘蛛侠:归来》(*Spider-Man: Homecoming*)中基本上被逐字改编。2005年,斯坦向一位采访者回忆了创作这个场景的过程:"在这个故事中,我相信史蒂夫和我制定好了最终让蜘蛛侠设法脱离了压在身上的巨大重量并及时找到了梅姨。但我从没想到史蒂夫会把它画得如此宏伟……这真是令人激动。即便对我这个写出故事的人也是如此!看到作品时我感受到了胜利的喜悦,史蒂夫做得非常漂亮。"只有一个问题:斯坦与这一场景的想法毫无关系,只是在事后添加了对话。即便是斯坦自己也多次承认是迪特科想出的剧情,两人那时互不说话,更没有举行情节会议。在这期杂志的信件部分,一位粉丝的信中说:"这真的是漫画的奇迹时代!"斯坦回复说:"还用说嘛!漫画的漫威时代!现在有一个响亮的口号了!"但是带来这个时代的迪特科却不想再和它有任何关系。

据迪特科说,当制作经理索尔·布罗茨基给他打电话传达斯坦的信息时,他崩溃了。对方告诉他漫威每年的特大事件,即所谓的"年鉴"要开始制作了。迪特科在一篇文章中写道:"有一天我接到了索尔的电话,说下一期S-M年刊即将进入制作。之后在思考给年鉴做什么的时候,我问自己:'我为什么要做这个?'我为什么要继续做这些月刊,做这些原创故事的创意、材料,就为了这么一个因为对某些事情太害怕、太生气,甚至不愿意见我、不愿意和我说话的人?"对迪特科来说选择变得显而易见:"再次去漫威的时候,我告诉索尔我要退出漫威了。索尔告诉了斯坦。而这个唯一有权知道我为什么辞职的人拒绝走出办公室或叫我进去。斯坦拒绝了解原因。"

第二部分 漫威先生

迪特科递交了他创作的《神奇蜘蛛侠和奇异故事》(The Amazing Spider-Man and Strange Tales）的最终回就离开了办公室。当时正好是 1965 年的感恩节前后，那天罗伊·托马斯也在场。他回忆说："史蒂夫走进公司，把作品交给索尔·布罗茨基，然后就走了。索尔站起来一路小跑进了斯坦的办公室，几分钟后又出来告诉我迪特科不干了。他说迪特科刚刚进来跟他说自己会完成手头在做的蜘蛛侠和奇异博士（漫画），之后就不做了。还说迪特科没有给他或斯坦任何离开的原因。"斯坦和迪特科在这件事上至少是达成共识的，那就是斯坦从没搞清楚迪特科为何离开，他也不想搞明白。斯坦在数十年后的采访中说，"我只记得当时对他离开的方式很生气，他这样走人，我都不想叫住他问什么原因。"几天后，这个划时代的事件开始走漏风声。漫画爱好者的杂志《漫画读者》(The Comic Reader）在 12 月报道了此事。对于那些迷恋这对作者和画师的粉丝来说，这无疑是一记重击，但没有更多信息说明事情是怎么发展到这种地步的，也没有说明理由。

雪上加霜的是，《先驱论坛报》在几周后所发表的文章再度引起风波。这篇文章发表于 1966 年 1 月，典型的新新闻主义风格，措辞流行轻率，对斯坦颇为讨好。弗里德兰写道，"斯坦是位看起来有些像雷克斯·哈里森（Rex Harrison）的、彻头彻尾的麦迪逊大街的人"，有着"诙谐的眼神，稀薄但很有品位的灰色头发，皮肤晒得很黑，身着常青藤系列最鲜艳的衣服"，并且是他在"1961 年构想出了'漫威的漫画纪元'"。文章列举了费里尼的访问，在巴德学院的露面，"神奇四侠"的浮夸魔力和蜘蛛侠神经质的魅力，并声称"在李所塑造的新漫威漫画的神话中，每一个穿制服的英雄都展现了十足的象征意义,可以说都足以作为英语文学博士论文的素材"。弗里德兰甚至重述了斯坦所说的自己在小时候赢得《先驱论坛报》作文比赛的这件事。相比之下,柯比并没有得到采访,他很被动,还被形容为:"如果你在地铁上站在他身边,可能会误以为他是某个腰带厂的助理工头。"马克·埃文尼尔回忆说,"杰克的妻子罗西(Roz)在报纸出版的周日早上读到了这篇文章,她叫醒了杰克来看",然后"杰克打电话到斯坦家中,把睡梦中的斯坦叫了起来,并朝他大发脾气。两个人事后回忆都认同这件事发生后他们的关系再也没能回到从前,这已不只是在工作中伤到自尊的问题了"。这是第三个梁子,两人的关系从此"三振出局"。

弗里德兰后来非常后悔自己这样报道。"我很难过自己也曾误会了柯比。过了几十年再回顾当时的情景,我才意识到他确实是被亏待了。"弗里德兰对我说:"'腰带工厂'。唉,可怜的柯比。我当时在想什么?"弗里德兰说这篇文章发表后,他在让·谢波德(Jean Shepherd)的流行广播节目中做宣传,并再次用他偏向斯坦的描述去称赞漫威的受欢迎程度。随着时间的推移,弗里德兰惊讶地发现斯坦在任何漫画的后页都没有提过这些宣传。他感到很困惑——毕竟,斯坦通常热衷于炫耀公司收获的赞誉。"我打电话去漫威,问斯坦·李:'文章已经发表了,你怎么不把我写进专栏?'"弗里德兰回忆,"他告诉我柯比很不高兴,我想他说的原话是,'因为感情受到伤害而难过'。我想,天啊,我能理解他为什么会是这种感觉。"

尽管如此,弗里德兰仍然痴迷于此,并有了一个新想法:"我想成为一名漫威作者,"他说,"当时有个写作测试,我参加了测试并递交了上去,然后收到了某人的回信,说我缺乏漫威漫画需要的那

第二部分 漫威先生

种作品质量或风格——我指的是特征。"弗里德兰是无数崇拜者中的一员,他们都梦想着为"创意之家"工作。从表面上看,漫威公司的发展势头很好,而斯坦是这艘荣耀大船的船长。但随着迪特科离开,以及柯比黯然地意识到自己永远得不到充分赏识的现实,从某种角度来说,漫画的"漫威时代"已经结束了。

第五章

高位独寒

· 1966—1972 年 ·

杰克·柯比曾经对他的助手兼朋友史蒂夫·舍曼讲过一个故事。故事发生在 20 世纪 60 年代中期,在他们认识的几年之前。柯比有一天来到漫威公司,发现斯坦独自一人在做一件奇怪的事,"那家伙把所有的灯都关着,一个人坐在黑暗的办公室里,对着一台录音机在说话。斯坦打开录音机并对柯比说:'听听这个,可棒了!'录音内容就只是斯坦自己说的一些笑话和演讲,以及'精益求精'这类的东西。"舍曼回忆道,"柯比问他这是在干什么,斯坦露出他那柴郡猫般的微笑,说:'我要竞选州长。'柯比只好说:'挺好。'"

斯坦从未真的去竞选州长,也没参加任何职位竞选。但这段逸事有其意义所在。若把它当作真事,它很符合斯坦在 60 年代的浪潮中展现出的那种刀枪不入和无限可能的感觉。即便这事并未发生过,柯比讲述这样的故事也能体现出他这 10 年对他的老板及合作者日益增加的不满和疏远。他们的合作震撼了世界,但就像很多其他这样的合作一样,他们彼此的性格和世界观之间的冲突终将撕碎这份关系。斯坦感到自己正站在风口,他竭尽全力争取更高的名望,并且幸运地如愿以偿。但在从迪特科离开到斯坦获得发行人交椅的这段时间里，他失去了柯比，继而不再从事写作，最终看到自己最辉煌的人生落下帷幕。这是他人生阶段里非常美好的时期，但由于他本人能掌控和不能掌控的种种事件，他未能再体会到这个时期带给他的尊重和成就感。

这段时期的创作高峰可以说只存在于初期。在这颇为讽刺的转折中，几乎就在1966年初，因为当《先驱论坛报》的文章造成斯坦和柯比之间本已紧张的关系彻底崩坏的时候，漫威开始出版被广泛认为是他们两人共同创作的最了不起的故事，即《行星吞噬者三部曲》(*Galactus Trilogy*)。这是在《神奇四侠》第48—50期中描绘的一个充满紧张悬念并涉及"天启末日"的故事。先前几期已有所铺垫，将"神奇四侠"带到了一个隐秘世界，那里有着被称为"异人族"的超能力者。故事中描述了夸张的战斗、机智诙谐的幽默人物，还有令人难忘的怪异群体：比如因为自己的低语会带来巨大破坏而从不开口的国王，能在任何物品上寻找到最薄弱点的武僧斗士，还有能够传送的巨犬，诸如此类。第48期的前几页结束了异人族传奇，继而转向令人惊叹的柯比星空："在深邃浩瀚的外太空，一个不可思议的身影在宇宙中呼啸而过——暂时没有更好的称呼，我们就将其命名为'银影侠[1]'！"果然，读者会看到一个踏着银色冲浪板的身影在宇宙间穿梭。

后面的故事比斯坦与柯比之前共创的任何故事都更加惊心动魄。地球上方的气层似乎燃烧了起来，接着又像是充满了巨大的石质物体。里德与一名被称为"观察者"的和平外星生物交流，观察

---

[1] 译者注：Silver Surfer，又译银色冲浪手，漫威漫画人物之一。

者承认是自己创造了这些幻象，为了防止地球被银影侠发现。"他是行星吞噬者的先头侦察员！"观察者瞪着眼、神色惊惶地声称，"吞噬者会榨干星球所有的元素能量，使它们变得无法再支持生命！"但他的努力并无用处，在照片影像拼贴而成的惊人画面中——彼时柯比越来越喜好这种技术——纽约城上空出现了巨大的球体，从中降落了各种机械，一个头戴长角王冠、身披怪异条带的巨大人形生物随之出现，并宣称"地球将为我提供养分，直到榨干所有元素生命"。

柯比和斯坦都声称是自己独立创造了行星吞噬者这个角色，同样都暗指是自己提议，让"神奇四侠"与这个神一般的角色作战。"神奇四侠"的战斗最初徒劳无功，但在银影侠转变阵营后，他们获得了最终的胜利。银影侠是因为见到了石头人的失明女友，从而相信人类还是值得拯救的。但这还没完，最终，还是依靠乔尼拼死冲入太空取得的一个迷你装置"终极抹除者"，并以这个武器相威胁才迫使行星吞噬者投降。于是这个贪婪的巨人离开了，而在后续稍显不太协调的结尾中，乔尼开始了自己在大学的工作生涯。整个故事情节紧凑、想象丰富，时至今日仍在超级英雄爱好者的心中占据重要位置。

这个故事是斯坦与柯比合作的成果，1966年整整一年，斯坦都在竭力维护他俩的合作关系。3月10日，斯坦在普林斯顿大学发表演讲，明确地说柯比"和我一样极富想象力，甚至比我强很多"。就在几周后，位于伯克利的报纸《加州日报》(*The Daily Californian*)的杂志版刊登了一篇题为"漫威漫画时代的神奇5年"(*Fantastic Five Years of Marvel Age of Comics*)的文章，其中引用了斯坦的话,"杰克·柯比是当今世界上最伟大的艺术家之一,最好的艺术家往往也是文学家和戏剧家。你不了解如何讲述故事,就没办法画出好看的作品。杰克像我一样,经常对故事有很多创意想法。我实在顾不过来时甚至直接由他来写文案"。柯比表示漫威漫画还向他承诺,为他作品的非漫画部分提供可观的薪水和奖金。也许最重要的是,斯坦变更了他与柯比的这份合作关系的书面署名。他不再把自己和柯比分别列为写手和画师,而使用更加模糊的措辞,如"斯坦·李(大咖)和杰克·柯比(国王)的另一部引人入胜的奇妙作品"。

这些引人入胜的奇妙作品展现了更多的好故事,特别是"神奇四侠"系列。《行星吞噬者三部曲》后紧接着是一部至今仍被称颂的单集故事,题目是"这人……是个怪物!"(This Man...This Monster!)在这个故事中,一个冒牌的石头人试图混入"神奇四侠"小队,但很快就发现这是个大错。这是迄今为止柯比最具有迷幻色彩的科幻画作之一。接下来的这个故事堪称漫画历史上真正的里程碑:这部由两个单元的故事组成的漫画,让人们认识了瓦坎达(Wakanda)的国王特查拉(T'Challa),也就是"黑豹"。这个角色是一个虚构的非洲城邦的统治者,那个国家并没有充斥着落后的刻板印象,而是秘密持有当时世界上最先进的科技能力。更有甚者,黑豹在一次练习中击败了神奇四侠,进一步展现了他的英勇善战。故事结束时,他已经成为第一位主流的黑人超级英雄。

时至今日,漫威仍在不遗余力地赞扬斯坦设计"黑豹"时的远见卓识,而斯坦在世时也非常乐于支持这个观点。"我当时想要创造第一个黑人超级英雄,但又想避免那些刻板印象,"他在2005年谈道,"你们看,在创造一个超级英雄时,你首先要考虑的是取什么名字,让其拥有什么能力比较好。"斯坦说他想起自己童年时读的某个故事,"其中某个角色有一只黑豹,那时候我就觉得很有戏剧性,我也很喜欢'黑豹'这个名字。"在这次讲述中,斯坦说自己后来充实了这个概念:遥远非洲的总部,丛林猫科的力量,诸如此类的细节,然后找柯比做设计。柯比则表示这个角色完全是他自己设计出来的,因为他想追求多样性。他在1989年时说:"我想要创造'黑豹'这个角色,是因为我发现我的漫画中没有黑人角色。当时其实我有很多黑人读者,我交的第一个朋友也是黑人,我却只顾着和其他人互动而忽略了他们。相信我,这是人为的原因。我突然意识到没有人在创作黑人英雄,而我自己就是个行业领头的漫画家,我也没画过黑人角色!"于是这才有了"黑豹"这个人物。但二人均未提及美国同时期出现的同名组织[1]。

后来就有了对创作贡献归属的争议,但在1966年,虽然斯坦努力想改善局面,但柯比当时确实没有得到足够的尊重,并且薪酬依旧微薄。尽管漫威在其他媒体上大放异彩,却只给了柯比很少的加薪,许诺的奖金也从未兑现。那一年,整个漫威周边产品首次亮相,诸如T恤、海报等商品,供不断增加的漫威迷们收藏。这些商品用的多是柯比的画作,但他并未从中获取额外的报酬。

此后不久,斯坦在前一年提出的"格兰特雷-劳伦斯"(Grant-ray-Lawrence)卡通节目在美国广播公司播出,并将继续制作超过190个动画故事。这些故事中有很大一部分完全由柯比的漫画作品

---

[1] 编者注:指美国黑人左翼激进政党"黑豹党",1966年由修伊·牛顿(Huey Newton)和西尔(Bobby Seale)在加利福尼亚州的奥克兰创建。

第二部分　漫威先生

组成，只是经过动画师的简单处理，增加了动作。所以这是一个使用了柯比作品制作的大众媒体节目，但柯比仍然没有获得相应的报酬。漫威还重印了柯比所绘漫画的平装版，以及印有柯比画作的漫威交易卡。这些都没有让柯比或其他画师得到分毫版税分成。

任何其他创意媒体的专业人士都会对此感到震惊，柯比竟然允许这种情况发生，并没有因为被克扣报酬而提起大规模诉讼。为何会这样？答案是两方面的。第一个方面，柯比和李一样都是生长于经济大萧条的时代，他们总会担心失去稳定的收入来源，不论这份收入多么微薄。柯比的家庭也在增添人口，认识他的人都知道，他必须牢牢抓住自己唯一的这份工作，全心全意地供养家人。何况，他和DC漫画的一位编辑因为以前的一则报纸连环漫画的钱款问题仍存在法律纠纷，业内唯 的另一家巨头并不欢迎他。至于第二个方面，则需要对当时超级英雄漫画行业普遍性的不公正待遇有一定了解。简单来说，任何人为漫威或DC漫画所作的创作都会被视作"委托创作"，作品完全属于出版商而非作者。这个做法在漫画产业早期就被确立下来，一直荼毒着诸多写手和画师。他们创造的知识产权与自身毫无干系，却为公司高层赚取了难以估量的巨额财富，而高管们按页数计算支付的剥削性工资，是柯比及众多画师们付出巨大心血后仅有的报酬。

值得一提的是，这个做法也适用于斯坦。他的写作工作是以自由职业者的身份完成的，而他的公司职位是编辑和艺术总监，他号称自己创作的那些角色也无法获取所有权。这种雇佣式工作模式的合法性在60年代中期就开始受到质疑，主要在于印在工资单背面的一则信息，提及收到工资单的人即放弃一切版权要求。几十年后，这种让公司保有作品权利的粗糙做法会受到法律的审查，柯比的后人在一次诉讼中宣称柯比实际上拥有漫威的核心知识产权。但那是很久以后的事了。在他们60年代的全盛时期，两个人都只是顺从地接受了这种不公正的安排。

据称，柯比在1966或1967年时曾尝试打破这种不公正待遇。当时他向斯坦提出自己想要在"雷神索尔"系列中制造一个高潮事件，让所有的北欧众神都走向灭亡，由新的神灵取而代之，从而展开新的故事系列。最重要的是，他希望完全享有这些新角色的独家冠名权。斯坦后来说柯比从未告诉过他这个想法，但埃文尼尔告诉我柯比确实向斯坦提出了他的概念设想："实际上，斯坦当时回答，'可以，我们想加入他们'。"但他想把它们加入现有的漫画中，而杰克则被期望一如既往地按照原本的交易方式把它们送出去。没有额外的报酬，也没有特别的署名。"柯比并不喜欢这个安排。"埃瓦尼耶回忆，"他那时觉得，按他们给自己的待遇，不该就这么把剧情的创意让给他们。"柯比又坚持工作了一段时间，低调做事，但他的不满与日俱增。

柯比的前任搭档乔·西蒙对斯坦和马丁·古德曼同样不满，甚至可能更加气愤，但他并不像柯比那样忍气吞声。古德曼听说西蒙想要尝试收回对美国队长的版权，他在1966年7月告诉柯比，只要他肯签署一份声明，证明按照创作这个角色时约定的条款，漫威拥有其所有权，就能得到一笔额外的现金，并且金额数量将和西蒙能通过调解获取的金额相等。怒火中烧的西蒙为《疯狂杂志》的山寨版《有病》(*Sick*)的第48期写了一篇漫画故事，题目叫《漫画新纪元》(*The New Age of Comics*)，于1966年秋季出版。这也许是漫画

第二部分　漫威先生

专业人士第一次让粉丝们看到，他们如此热爱的行业幕后存在的不公正现象。这篇漫画至少可以说是挺毒舌的。

这条漫画以介绍性文字开场，谈论了超级英雄人物的一些滑稽愚蠢之处，宣称："你在这些书里找不到任何一个真正的人类。即使你遇到它们的创作者，你还是会有同样的疑问。"故事把读者带到了麦迪逊大道——漫威公司的办公地点———家漫画出版社，在那里，编辑"山姆·米"（Sam Me）[1]笑嘻嘻地对正愁眉苦脸的画师德里普科（Dripko）命令说："好了，去把整本书做完，一个小时内放在我的桌子上。我们今天还有20本书要出！"山姆又补充说："别忘了在上面签上我的名字！"另一名画师普洛茨基（Plotsky）对他说："我有个想法！"山姆立刻回答："太棒了！签上我的名字，去画6页！"山姆带普洛茨基去看他的秘密武器，一个名叫"美国人队长"（Captain American）（注意这个"人"）的披挂着星星的英雄穿过窗户跳进战场，结果摔死了。普洛茨基则想到了一个补充角色："设计一个叫山姆·米的人物怎么样？"山姆回答说："普洛茨基，你是个天才！提醒我下次一定要把你加进署名。"在最后一个版块中，普洛茨基一边擦除第四面墙一边思索："一个名叫山姆·米的角色——你认为有人会相信有这样的人物存在吗？"而山姆此刻穿着超级英雄的制服，胸前有一个巨大的"＄"符号，说："不管你在嘀咕什么，普洛茨基，把它写下来并签上我的名字！"

斯坦的名字确实变得无处不在，他正在成为一个不折不扣的名人。仅在1966年，就有百余份出版物刊登了关于漫威的文章，其中

---

[1]译者注：与"斯坦·李"押韵。

许多是为联合出版写的专题文章的重印，但在报纸仍然主导媒体环境的时代，这种重复基本上没什么关系。当然，斯坦几乎总是这类文章的主角。油墨印刷的粉丝杂志赞扬他非凡的写作能力，称他为天才。他也定期出现在广播媒体上，参与哥伦比亚广播公司（CBS）的一个栏目，并出现在各种电台采访中。他愿意和任何人聊天，从先锋脱口秀主持人巴里·格雷（Barry Gray）到哥伦比亚大学内部电台的本科生。他还没有完全塑造出那个欢乐的斯坦·李的角色，那将是他人生后50年中的形象。这些采访都比较低调，斯坦听起来像是个矜持的知识分子，虽然他不吝做些自我赞美，而且听上去总是在感激地微笑着。在一个节目中，他夸耀了"欢乐漫威行军协会"的广泛吸引力。他说："我们有属于约翰·伯奇协会（John Birch Society）的成员，我们在加利福尼亚的伯克利学院（Berkeley College）有很大的影响力，"他分别提到温和的和激进的两个前哨站，"我可以告诉你，我认为我们在出版界是现象级的，因为我们绝对涵盖了每一个范围、每一种品味和每一个年龄组。"

很明显，他特别自豪能够吸引到的一个读者年龄组就是大学生群体。他的演讲活动从一个校园到另一个校园，所到之处都得到了浮夸的赞美；在芝加哥大学出现的海报上写着：斯坦·李——当代的传奇。在这些演讲活动中，他通常会放弃准备好的发言，改为只是接受听众的提问并即兴思考回答。他在这些场合思维敏捷而锐利，对抛来的任何问题都能进行巧妙回答或机智回避。那个曾经渴望成为演员的男孩，已经成长为一个不同类型的舞台健谈者。他觉察到粉丝们渴望看到更多这个仍在发展中的"斯坦·李"角色。于是，在1967年春天，他在漫威的信件页面上建立了一个名为"斯坦的肥皂箱"（Stan's Soapbox）的专题，在其中用激动的口号和文字来高谈阔论、激发情绪。他在早期的"肥皂箱"中写道："我们的快乐读者们，无论年龄大小，都是聪明、有想象力、不拘形式和成熟睿智的！所以我们不介意那些捣蛋对手们说要卖得超过我们……毕竟，大家都知道我们这类人比他们的人少！所以让他们继续迎合'泡泡糖旅'（Bubblegum Brigade）[1]的需求吧，希望他们加油。普通大众还是需要些精神食粮的，直到他们成长为漫威的读者！还用说吗？"

斯坦在所有这些场合都会特意赞美柯比，1967年3月，他和柯比一起受邀在纽约市WBAI电台做现场采访。"我一直说杰克是世界上最伟大的神话创造者，"斯坦在那次出场时说，演播室里，柯比坐在他身边，"这件事其实该让杰克来讲，但以防他不愿说，曾经有人问他是如何把服装和其他一些东西画得那么真实，我认为他给出了一个无价的答案。杰克说，'它们不真实。如果说它们看上去很真实，那说明它们不够真实'。但他不是去画东西原本的样子，而是它们在漫画作品中应该如何表现。"这里值得注意的是，此时的斯坦还没有形成那个声称他是故事原创者的基本立场。在WBAI的采访中，斯坦说有时柯比才是他们故事的创始者。他说："如果我们坐在一起构思一个情节，杰克可能会对我说，'哎呀，你知道，我们已经有一段时间没有使用银影侠了。如果让他做点有意思的事情，会怎么样呢？'"柯比在谈话中和斯坦一样有礼貌、有魅力，听众会认为这两人是完全同步的。

可那与事实相差甚远。1967年又发生了一连串的不快。《神奇

---

[1] 译者注：《泡泡糖旅》是80年代末一部英国儿童喜剧。

漫威先生：斯坦·李的传奇人生

四侠》第 66 期和第 67 期介绍了一个由两部分组成的故事，讲述了"神奇四侠"遇到一个由科学家创造出来的人。根据埃文尼尔的说法，柯比希望把故事做成对艾茵·兰德（Ayn Rand）风格客观理性主义的一种体现，科学家们试图创造一个以非黑即白的道德观看待世界的人，让他只靠理性而不是情感来运作。在柯比的计划中，这将意味着这个人会与自己的创造者产生冲突，因为他们和所有普通人类一样受情感和不完美的逻辑支配，是有缺陷的。故事想要表现的主旨是，如果脱离了宽容和对不完美的包容，绝对理性可能是破坏性的。在埃瓦尼耶的讲述中，柯比把这个故事讲给了斯坦听，结果被全盘否决。根据斯坦的指示，重制后的故事情节很简单，就是关于疯狂的科学家们创造了一个怪物，而他具有纯洁的心灵，与其邪恶的父母作战。看到这样的改动，柯比觉得这意味着自己是在白费心思，只能报以一声叹息。

柯比看着《先驱论坛报》的模式一次又一次地重演：记者们不断将斯坦描述为漫威的教主。在一次电视圆桌会议上，斯坦被描述为"漫威漫画集团的创造者"，甚至几乎没有提到柯比，而他很可能才是这些故事系列的唯一创造者。在格兰特雷－劳伦斯动画最初那些短片的成功基础上，漫威签署了一份协议，分别制作关于《神奇四侠》和《蜘蛛侠》的两部新动画片。他们不会像以前的节目那样掠走柯比的艺术作品，但他还是再次遭受了不公的待遇：《神奇四侠》节目的预售广告说这些角色是"斯坦·李的智慧结晶"。也许是出于柯比的抱怨，当这部动画片最终亮相时，字幕上显示了"基于斯坦·李和杰克·柯比的构思"，但这只是溃烂伤口上的一个微不足道的绷带。

第二部分　漫威先生

大约在这个时候，斯坦和柯比分别接受了一本粉丝杂志的采访。仔细阅读就会发现，他们并不像主流大众想象中的那样和谐。当斯坦被问及是谁想出了"神奇四侠"时，他回答说："两人都有，主要是我的想法，但杰克在视觉上创造了人物。"当柯比被问及是谁创造了异人族时——请注意，异人族出现在斯坦公开署名为作家的故事中——他也回答说："是我。"最为不祥的征兆是，当柯比被问及是否是由他策划的故事而斯坦只负责对话时，他给出了非常消极且具有攻击性的回应："这是斯坦利的编辑方法。作为一名漫威艺术家，我负责执行。"柯比甚至不愿说出"斯坦·李"这个名字，更做不到向使用这个姓名的人拍马屁。他只使用几十年前斯坦第一次开始给他惹麻烦时用的那个名字。当人们回顾斯坦和柯比的职业生涯时，有些事实变得很清楚：到1967年底，他们没有想出任何新的主要角色，甚至他们已经合作过的角色也让他们产生了分歧。在对银影侠的起源和性格特征的描绘方式产生分歧后，斯坦将柯比笔下这个银光闪闪的人物从他手中完全夺走，并且选择了画师约翰·布塞马（John Buscema）来负责冲浪者的首次个人系列的情节设计和铅笔线稿。为漫威机器提供了这样高动力的双核心创意引擎在工作中出现了问题，漫威的发展速度逐渐慢了下来。

对斯坦和古德曼来说，幸运的是源源不断的新能量使机器得以继续运转。漫威漫画公司在曼哈顿的总部人声鼎沸，那些将成为漫画业传奇的人物和画手们正成群结队地来到这里。总的来说，他们喜欢与斯坦一起工作。一位天赋过人的年轻画师，名叫尼尔·亚当斯（Neal Adams），从DC漫画的同事那里听说了"漫威模式"带来的创作空间，于是约见了斯坦并要求工作。亚当斯回忆说："他兴致勃勃，热情洋溢。他向我展示了房间里所有的书。无论我们谈什么，做什么，他从不拒绝我。他会尊重他人。他尊重那些有头脑、会站出来说话的人，因为他确实会欣赏其他人的意见和他们对事情的感受。"换句话说，柯比的落魄地位似乎是一个例外。

被选中接替史蒂夫·迪特科创作《超凡蜘蛛侠》的著绘者老约翰·罗米塔（John Romita, Sr.）的话进一步印证了这一点，他将作为漫威时代最重要的第二批斯坦合作者之一载入史册。与第一批（柯比和迪特科）不同的是，这批人普遍对"漫威模式"充满热情。"我意识到，根据剧本（画）漫画是极为受限而且僵化的，"罗米塔说，"当你可以自己决定使用多少分格，在哪里展示内容，如何安排每一页的分配，这是世界上最好的事情。漫画成了一种视觉媒体！"

作家们也加入进来并迷上了斯坦。罗伊·托马斯除了担任助理编辑外，还被赋予了写作任务，并与他的老板建立了密切的师徒关系。一个名叫克里斯·克莱蒙特（Chris Claremont）的大学生，后来在20世纪七八十年代彻底变革了漫画，他在1968年向斯坦提出想为漫威工作。他为了学校的学分，申请到了一个无偿的实习编辑职位，尽管工作节奏非常快，而且偶尔会有一些琐碎的要求，但他仍热衷于为斯坦工作。"他是个优秀的编辑、优秀的经理，并且擅长鼓舞人心。"克莱蒙特回忆道，"他是支撑所有这些不同星球的轴心。他是一个太阳，我们都热情地围绕着他，因为他是一个你可以信任的人，而这是我认为无人能及的激励水平。"甚至他的秘书也喜欢他——芙洛·斯坦伯格（Flo Steinberg）是一个热情的战友，在她离开公司后，她的继任者罗宾·格林（Robin Green）也对斯坦产生了敬佩之情。正如她后来回忆：

第二部分　漫威先生

他是我的老板，有时我喜欢他，有时我恨他，但我总是按他的吩咐去做，有时是勉强的，比如他让我去做他妻子不愿意做的差事，但我总会去做。因为他如此努力，如此有干劲，如此热忱，你会心甘情愿地为他分忧。他事事亲力亲为，不会委托别人，这就是为什么他工作得那么辛苦。在漫威漫画集团的世界里，比起查尔顿·赫斯顿，斯坦·李看起来更像上帝。

如果这是真的，那么柯比就是漫威唯一的"无神论者"。

杰克·利伯人生的最后日子鲜为人知，但现有的证据表明那段时光并不欢愉。斯坦和拉里的父亲在妻子去世后一直独自生活，从未再婚，成为一个痛苦的、孤独的老人。他从未对斯坦在漫画行业中的成功表现出一丝赞赏。对他来说，斯坦只是一个叛教的前犹太人，令人失望；而拉里仍在为低级别的漫威书籍做着著绘者的工作，境况也没好到哪去。1968年，80多岁的杰克犯了心脏病，但这并不是他的死因。"他死于一次医疗失误。"拉里回忆。似乎杰克因为心脏病发作而被送到了纽约市著名的贝尔维尤医院，按拉里的话说，那里的医生"对他的心脏进行了完美的治疗，但给他注射了过多抑制剂"。我问拉里是否指抗抑郁药，"相反，是那些会让你抑郁的东西，"拉里停顿了一下，回答道，"就说他是因抑郁而死的吧。"我进一步询问他那是否意味着他父亲是自杀的，他沉默良久："我不想再多谈那件事。"

让我们更加难以捉摸事情真相的是，杰克儿子们的堂姐妹玛莎·雷伯·德默（Martha Leiber Dermer）告诉我，她只听说杰克是死于健康问题，如果是自杀，应该会告诉她的。另一方面，玛莎的侄女珍妮弗·邦弗洛尔（Jennifer Bonvouloir）却记得她的母亲（也是斯坦的堂姐妹）跟她说杰克是上吊自杀的。"我的母亲对我们说，斯坦选择远离其他家庭成员是因为他父亲出的事。"无论究竟是何原因，杰克在1968年2月26日宣告死亡，和他出生的家乡隔着一块大陆，一片海洋。"我不记得父亲葬礼的情况了，"拉里矢口否认，紧接着又改口道，"好吧，我还记得，但我不想细说。"

斯坦在谈及父亲的去世时，甚至比拉里说得更少。他公开谈论父亲去世的全部内容都囊括在他回忆录中的一个简短段落。他写道："意外接到我的兄弟拉里打来的电话，用悲伤而颤抖的声音说，我们的父亲意外去世了。他这些年来从结婚到再婚，一直住在曼哈顿。突如其来的空虚攫住了我们，因为我们意识到无法再期待他的来访了。"也许这样的探访一直在发生，也许斯坦在回忆录中人为制造家庭和谐的假象。据拉里说，无论如何，斯坦在父亲去世后深陷于内疚。"斯坦多少有些为此自责，"这位兄弟说，"我父亲想让斯坦给他买一栋房子。"斯坦从未这样做。"因此，斯坦经常想，也许应该给他……"拉里止住话头，又继续说，"所以我对他说，'不，那和房子什么的无关。爸就是被那个蠢医生害了。不是因为你'。斯坦对我说：'听你这样讲我就安心多了。'能让他好受些，我也会觉得好受。"

据弟弟说，这种善意并不经常得到回报。"他对我来说是个陌生人，真的，"拉里深思道，"他对我的感觉可能是矛盾的。"他回忆起斯坦和琼在个人生活和职业领域对他的冷淡和隐瞒。拉里看着哥哥

第二部分　漫威先生

声名鹊起，而他自己却"难以支付租金"。有一天，斯坦和拉里难得在一起吃午饭，斯坦告诉他，他刚刚做了一项投资，赚了25万美元。"我心想，你跟我说这些干什么？"拉里略带讥讽地回忆，"对我来说，他这就像是在上好的餐馆吃完美食，走到街上跟乞丐说：'嘿，你知道我刚吃了多好的东西吗？'……我想过他是不是故意那样残忍。"

但斯坦也可以对拉里非常慷慨，在1968年，当拉里搬进他现在仍然居住的上东区的单间公寓时，斯坦为他弟弟支付了几个月的租金。但这种慷慨往往伴随着对他的随意抨击。拉里在搬进公寓时买了一辆车，买车意味着要遵守纽约市错综复杂的停车规定，每周都要多次移车。斯坦听说了这件事，决定加以利用。拉里这样讲述后来发生的事情：

> 有一天，他对我说："拉里，反正你也要挪车，帮我也挪一下怎么样？如果你替我挪车，我每周给你5美元。"一周5美元？我受到了极大的侮辱。我说："如果我们关系密切，我根本不要钱！1美元我都不要。但如果你要给钱，就给这点吗？"我心想，你会给杰克·柯比说每周5美元吗？你会跟别人这么说吗？所以我说："不，我不会做。"我听到的下一件事是，在我去拜访古德曼夫妇的某天，琴·古德曼对我说："有个很奇怪的事情。"我问道："什么事？"……他们在外面吃饭的时候，斯坦突然走过来对琴说："你觉得我的那个笨蛋弟弟怎么样？我每周给他15美元，让他帮我挪车，他拒绝了我。"于是我对琴说："首先，他说的不是15美元。是5美元。其次，一个星期15美元，一

个月就是60美元，花这么多钱他可以把车停在停车场……"你可以看到同一个人能够表现出两种极端，他可以非常大方，又可以非常吝啬。

斯坦的慷慨只是间歇性地惠及他的兄弟，但对自己的妻女十分大方。琼向往上流社会的生活方式，拉里觉得她应该是认为他太不够格调，不适合与他们交际。他记得有次琼来到漫威办公室，当时拉里也在，琼对他说，"拉里！你好吗？你可得来我们家坐坐，但这一阵先别来，因为最近天气越来越好了，你上次来的时候把雨水带来了。哈哈！"她说完就转身走了。"她用一句话既邀请了我又拒绝了我，是吧，"拉里说，"琼就是那样。"

琼不关心斯坦的工作内容，她女儿也如此。"我觉得我女儿这辈子就没看过漫画，我妻子应该也是，"斯坦那时在采访中说，"我一谈论工作，她们就会觉得很无聊。她们感兴趣的只是每周的工资。"在他们的这段婚姻中，琼一直花钱如流水。根据斯坦和其他人的表述，她有点购物成瘾，囤积了大量珠宝和花里胡哨的廉价饰品：动物雕像，挖掘的矿物，诸如此类。斯坦深爱着自己的妻子，因此很少拒绝她。JC有样学样，出了名的乱花钱，甚至可以说"青出于蓝"。为了满足家庭开销，斯坦迫切地需要稳定的收入来源和现金流。JC当时快要20岁了，她想当演员，斯坦在1968年为她在曼哈顿购买了公寓，让她可以就读于美国戏剧艺术学院（American Academy of Dramatic Arts）。斯坦和琼对待房产非常随心所欲，在原本的长岛住所之外，在曼哈顿也租了一套公寓，这样周末可以来住。没多久，他们决定卖掉长岛的房子，搬进第60大街的一套大公寓里。

第二部分　漫威先生

JC 在一年后退了学，开始了漂泊不定的生活，流连于纽约的各个夜店，搬到了她父母对面的单间公寓。这段时期她曾短暂地在漫威漫画公司担任过接待员，但据尼尔·亚当斯回忆，"人们对她极为排斥"。拉里·利伯则说斯坦对她在公司感到"非常难堪"。虽然这么说，但她也能表现出极大的善意。在一次活动中，她遇到了艾萨克·泰格雷特（Isaac Tigrett），此人当时只是某个经常混迹于派对的嬉皮士，在未来有一天他会与人合作创办国际连锁餐厅硬石咖啡馆（Hard Rock Cafe）和蓝调之家（House of Blues）。"我那时真是太年轻，不爱惜自己的身体，突然一下子变得很难受，"泰格雷特回忆说，"这位美丽的金发长腿女士救了我，她当时穿着超短裙，把我带到了她纽约的家中。"在那里，他遇到了斯坦和琼。他回忆说："李氏夫妇悉心照料着我，我很快就恢复了健康。"他和 JC"疯狂地相爱了"，甚至还订过婚。但 JC 阴晴不定，很容易为了一点小事骤然翻脸，还经常对父母大发雷霆。斯坦曾经对拉里说，JC 让他想起了《夏娃的三张面孔》（The Three Faces of Eve），这部著名的心理恐怖片描述了一个患有分离性身份障碍的女人。

斯坦十分看中家庭隐私，因而将职业目标制定得越来越高。1968 年春天，漫威开始推广斯坦的签名照片，公司内部只有他有这份殊荣，而整个夏天他都在推广这些照片的销售。同年 5 月 30 日，因为一次偶然的机遇，他登上了美国最受尊敬的电视脱口秀节目之一"迪克·卡维特秀"（The Dick Cavett Show）。他和主持人在节目中你来我往地互相称赞着，对方称赞他的漫画故事"写得非常好"，斯坦则回应道，希望把漫画提升到更高的艺术层面。他对卡维特说，

"我们希望能带给漫画更多尊重，毕竟漫画就像电视和广播那样，已经是现代媒体的一部分，是一种交流的方式。漫画也可以像其他类型的作品那样写得好、画得好"。结合此前斯坦对漫画的怀疑态度，这种称赞看起来似乎有点言不由衷。但作为公关手段，它是非常出色的：如果你是一个喜欢漫威的年轻知识分子，一定会希望得到机智的卡维特的认可。当看到你无畏的榜样与电视上的顶流人物交谈，宣布你的痴迷是正当的，这必然会令人兴奋不已。

斯坦甚至梦想过创建自己的脱口秀节目并为实现这个梦想做出了显著努力。他召集 3 位年轻记者——《道尔顿人》(*The Daltonian*) 的路易斯·"跳过"·韦斯（Louis "Skip" Weiss）、《哥伦比亚每日观察家》(*Columbia Daily Spectator*) 的查克·斯科罗（Chuck Skoro）和地下报纸《老鼠》(*Rat*) 的杰夫·谢罗（Jeff Shero）举行了一场圆桌会议，邀请他们到演播室，在那里拍摄了大约一个小时的讨论过程。这段录像收藏在怀俄明州斯坦·李档案馆。如果你对斯坦的印象只有那个活力四射的最终形态，这段录像可能会让你有些迷惑。在这份影像中，他没戴墨镜，而是身穿浅色西装外套，系着条纹领带，头戴深色假发，下巴上满是胡须，声音低沉，并且对措辞再三斟酌。或许最令人震惊的是这次谈话与漫威或漫画产业几乎毫不相关，而是一直在讨论面向 1968 年美国年轻人的政治话题，那是充满了怒火与革新的狂热之年。斯坦在开头说："我在过去的 30 年里，一直在为一代又一代的年轻人书写故事，在此期间和披头士乐队一样每天都会收到差不多 200—300 封粉丝来信。我觉得自己了解到了很多年轻人在想什么；更重要的是，我对年轻一代有了很多了解。"

他说这个节目的目的，是为那些青少年和 20 岁出头的人们提供一个发声的平台。然而，每当遇到激进想法时，他就会迅速地从他称之为"温和的建制派"成员的角度来谴责他们。越南战争？他认为这是"不可辩解的"，但"有太多的其他事情牵涉其中"，无法马上结束。在一个种族主义候选人呼吁"法律和秩序"的时代，非裔美国人的痛苦又当如何呢？斯坦的结论是"我只是觉得，往窗户上扔砖头以及宣扬'如果法律不能满足我们，不能使一切完美，那我们就放弃法律，或者制定自己的法律'"。到最后，他或多或少地把他的客人们完全抛在了一边。他说："我不认为你们这些家伙真的有答案，虽然你们的目标是正确的，但我不认为你们具备必要的客观性，也许以后你们会有。"最有趣的是，当谢罗指出斯坦的反战倾向没有意义，因为漫威的漫画"建立了战争、战斗以及诸如此类东西的刺激"，斯坦听不得这个说法："我们是在一些故事中表现战争，而不是娱乐化战争。"该节目从未播出。

这些自我宣传可能是出于一时兴起，也可能是源于焦虑，鉴于斯坦突然处于需要向新的董事们证明自己价值的状况。1968年6月，36岁的马丁·阿克曼（Martin Ackerman）找到了古德曼，他是一家名为"完美电影与化学"（Perfect Film & Chemical）的企业集团负责人。完美公司已经通过其发行部门"柯蒂斯传播"（Curtis Circulation）进入了出版业，他们想通过吞并古德曼的帝国（包括漫画和所有其他业务）来扩充自己的业务。根据交易条款，古德曼将继续担任出版商，他的儿子奇普（Chip）将成为编辑部主任，并最终取代他父亲成为出版商，而斯坦将继续负责漫画板块。这项交易以极快的速度进行，相关条款在7月敲定，并在初秋就要执行。

这笔交易对斯坦个人来说各有利弊。一方面，阿克曼向古德曼明确表示自己很想留下日益出名的斯坦,作为漫威漫画公司的门面;另一方面,据说除了得到一份5年期的合同(这可能是斯坦得到的第一份正式的雇佣合同),斯坦将不再获得古德曼原本分给他的额外收益,尽管他已经为公司打拼了数十年。据说,古德曼向斯坦保证最终一切都会得到好结果,在签约的第二天晚上对他说:"我会确保你和琼妮终身衣食无忧。"这是一个真实的预言,尽管它的实现方式最终恶化了这两个亦敌亦友的老冤家之间的关系。

公司被卖给了完美集团(Perfect),这家公司很快更名为凯登斯工业(Cadence Industries)。之后,斯坦也许仍是漫威公司的发言人,但在谈到当时的世界末日政治时,难以确定他的意图。他受到了地下报纸《东村其他》(*The East Village Other*)的批评,说他的漫画中没有足够的黑人角色,他愤然回信,列出了他们所拥有的全部黑人角色。然而,这一批评可能是使他参与创造"猎鹰·非裔美国英雄"(Falcon)的动力,这个能够高空飞行的角色与"美国队长"结成了伙伴,据说是仿照好胜的体育巨星O. J. 辛普森(O. J. Simpson)创立的。"斯坦的肥皂箱"专栏偶尔会谴责偏执的行为,但从未涉及更根本的原因,也没有进行过纠正偏执的艰难工作。"蜘蛛侠"和"美国队长"深入探讨了当时的校园冲突,他们所表达的态度也和斯坦在自己失败的脱口秀节目中所表达的一样。

在斯坦和罗米塔共同策划的《超凡蜘蛛侠》第68期中,在彼得·帕克的学校中爆发了争取低价宿舍的抗议活动,这时,超级恶棍"金并"(Kingpin)试图从虚构的帝国州立大学(Empire State University)偷走一件珍贵的文物。斯坦的对话充满了火药味,把"白鬼""汤姆叔叔"和"灵魂兄弟"这样的词放到了黑人角色的嘴里,并让彼得告诉他们也要从政府的角度看待事情,并大喊:"任何人都可以画一个标志,先生! 这并不意味着你是对的!"漫画所提出的政治问题并没有得到真正的解决,只是出现了一个异乎寻常的解围契机,即抗议活动的领导人因被误认为与金并有联系而被捕,而读者应该将此视为一个积极的事件,因为法庭肯定会为他们开脱罪名。即使是坐牢也是种好事,彼得想:"而且他们都有机会冷静下来!"

"美国队长"是下一个搅入这摊浑水的角色。他在《美国队长》第 120 期中参与了校园抗议活动,却发现抗议活动是由反派"超智机构"(Advanced Idea Mechanics)秘密领导的,队长打败了他。在结尾处,一名激进运动的成员与政府领导人亲切地握手,两人找到了一个友好而自由的中间地带,彼此进行了友好的妥协。在最后一页,队长对一个朋友说,他永远不可能成为大学的一部分,因为"对我这样的老顽固来说,这工作太艰难了"。当然,这似乎已经成为斯坦对撕裂美国的分歧的惯用处理方式:对双方都有家长式的同情,但不愿过度介入。

斯坦对利用他的平台采取挑衅性立场持谨慎态度,但他也在考虑完全放弃这个平台并试图登上另一个。简单地说,尽管他很享受漫画书给他带来的名声,但他觉得漫画书在他的生活中已经失去了作用。在某次活动中,法国电影人阿兰·雷斯奈(Alain Resnais)找到了斯坦,他是《广岛之恋》(Hiroshima Mon Amour)和《去年在马里安巴德》(Last Year at Marienbad)等杰作的导演,当时他正在纽约市拍摄一部关于萨德侯爵(Marquis de Sade)的电影。雷斯奈其实是斯坦的狂热粉丝,并声称已经"读完了(斯坦)自漫威革命以来的所有作品"。斯坦和雷斯奈成了私人朋友,1969 年 5 月 14 日,斯坦和琼请导演吃饭和喝酒。出于某种原因，他们选择录制了当晚部分谈话，磁带被收入到怀俄明州的档案馆。至少可以说这很有启发性。我们了解到，斯坦在社会性问题上是中间派，在经济问题上却是偏保守的，他一直在说"这个国家的税率非常高"。

更重要的是，这份记录解释了斯坦对于带给自己如此大成功的漫画媒体的私人见解。中途，雷斯奈评论说与只读漫画书的人打交道是"无法忍受的"，而斯坦则高声表示赞同："我不理解那些愿意看漫画的人！"他大声说，"如果我不是干这行的，有空我也不会读。我有可能会翻翻，看看其中有哪些好的内容，但我还有那么多其他的兴趣可做！"斯坦指出他新签的合同有条款明文约束，如果他离职，之后一年都不能在出版界工作，但他不怕这条。"在我这个年纪，我快到你现在的岁数了，第一次，我这个年纪的人该开始思考其他事情了，你说对吗？所以这种合同约束对我意义不大。"相反，他盯上的是更大的游戏，正如他夸夸其谈地指出：

> 我一直在想，我想写一出戏，想要……我认识这个国家的一些制片人，他们正试图拍摄电影。我甚至在想写一些诗，就像罗德·麦昆（Rod McKuen）那样，加一些哲理和讽刺。我放在漫画里的那种东西，比如在《银影侠》和《蜘蛛侠》之中。而且我认为我……我的名字可能已经足够出名，也许这些诗歌会卖得很好。所以唯一的问题是，只要我留在这里，我就没有时间写这些东西！而如果我离开，我就没有收入，可我需要这些收入来维持生活！所以我需要想办法解决这个问题。

第二部分　漫威先生

在谈话中，斯坦还表达了对自己同事们的称赞，并称"如果我要做电影，我会带上他们一起"。然而，回头来看，当谈到这些人的工作是为斯坦·李这座"大厦"辛勤奠基时，就似乎有点过于乐观了。柯比有阵子想与斯坦无限期合作。1969年1月，柯比因为女儿的健康问题搬到了洛杉矶的郊区，新的距离让他有机会仔细思考问题。此后不久，采访者马克·赫伯特（Mark Hebert）与柯比谈论了他的生活和工作，也许是第一次，柯比公开声称自己是漫威宇宙的始祖。"你创造并绘制了所有漫威标准的英雄。"赫伯特总结道，柯比则简单地回答："没错。"斯坦当时没有机会对这两个字感到不满，因为采访被搁置了，直到1976年才发表。但在几个月后又有人挑起这个话题。谢尔·多夫（Shel Dorf）和里奇·鲁本菲尔德（Rich Rubenfeld）在采访柯比时问及斯坦·李，柯比回答道："斯坦·李是我的编辑，"然后严肃地补充说，"斯坦·李的政策就是我的政策，因为我觉得这也是艺术家的工作职责所在，要与出版社的政策一致。"

然而，这家出版社依然没有给柯比应得的待遇。1969年11月，关于"美国队长"的诉讼案件达成和解后，古德曼付给柯比的钱并没有像付给西蒙一样多。这违反了数年前柯比选择帮助公司和他们的约定，尽管这个约定是魔鬼的交易。而当柯比在遭遇与新老板们签署合同上的困难时，他向斯坦求助，斯坦却拒绝伸出援手。在创作方面，斯坦告诉柯比，他终于可以有属于自己的异人族系列，不需要和他人分享创作权，可是这个计划被一再延后，从未真正实现。这一切都太过分了。

1969年初，DC漫画的首席编辑卡迈恩·因梵蒂诺（Carmine Infantino）到柯比在加利福尼亚的家中参加逾越节（Passover）晚餐，告诉他随时欢迎他跳槽。柯比向因凡蒂诺展示了自己一直在考虑的、索尔之后的众神故事的演示板。因凡蒂诺很喜欢这些设计,许诺柯比可以完全自由地创作这些故事。原本因为《天空大师》造成的法律纠纷,和柯比有过节的编辑杰克·希夫也离开了,柯比重回 DC 漫画的障碍也随之清除。随着上文提到的那些烂事变得越来越糟,DC 漫画的工作邀请也显得越来越诱人。最终柯比做出了也许早该做出的决定。1970 年 2 月,柯比带着自己新招的两名助手,舍曼和埃文尼尔,去了洛杉矶著名的犹太熟食店坎特餐厅吃午饭,告知了他们这个惊人的决定。埃文尼尔记得柯比当时说,"我谈好条件了。我要离开漫威,加入 DC 漫画"。

3 月 6 日,柯比从加利福尼亚州给斯坦打电话说自己要离开漫威。6 天后,这个消息在漫画媒体科幻爱好者杂志上曝光。对于关心漫画的人来说这无疑是一大巨变。斯坦总是表示他对这个事情十分震惊。2001 年,当被问到对柯比的离开是否感到惊讶时,斯坦回答说:"是的。我记得他在加利福尼亚时我们关系还很友善,我还去他家拜访过几次。"他又重申说,"直到最后我们的关系都很好。"在那之后的几十年间,斯坦从不肯说自己搞清楚了事态如此演变的原因。埃文尼尔后来在各种职位上与斯坦有过合作,他提及斯坦经常会问他柯比为何离开。埃文尼尔说:"我会跟他解释,他也会点头,但过上 3 个月,他又会问:'能跟我说说杰克是为什么不高兴吗?'"

"李-柯比合作机"停摆了,而漫画行业中的劳资关系问题也在斯坦生活中的其他地方显现出来。1969 年时,他和 DC 漫画的因凡蒂诺决定为漫画职业人员组建一个新的组织——斯坦声称这是他自己的主意,实际上是谁先提出的则不得而知。斯坦回忆说:"我想让它像电影艺术与科学学院一样。"他们把它命名为漫画艺术学院（Academy of Comic Book Arts，下简称 ACBA）。这个组织将要选举领导层，有一天，年轻艺术家尼尔·亚当斯和斯坦谈起了即将到来的选举。

亚当斯回忆说："他坚持要参加学院董事会的竞选。"他觉得这个做法很奇怪，因为他觉得这个组织要推崇的是工作者，而不是老板，而斯坦是该行业最大的老板之一。"我和其他人一样是自由职业者。"斯坦这么对亚当斯说，因他实际上仍然以自由职业者的身份获得稿酬。"我知道我当编辑每周会收到一张薪水支票，但我也在作为自由职业者工作挣钱，和你们一样！""斯坦，你是管理层的一部分。"亚当斯回答。斯坦反驳说："不，那只是我的主业！我同时还是个自由职业者！"尽管亚当斯仍然持怀疑态度，但他还是妥协了，他和斯坦各自去竞选了副院长和院长。

他们当选了。亚当斯说："我知道干活的还是我，斯坦很明显并没想为学院做所有的工作。斯坦可以做个挂名的领导人。你和斯坦稍微接触接触就会了解，这才是他喜欢干的事。"斯坦把整件事看作他和他所主导的行业获得声誉的机会。他后来说："我觉得如果我们每年都有一个颁奖仪式，我们也许可以在电台上播出，等我们有了更多的声望之后，甚至可以通过电视进行转播。我知道有很多名人都喜欢漫画，这就是你需要在电视上得到的东西，让这个演员或女演员担任司仪。"然而，亚当斯，一个真正的自由职业者，深知他的同行伙伴们有着怎样的诉求，把 ACBA 的成立看作一个可以实施某些激进举措的机会。

在该组织的某次会议上，亚当斯起身发言，谈到聚集在一起的

斯坦·李的父亲伊安库·翁·利伯的出生地博托萨尼，该照片约摄于 1902 年（博托萨尼的民间书籍收藏）

斯坦·李幼时照片，约摄于 20 世纪 20 年代

利伯一家，左起为：斯坦、杰克、拉里和西莉亚。约摄于 20 世纪 30 年代

少年时期的斯坦·李。正如他在回忆录中所述："那辆自行车是我最好的朋友，因为它给我一种自由的感觉。我们家没有汽车，那又如何？我终于有了轮子。我可以骑着它走遍整个城市，去任何我想去的地方。没有哪个孩子比我更爱自行车了。"

琼·李的模特照。约摄于 20 世纪 40 年代

斯坦和琼坐在沙发上休息。约摄于 20 世纪 40 年代

斯坦·李个人照。摄于"二战"服役期间

怀抱着 JC 的琼·李。摄于 1950 年

斯坦·李在沙滩上抱着 JC。
约摄于 20 世纪 50 年代

工作中的斯坦·李。
约摄于 20 世纪 50 年代

在全美漫画家协会上的斯坦·李与杰克·柯比。约摄于1965年（大卫·弗科曼）

为某个派对装扮的斯坦·李夫妇。约摄于20世纪60年代

身着皮毛外套，手里拿着眼镜和香烟的琼·李。约摄于20世纪60年代

《A 先生》(*Mr. A*) 中的一页漫画，该画作在史蒂夫·迪特科离开漫威约一年后创作，体现了他严肃的政治倾向（迪特科私人物品）

史蒂夫·迪特科在其父母于宾夕法尼亚州的家中，摄于 20 世纪 50 年代初（迪特科私人物品）

一张斯坦·李的签名推广照片,由斯坦·李制作并通过漫威漫画的广告售卖。摄于1968年

斯坦·李在漫威漫画于麦迪逊大道的办公室里会见赞助商史蒂夫·伦贝格,伦贝格后来买下了漫威所有角色的媒体版权(Getty 图片社)

1975年,杰克·柯比为漫威最后一次履职时,为一位粉丝绘制的光明节卡片,这是一幅漫威超级英雄"石头人"身着传统犹太服装的素描(大卫·弗科曼)

斯坦·李与艺术家老约翰·罗米塔交谈，两人正为"蜘蛛侠"系列在报纸上的连载漫画工作（Getty图片社）

斯坦·李关于某本书的手写草稿，约写于1978年（怀俄明大学美国遗产中心提供，斯坦·李文件，53号盒子，3号文件夹）

1979 年，斯坦和 JC 同时出现在《比尔·博格斯的午间节目》的父亲节特别节目中（比尔·博格斯）

20 世纪 80 年代初，斯坦·李走向停放在漫威制作公司停车场的劳斯莱斯，受到一名穿着蜘蛛侠服装员工的欢迎

JC 个人照,摄于 20 世纪 80 年代

1989年圣地亚哥动漫展上，斯坦·李和杰克·科比的最后一次会面（斯科特·安德森）

1997 年在位于加利福利亚州比弗利山庄的某个慈善聚会，左起为斯坦·李、琼·李、安德里亚·保罗和彼得·保罗（Getty 图片社）

约 1998 年，作者和斯坦·李在伊利诺斯州罗斯蒙特村举行的巫师世界漫画展上第一次见面（玛格丽特·罗斯）

2006 年，斯坦·李与《谁想成为超级英雄？》(Who Wants to Be a Superhero?) 的演员们在圣地亚哥动漫展上合影（Getty 图片社）

斯坦·李拿着一瓶标有"精益求精"标签的矿泉水对着镜头做了个鬼脸。摄于 2007 年（大卫·弗科曼）

斯坦·李在"斯坦·李"(招牌)前拍照留影

2013年,3人在纽约举办的巫师世界漫画展上合影,左起为拉里·利伯、斯坦·李和肯·鲍德(鲍比·穆尼)

2012 年，凯亚·摩根和 JC 在《超凡蜘蛛侠》首映式的红毯上亮相（Getty 图片社）

除另有说明外，所有照片均来自怀俄明大学美国遗产中心第 177 号遗物匣内的斯坦·李文件。

专业人士应该团结起来，要求获得福利、更高的工资和对其创作的所有权。斯坦大吃一惊："我记得我对他和参加集会的所有人说，他说的每句话都可能是对的，但这里不是进行这种讨论的正确场合。比如电视从业者就不会在电视学院里讨论这些问题，那是你在工会会议上讨论的内容。如果尼尔想成立一个工会，他应该去那么做，但ACBA的目的是给我们的行业带来声望，而不是讨论艺术家没有所有权或类似的事情。"斯坦对他想认同的自由职业者的同情似乎只延伸到这里。他说："我对成立工会不感兴趣，所以我离开了它。"

也许斯坦在ACBA听到亚当斯的话确实对他产生了某种影响。1971年1月20日，他在另一个团体——国家漫画家协会（National Cartoonists Society）的圆桌会议上做了一次发言。令听众惊讶的是，斯坦用了一些发言时间对漫画行业进行了严厉的谴责："我想说的是，漫画市场是地球上最不适合创意人才的市场，原因不胜枚举。"他接着说：

> 有许多有才华的人问我如何进入漫画行业。如果他们有足够的天赋，我给他们的第一个回答会是："你为什么要进入漫画行业？"因为即使你成功了，即使你达到了可能被认为是漫画界成功的巅峰，比起一个电视、广播、电影或其他方面的普通艺术从业者，你依然更为逊色，更缺乏保障，更没有影响力。如前所述，这个行业不让创作者保有自己作品的任何权利……在这个行业中，你最多只能说这个行业中的创作者是在学习和积累，以便进入一个更好的领域工作，这不是很可悲吗？为什么不直接去另一个领域呢？

第二部分　漫威先生

斯坦可能认为应当对不公正的体制进行言辞上的抨击,但总的来说,1971年他从这个体制收获颇丰。这一年,媒体对漫威的报道达到了有史以来的最高水平。首先是《纽约时报》5月2日发表的一篇关于漫画的文章,总体来说,主要聚焦在"创意之家"。在这篇文章中,斯坦将10年前的"漫威革命"完全归功于自己。他向记者回忆说:"因为销售量下降,而且纯粹是出于无聊,我把整个系列都改变了,新的说话方式,比如人物内心的忧虑、独白和沉思。我带来了一本新的杂志,叫《神奇四侠》。"文章透露,在这一时期,斯坦实际上每周只有周二和周四来办公室,其他5天都在家里写作。这篇文章还声称,斯坦现在"处于50%—60%的收入税率区间","他与凯登斯工业公司签订了一个5年的高薪合同","当合同到期时,他说,他不确定自己会做什么。"

9月,斯坦的前秘书罗宾·格林(Robin Green)为时尚堡垒《滚石》(Rolling Stone)写了一篇关于漫威的长篇封面故事。他也把过去10年的变化完全归功于斯坦:"斯坦通过赋予他的角色以维度、性格和个性,彻底改变了漫画业。"斯坦告诉格林,他主要对娱乐读者感兴趣,但确实也有一丝他想表达的意识形态。他说:"我认为我曾经试图传达的唯一信息是,看在老天的分上,不要有偏见,要宽容。"但他指的不是对边缘化群体的偏见,他说的是不偏不颇的品德。"如果你是一个激进分子,不要认为所有的保守派都是恶魔。就好比你是一个约翰·博齐(John Bircher)[1](协会成员)一样,不要认为每个激进分子都想毁掉这个国家,或者强奸你的女儿。"

---

[1] 译者注:约翰·博齐协会为20世纪50年代末成立于美国的一个以反集权为主旨的右翼政治游说组织。

这种高高在上、模棱两可的自由主义在他的写作中也达到了新的高度。在某次"肥皂箱"专栏中，他回应了一封来自读者的信（尽管完全有可能这封读者来信并不存在），该信指责漫威在处理当下问题时"试图给公众洗脑"。斯坦采取了中间路线来回应。"激进派说我们太古板了！保守派说我们太自由了！"他写道，然后说他和同伙"几乎代表了每一种观点"，他只是很高兴对话能够开始。"如果我们能让你思考，如果我们能激怒你，唤起你，刺激和挑衅你，那么我们的目的就达到了。"斯坦挑起话题的方式通常只是描述一个有争议的问题，但不去深究其根源和摆明立场。例如，斯坦与美国政府合作，在《超凡蜘蛛侠》中策划了一个故事，警告孩子们不要吸毒，但信息是非常表面化的。彼得·帕克帮朋友哈里解决药瘾的办法，仅仅是把毒贩暴打了一顿。然而这个故事获得了大量的媒体关注，为斯坦·李带来了更大的声誉。这是一个斯坦最终选择在1971年通过法律手段合法采用的名字，琼和JC也随之修改了自己的姓氏。

就在那个时候，斯坦被赋予了另一个名字，虽然在很大程度上违背了他的意愿。柯比在DC漫画推出了3个新的系列，在所有这些系列中担任作家、艺术家和编辑。其中一个系列叫《奇迹先生》（*Mister Miracle*），在第6期中，柯比向读者介绍了一个爱慕虚荣、戴着假发的混蛋：冯奇·弗莱胥曼（Funky Flashman）[1]，以及他的仆从豪斯罗伊（Houseroy）。正如任何铁杆漫画爱好者可以立即告诉你的那样，这两个就是斯坦和托马斯不太可爱的仿制品。冯奇讨厌

---

[1] 译者注：字面意为"爱耍时髦的浮夸之徒"。

第二部分　漫威先生

做真正的工作,并且更加自恋,他试图让故事的标题人物青睐于他,以虚情假意的阿谀奉承为能事,同时在面对战斗时却一再表现出怯懦。柯比赋予了这个极度自恋的人物无数令人厌恶的对话。"形象才是最重要的,豪斯罗伊!""我知道我的话让人们陷入狂热的崇拜之中!""为什么——我看起来几乎和神一样!",等等。在故事的结尾,冯奇和豪斯罗伊在一个曾经是奴隶种植园的地方,在那里冯奇为了自救,毫不犹豫地将豪斯罗伊丢给了一群超级恶棍。

在冯奇逃走时,种植园在他身后爆炸了。他惊叹于庄园在火海中的景象,并对无偿劳动发表了如下感叹:"就这样,一切都燃起火焰!嘲讽鸟庄园和它的快乐回忆!薄荷酒!宴会厅!快乐的奴隶为家族歌唱!!!"然后他开始上演油嘴滑舌:"不过这看起来还算漂亮——热烈鲜红的火焰衬托着滚滚翻腾的巨大黑色烟雾!红黑相映让人惊奇[1]!"然后他离开灾难,心想:"开始新的征服,冯奇·弗莱胥曼!你是个胜利者,是你!!!"这个故事是一次对斯坦的无情讨伐。罗伊·托马斯后来与柯比共进午餐,告诉这位著绘者,斯坦"被你做的那个怯懦劣绅的事情伤害了"。在托马斯的回忆中,"杰克只好强颜欢笑道:'嗯,你知道,这都是为了好玩。'我只得摇了摇头,说:'是的,好吧。'因为,你看,如果有一件事是我知道的,那就是这不是为了好玩。斯坦知道这不是在开玩笑"。

斯坦也在大肆尝试其他媒体。1971年,他终于向好莱坞发起了挑战。他和雷斯奈构思了两个电影方案。一部是《囚徒》(*The Inmates*),按斯坦在一份提案中的说法,它将是"一部引人入胜的

---

[1] 译者注:"漫威"的英文字面意义即为"惊奇"。

当代梦幻浪漫喜剧"。当人类开始尝试太空旅行时，外星人决定"去除'癌症'"，也就是人类物种，"摧毁地球及其居民，以保护宇宙"。然而，一位名叫德拉（Dela）的外星女性来到地球，观察人类是否值得拥有最后一次机会。她遇到了报纸专栏作家哈里（Harry），"他是一个公认的单身汉，愤世嫉俗，聪明油滑，对世界感到厌倦。他见多识广，阅历丰富。但他以前从未见过像德拉这样的人"。爱情和鱼龙混杂的闹剧随之而来。最终，德拉放弃了她的外星不死之身，与哈里一起在地球上过着人类的生活。"银河系联盟"（galactic confederation）为她的牺牲所感动，给了人类一个暂缓执行的机会，这样人们就可以有机会修正错误，以避免世界末日。作品留给观众信息是："选择在我们手中！"

斯坦和雷斯奈紧接着构思了他们的另一部电影创意，《怪物制造者》（*The Monster Maker*）。对于这部电影，斯坦甚至写了一个剧本，这是他一生中写的少数几个完整剧本之一。雷斯奈很想执导它。这个故事是一个奇特的生态寓言。在故事中，一部低成本电影的演职人员，因为一个产生了自我意识的垃圾堆而被卷入了一场冒险（据斯坦说，环保主义是雷斯奈的主意）。故事的发展让制片人拉里·摩根（Larry Morgan）与自己劣迹斑斑的过去决裂，并且针对污染问题写下了高尚内容。此举也许与斯坦自己的愿望相呼应。"我一直在想，你怎么能让自己继续耕耘那些幼稚又没有智慧的东西，"拉里的前妻在接近故事高潮时对他说，"但现在，想到你在攻克环境污染这样有价值的主题，想到你为了说出必须要说的话而背弃了商业主义——噢，拉里，我无法告诉你我有多么激动，多么为你感到骄傲。"

第二部分　漫威先生

剧本接近尾声时描述了纽约市生态问题的一段蒙太奇,同时有一个角色有一段独白:他以"我们不值得同情,因为这是我们自己造成的"为开头,并总结道,"在全世界,没有比这更可怕的故事了,我们都必须在自己书写的故事中扮演角色,这是人类在地球上最后时刻的恐怖故事。"据斯坦说,一位制片人以 25 000 美元买下了这个剧本。但是据斯坦说,后来这个项目停滞了,因为制片人要求修改剧本。雷斯奈拒绝让斯坦的作品受到这样的侮辱,因此退出了交易。无论这个说法是否属实,这个剧本确实从未有过任何进展,《囚犯》的提案也是同样结果。

同时,斯坦还有一次对演艺界的尝试。有一个刚从耶鲁大学毕业有抱负的电影制作人,同时也是漫威的死忠,名叫劳埃德·考夫曼(Lloyd Kaufman)。他从电话簿上找到了斯坦。根据考夫曼的回忆,他告诉斯坦:"我是一个忠实粉丝,我想拍电影。"斯坦立即回答:"过来吧。"两人见面后,斯坦给了考夫曼一份他用 1/4 英寸[1]磁带录制的录音,也许就是用柯比见过的那台录音机。其中他概述了电影《女巫之夜》(*Night of the Witch*)的创意。它的背景是当代马萨诸塞州的塞勒姆,在那里,从塞勒姆女巫审判中幸存下来的不死女巫开始了恐怖活动。据考夫曼说,斯坦希望她把目标对准那些坏人,考夫曼同意了,但觉得坏人应该都是现实生活中的恶人:市政制造商、贪婪的公司走狗等,而这让斯坦感到很不舒服。考夫曼回忆说:"斯坦不想搞政治。"尽管如此,他还是"顺其自然",考夫曼为这部电影写了一个完整的剧本。

---

[1] 编者注:合 0.635 厘米。

当时，考夫曼正在为一家低预算电影制作公司坎能（Cannon）工作，据他回忆，他与坎能一位高管的妻子取得了联系，这位独立且富裕的女士阅读了剧本后，以大约 500 美元的价格将其买下。考夫曼回忆道："我认为斯坦并不是坎能的忠实粉丝，而且收到的金额对他来说微不足道。"按考夫曼所说，"我觉得斯坦并不高兴"。就像斯坦与雷斯奈的合作一样，《女巫之夜》也陷入了困境。不过，考夫曼和斯坦成了亲密的朋友，考夫曼后来成了传奇性的恶搞电影导演。在 1974 年，他们二人共同创立了独立电影公司特洛玛（Troma），并继续拍摄了《有毒的复仇者》(*The Toxic Avenger*) 和《特罗密欧和朱丽叶》(*Tromeo and Juliet*) 等经典影片。考夫曼告诉我，他和斯坦试图在 2014 年重制一部新版的《女巫之夜》，但没有成功。

然而，斯坦在 70 年代初最丢脸的事件，并不是发生在电影公司高管的办公室里，而是在世界最著名的舞台上。古德曼的儿子奇普与赞助商史蒂夫·伦贝格（Steve Lemberg）达成了一项交易，伦贝格据此买下了漫威所有角色的媒体版权。伦贝格很欣赏斯坦，向他征求意见。两人很快成为朋友，并萌生了一个想法。伦贝格建议斯坦在卡内基音乐厅（Carnegie Hall）举办一次只演一晚的大型现场演出。这场演出描述的并非漫威故事，而是一场为斯坦本人举办的盛典。斯坦跃跃欲试。他们在《纽约时报》上刊登广告来宣传这次活动，并支付了约 25 000 美元来租用场地。演出计划是设计很多幕的表演来向斯坦和他的伟大作品致敬。

1972 年 1 月 5 日，星期三，大幕拉开。根据多方反馈，整个演出是一场灾难。

部分演出是由漫威公司的员工表演的：当托马斯的摇滚乐队演

第二部分　漫威先生

奏时，秘书们穿着神奇四侠的服装跳舞，艺术家们画画，斯坦在最前面大声朗诵。雷斯奈发言后，演员勒内·奥贝若努瓦斯（René Auberjonois，后来因在《星际迷航：深空九号》中扮演奥多而闻名）和汤姆·沃尔夫（Tom Wolfe）也发了言，后者是一位公开的漫威迷。世界上最高的人埃迪·卡梅尔（Eddie Carmel）读了一篇文章，因为身处卡内基音乐厅而兴奋地哭了。爵士音乐家奇科·汉密尔顿（Chico Hamilton）表演了一个节目，而观众们由于无聊透顶撕碎了漫画，把它们扔到台上。琼和JC朗读了斯坦写的一首自以为严肃的诗《上帝醒来》（*God Woke*）（他向观众谎称："很快就会在我的一本诗集里出版。"），JC还假模假样地操着英国口音。漫威作家格里·康威回忆说："在节目最后，毁灭博士现身把斯坦带走，然后斯坦的声音从扬声器中传来：'好了，各位，如果你们想让我回来，你们必须唱《欢乐漫威行军曲》。'结果观众用死寂般的沉默作为回应。"

谢天谢地，事情终于结束了。康威回到后台，祝贺斯坦并安抚他。"他坐在更衣室里的一把椅子上，看起来十分疲惫、茫然，"康威说，"一个小孩子跟他说自己非常兴奋，他说：'谢谢你。'但他看起来就像被当头打了一棒似的。"

不久之后，斯坦休了一个期待已久的假期，前往位于佛罗里达州棕榈滩的古德曼公寓。在那里，古德曼可能向斯坦透露了一些消息：在出版业工作40年后，他要退休了。计划是由他的儿子奇普接任漫威漫画的出版商。"斯坦对此非常不高兴，"托马斯回忆说，"他们只是相处得不好，斯坦在那个阶段越来越不安。"斯坦似乎执行了一个计划，以夺取控制权并将古德曼夫妇从他的职业生活中一劳永逸地驱逐出去。"马丁的儿子在那里工作，他告诉凯登斯，他希望他的儿子在他离开后成为出版商。"斯坦在晚年回忆说。"我对凯登斯说，'如果他当出版商，我就不干了'。"当时有传言说DC漫画正想招募斯坦，就像招募了柯比一样。斯坦在漫画界仍然是一个巨大的品牌，凯登斯首席执行官谢尔顿·芬伯格（Sheldon Feinberg）不想失去他。所以芬伯格给了斯坦一个职位：漫威漫画的总裁。

但不止如此，他还成了漫威的出版商。奇普成为马丁·古德曼的总公司"杂志管理"的发行人，这意味着他仍然是斯坦的老板，但斯坦拥有的自由空间将比以往大得多。正如斯坦后来所说，"这是我的一点报复"。在斯坦第一次被他的表姐夫雇佣后，时间已经过去了30多年，他终于取代了这位老人的位置。斯坦迎来了展示和他职场上的"父亲"相比较的机会，看他是否能做得更好。但这个机会是苦乐参半的，因为这也意味着他不得不放弃写作。这可能是最好的结果。失去柯比就像失去一条手臂，他离开后，斯坦就再也没有获得过两人共事时得到的那种赞誉。实际上，他再也没能重获这种荣誉。斯坦作为因开创新作品而受人尊敬的创作者的好日子，在他当时不自知的情况下，已经永远结束了。

斯坦离开主编的位置后，指定罗伊·托马斯作为继任者。按托马斯后来回忆，指定的方式"有点半吊子"。托马斯告诉我："我只知道某天他突然把我叫过去，跟我说他现在要当漫威漫画公司的总裁和发行人了。他说，公司会成为一个独立完整的公司，不再是跟着《杂志管理》（*Magazine Management*）的小尾巴。还说他会主掌大权，会让我当故事编辑或类似的职位。不是首席编辑，就是普通的故事编辑。"斯坦负责的其他业务本打算交给其他人各自分担，

第二部分　漫威先生

但来回讨论几次后，他觉得那样安排太复杂，于是托马斯被任命为首席编辑，而老约翰·罗米塔被任命为艺术指导。新的架构就这么完成了。

在一次超长的"肥皂箱"栏目中，斯坦向忠实的追随者们说明了正在发生的事情。他写道："经过这么多年的写作和闲聊，我终于有时间专门为漫威的创作团队设计令人兴奋的新项目，我们将进军新的方向，制作新的杂志类型，包括漫画和其他类型。我们还要去征服新的领域：电影、电视、书籍等，凡是你们想得到的我们都会涉足！"他向粉丝们许诺，"肥皂箱"专栏将持续高速发展，他将永远不会离开他们的生活。他的结束语极富感染力："放轻松！面向前方！漫威再度出击！我们向第二阶段进发——为了你们！"

但是对斯坦的职业生涯来说，这其实是第三阶段。第一阶段是1961年前，他在公司里默默无闻地辛勤耕耘；第二阶段虽有些许坎坷，但终究灿若明星、青云直上；而第三阶段，他不再去创作那些令他声名大噪的故事人物，而将去雕琢完善那个让他余生保有名望的形象——"斯坦·李"。

第六章

高层龃龉

◆ 1972—1980 年 ◆

斯坦的继任者不久就遭遇了一场小小的危机，而危机的缘由就是斯坦。按照斯坦的风格来创作《雷神索尔》(The Mighty Thor)这一任务，被交给了杰瑞·康韦（Gerry Conway）。罗伊·托马斯（Roy Thomas）对他已经交付的内容非常满意，尤其是对话部分。托马斯回忆道："除了斯坦和我，就只有他理解斯坦逐渐赋予雷神索尔的那种仿莎士比亚的语言风格，比如'汝'之类的那些用词。"虽然托马斯是总负责人，可斯坦仍旧保有担任编辑时的习惯，他对所有漫画封面都享有审批权，有时甚至会批改内页的细节。一天，斯坦在审阅一期《雷神索尔》的内容，看到了"醒目页"（Splash Page），就是那种放在最前面让读者眼前一亮的页面。托马斯说："斯坦看到了醒目页的设计，是约翰·布奇曼（John Buscema）画的一个又小又平淡的人物，不知道是站着还是走着，这看上去太乏味了。我是编辑，所以一般来讲斯坦会来找我说'我不满意，这有点太乏味了，这里不好那里不好'等。然而那天斯坦碰巧在大厅看到了杰瑞·康韦，于是他径直过去抓住了杰瑞说：'这可不行啊，这可不行。'"

素来温和的杰瑞·康韦被搞得惊恐万分。托马斯说："杰瑞从办公室出来后,我花了两三个小时说服他不要放弃《雷神索尔》,更不要辞职不干了。斯坦对此无法理解。我对斯坦说,你看,你是发行人。你是这一切的创始人、位置最高的发行人。如果你亲自来向某人施压,他的想法可不会是'下次改进就好',他只会认为'在这里我已经前途不保'。你一定要更多地通过我来传递意见,不然你会把人吓跑的。"托马斯强调说,斯坦非常认真地听取了他的意见,所以这样的事情只发生了一次。然而,这件事让我们看到了处于人生和职业生涯新阶段的斯坦,有着两个现实问题:第一,作为一个管理者,斯坦正待起步成长且前路漫漫;第二,他的新角色会让他和漫画作者之间的关系更加紧张复杂。

斯坦有很多计划,都是些古德曼永远也想不到的点子。斯坦很快放弃了总裁的职位,因为他无法忍受与那些图表和数字打交道,但他对发行人的角色满怀热忱、十分投入。他联络了小说家安东尼·伯吉斯(Anthony Burgess)和柯特·冯尼古特(Kurt Vonnegut),以及其他很多人来与漫威合作,甚至还包括捷克斯洛伐克[1]的剧作家瓦茨拉夫·哈维尔(Václav Havel),但无人应允。只有斯坦在德威特克林顿高中(DeWitt Clinton)的校友、知名卡通画家威尔·埃斯纳(Will Eisner)接过了橄榄枝。斯坦曾写信给他商量创办一本新杂志。他们似乎计划打造一种混合真实新闻和辛辣讽刺、插科打诨风格的内容。斯坦·李的档案文件中留下了他们之间的一些备忘录,从中可以看到一些对该期刊的大致设想。有这样一些题材建议:"色情"("色情已经过时了,还有别的什么?");"对白人实施歧视政策

---

[1] 编者注:现捷克。

的黑人国家"("对贫民窟白人或英国人的有趣鄙视链"),诸如此类。但是与那些名人的合作均没有结果,这本新杂志也从未真正出版过。

不过,斯坦的策划确实催生了一些新刊物。其中有《爆炸》(*FOOM*),一本面向漫威迷的期刊,刊名是《老漫威之友》(*Friends Of Old Marvel*)的英文首字母缩写。这个刊物会有一些独家的内容和采访。由于美国漫画准则管理局(The Comics Code Authority)放宽了恐怖故事的描写标准,于是在斯坦的指令下诞生了黑白漫画杂志《吸血鬼传说》(*Vampire Tales*)和《怪物出笼》(*Monsters Unleashed*)。还有一些试图吸引妇女和少数族裔读者的作品:如《功夫大师》(*Master of Kung Fu*)描述了一个类似李小龙那样的亚裔美国人的故事;《赤狼》(*Red Wolf*)展现的是一位美洲原住民英雄所经历的磨难;《午夜护士》(*Night Nurse*)以及《女魔珊娜》(*Shanna the She-Devil*)意在博得女性读者的眼球(虽然并不怎么成功);看到《黑街神探》(*Shaft*)和《斯维特拜克之歌》(*Sweet Sweetback's Baadasssss Song*)这些电影[1]的票房大获成功,斯坦认为漫威应该打造自己的黑人特型英雄,因而诞生了说话聒噪、贪婪爱财,居住在纽约哈莱姆区的超人英雄卢克·凯奇(Luke Cage)。所有这些漫画都在首页有一个新的大标题:由斯坦·李呈献。即使他根本没有直接参与漫画书的创作,他的名字仍然会出现在编创人员名单的首位。

但你绝不会仅仅在漫画书里看到他的名字。在他65岁后的鼎盛时期,斯坦频繁穿梭于各种采访和见面会。在国内最潮流的杂志之一《奶油》(*Creem*)上,他作为明星出现在一篇关于漫威的封面

---

[1] 译者注:Blaxploitation 是 20 世纪 70 年代初在美国出现、由黑人扮演英雄主角的一种电影类型。

第二部分 漫威先生

报道中。他们这样介绍斯坦:"当今漫画界举目所及,大部分都是这位漫威的发行人和前总编——斯坦·李的作品。"然后引用他的话,"我觉得差不多明年的时候,你们将看到漫威公布很多让大家大吃一惊的作品。"斯坦后来参演了导演阿伦·雷奈(Alain Resnais)的印象主义艺术电影《零一年》(法语译名为 *L'An 01*,英语译名为 *The Year 01*)中的叙事部分,算是他在影坛的初次亮相。而对斯坦来说,最首要的是努力在大学校园中收揽人气。他可以前一天身处圣母大学或得克萨斯大学奥斯汀分校,第二天就出现在拿骚社区学院或者蒙大拿州立大学。斯坦·李进入漫画界有其偶然因素,但学校里贴出的海报无一例外地将他描述为漫威的至高人物。例如,一张海报上写着"美国连载漫画界文艺复兴的引领者",还有"斯坦·李,漫威漫画的缔造者"。有位学生写信请求斯坦举办见面会,甚至说学生们希望那些"不信仰漫威的人领略一下漫威超级英雄们的厉害",放言"我们承认您的杂志在文学界的地位"。

  那些见面会的行程安排满满当当:档案中的一个行程表显示,他在短短两个月内造访了 7 所学校,其间还有很多见缝插针的零散安排,包括作为特约嘉宾出席一个漫画研讨会以及参加一个加拿大的深夜秀。他与讲演组织公司"美国节目局"签约,把褒扬斯坦个人才华的宣传内容整合成一份一页篇幅、叙述漫威创立和发展的文字材料(杰克·柯比在此文中无迹可寻,古德曼的名字也被替换为曾经管理公司的"其他人"),此外还有一组有点恶搞的漫画,斯坦被画成一个超级英雄式的"演讲者",飞去拯救那些节目编导。这个人物喊道:"给观众想要的,让漫画之王做你的下一个演讲者!"如果你去节目现场,便能一睹斯坦本人的新造型:八字胡不见了,取而代之的是据他后来所述"我太太喜欢"的中等厚度的唇髭；他用灰黑色的假发遮盖了秃顶（虽然他尝试过植发，但大部分时间戴了假发）；他的眼镜也镀了膜，以保护眼睛不受阳光伤害。这些元素后来都逐渐成为他个人品牌的主要标志性视觉符号。他和大众的关系也从未如此融洽。

与此同时，他在漫威内部和创作团队的关系却愈加疏离。对明星作者康韦来说，斯坦特别难以相处，他忍受了不少来自斯坦的突发奇想和斥责。最让读者诟病的一件事便是故事中一位金发美女的惨死。1972年末或1973年初的某个时候，康韦当时与罗米塔合作创作《超凡蜘蛛侠》(The Amazing Spider-Man)，编辑组提出，想设计一个具有震撼力的故事情节来刺激销量；然而据托马斯所言，这个点子并不是来自斯坦的。罗米塔这样回忆道："罗伊·托马斯说，'我们考虑让梅姨[1]死掉'。他说他们想试探一下发烧友读者群体的反应，所以我们得杀掉一个人。"康韦和罗米塔不同意这个牺牲者的人选。按罗米塔的话说，'如果杀了梅姨，会让彼得·帕克（即蜘蛛侠）的私人生活失去一个负担'。"然后这个创作二人组在康韦的公寓碰面，想看看还能有什么别的方案。最后，这个不幸的候选人确定为格温·史黛西（Gwen Stacy），故事中与彼得·帕克怀有情愫的对象之一。康韦和罗米塔都各自声称是自己选定了她。

漫威历来算不上"杀人如麻"，无论面临何种危险，角色们通常都能劫后余生，这就让格温的死成为一个不寻常的例外。"斯坦是发行人，任何大事必须得到他的首肯。"康韦坚称斯坦对此决定开了

---

[1] 译者注：漫威人物，蜘蛛侠的姑母。

第二部分　漫威先生

绿灯，让故事朝这个路线发展下去。于是，1973年初漫威刊登了一个分为上下两部的故事，名为《格温·史黛西香消玉殒之夜》(The Night Gwen Stacy Died)。故事中，超级反派"绿恶魔"(the Green Goblin)把格温从桥上抛下，蜘蛛侠射出蛛网缠住了她的腿，虽然未明确交代格温的死因是跌落地面还是蛛网导致的冲击力，但她最终确实是死了。漫威迷们为此十分愤懑。康韦说："斯坦在各个大学校园做巡回讲演时，经常被学生们责问：'你怎么能杀掉这么深受喜爱的人物呢？'"

于是斯坦给出了这样的说法：做出格温的死亡判决时他并不在场，所以他与这个悲剧故事无关。甚至在几十年后，斯坦依然这样说。在1998年的一次采访中，他说："（康韦）在某个场合说过，他曾经问我是否可以干掉格温并说我同意了。但我不记得有这回事，而且我也不会同意。"康韦对此颇感恼火，但他也明白为何事情会这样。"斯坦不喜欢争论，"在斯坦离世的数年之前，康韦告诉我，"斯坦是一个希望被人喜欢的人。他乐于对人友好，不想制造紧张或成为紧张态势的中心。"

差不多在那时，斯坦告诉康韦，漫威与玩具制造商签订了一笔交易，为蜘蛛侠玩偶搭配了一部汽车模型，因此需要在漫画中出现这辆车。让一向用蛛丝在高楼间荡来荡去的蜘蛛侠在纽约城里开车，康韦觉得这实在是荒谬至极，于是他创作的故事情节是两个讨人厌的生意人造了那辆车并送给了蜘蛛侠。其中一人看上去与斯坦面貌神似，并且名片上是漫威漫画集团的真实地址。

然而，随着斯坦巧夺公司的过往卷土重来，漫威内部的裂隙继续扩大了。1974年，奇普·古德曼与漫威的母公司凯登斯工业合同到期，谢尔顿·范伯格选择不再续约。斯坦因此成为整个杂志的发行人，他真正成了一个新的马丁·古德曼。但是不久之后，马丁·古德曼本人和奇普·古德曼联手，决定进行反击，试图摧毁其一手创立的公司。那年夏天，他们组建了新公司海岸期刊社（Seaboard Periodicals），其漫画部门则取名为"阿特拉斯"（Atlas），因此后来这段历史的研究者将其合称为"阿特拉斯海岸线"（Atlas/Seaboard）。古德曼父子开始大举猎取顶级人才，对漫画作者许诺了很多对创作者有利的激励措施，这是他们在经营漫威时从不予考虑的。比如：很可观的报酬单价、让作者保留原画的所有权，甚至让作者拥有漫画人物的所有权。主流媒体捕捉到了这家新公司的动向，并以适合行业巨头间冲突的词语加以描述。《费城每日新闻》（Philadelphia Daily News）的一名记者这样写道："有很多小型漫画出版社曾想对美国漫画业的两大巨头[1]发起挑战，比如查尔顿出版公司（Charlton Line），但没有一家具备阿特拉斯的专业能力（和激励措施）。这家新公司相当于20世纪70年代的漫威。"在业内，"阿特拉斯海岸线"还得到了一个绰号——"复仇股份公司"。

许多漫威的前任甚至当时的员工，包括康韦、迪特科、斯坦的亲兄弟拉里，都加入了古德曼的企业。拉里对斯坦有着深深的不满。几乎在同一时间，拉里请求斯坦给他分配工作，而一个编辑告诉拉里，斯坦并不把他看作其家庭成员的事情。拉里记得和古德曼一起共进了午餐并得到了他的鼓励。拉里回忆说："当时马丁生气了，说：'那个臭小子，他为什么不分配工作给你？'"后来拉里去找斯

---

[1] 译者注：指漫威漫画和DC漫画。

第二部分　漫威先生

坦，说自己考虑要跳槽。"他对我说：'嗯，我猜你一定是要去那边（为古德曼）干活，我更希望你别为他们写作，但我觉得我没法这样要求你。'"拉里还说："这家伙有着百万身家，而我连房租都付不出来！他还不让我跳槽！"愤愤不平之下，拉里罕见地反抗了兄长，投奔了"阿特拉斯海岸线"。

斯坦察觉到漫威遇到了状况，于是他写了一封长达两页的慷慨激昂的信，发给了公司的自由职业者们，呼吁他们不要为其他公司工作。虽然没有明说，但很明显他担忧的就是古德曼的公司。信的第三段中，他把犹太裔的古德曼比作了希特勒，这多少夸张得让人震惊：

> 我们规模很大、资金充沛、肩负道德责任，这些却不幸在现实中成了我们的诸多掣肘。这情形就像"二战"中的纳粹德国和同盟国。作为一个独裁者，希特勒不受制于人，他可以心血来潮为所欲为，他可以对其治下的民众做出最慷慨的许诺却完全不必在意结果。而美国则必须稳步前行，遵循既定的法律原则和政府领导。漫威，就和同盟国一样，不能草率地拿出各种画大饼般的条件和许诺作为我们的应对举措。

斯坦还列出了漫威的一些闪光点，例如，薪酬在不断提高，为长期合作的自由职业者购买健康和人寿保险，通过与西蒙舒斯特出版社（Simon & Schuster）新组建的合资出版公司增加作品曝光率，未来还可能设有奖金并把原画归还给作者。"进一步说，没有其他公司比漫威更尊重创作者。"斯坦写道，"正是在下为了给我们行业领域内的艺术家带来崭新地位而创立了'漫画艺术学院'（ACBA），正是在下最先实行突出创作人员姓名的做法，消除了以往编辑、画师、作者和书写员[1]被匿名的状况。"在信的末尾，虽然未必真诚，他用不甚连贯的短句发出了恳求："漫威不曾也不会欺骗你，留在这里吧，你不会后悔的！"

事实表明，斯坦其实根本不必太过担忧，"阿特拉斯海岸线"的管理非常糟糕，仅仅几个月后就关门大吉。斯坦和马丁·古德曼自此殊途陌路，直至1992年古德曼离世。即使历经多年，斯坦仍经常在采访中贬损后者。虽说没有古德曼就不会有斯坦的漫画事业，但斯坦在离世前不久曾经做过一次电视访谈，在谈到他的这位亲戚时，斯坦显得尤为直言不讳。在重温最初的蜘蛛侠故事时，斯坦表示古德曼起初对这个人物抱有疑虑。关于这点斯坦已经叙述过多次，但是这次他补充道，"我必须要做我想做的书，而不是那个白痴想做的漫画书。"观众哄堂大笑并为之喝彩，但斯坦并没有露出笑意。他说："你们看得出来，我不太喜欢他。"

托马斯在与"阿特拉斯海岸线"发生纠葛时，忠诚地呼应了斯坦对古德曼的反感情绪。托马斯告诉签约作者，如果他们跳槽去为漫威的前老板工作，那他们未来的工作将得不到保证。但此后不久，他自己也遭遇了一道坎。1974年年中，斯坦和DC漫画的总裁卡迈恩·因梵蒂诺共进了一顿影响深远的午餐。据托马斯所说，这两个发行人聊到了自由职业画家法兰克·罗宾斯（Frank Robbins），他在两家公司之间来回跳槽，并且为了推高自己的收入

---

[1] 编者注：文字师（Letterer），指美国漫画界中为书稿填上句、效果音等内容的工作者，部分书写员甚至可以设计字体及标志，在漫画制作中非常重要。

第二部分　漫威先生

而虚报过往薪酬。

托马斯回忆道:"斯坦告诉我说,'卡迈恩和我达成了协议,从今往后,他可以打电话问我们可以给多少报酬,我们也可以打电话问他的单价'。"这显然属于价格串通,是严重的经济犯罪。"我想了想,给斯坦写了一份备忘录,说我觉得这种做法是错的。"托马斯说,"我不知道这是否合法,但我确定我们不该这样做,所以我不会落实此协议。"托马斯当时在漫威已经有些不愉快的事情发生了:他和公司的某位高层之间有冲突,这个人名叫艾尔·兰道(Al Landau)。托马斯说,他当时在努力推动公司给予创作者更多权益,斯坦原本都是赞同的,然而一旦被兰道挡回来,斯坦就退却了。"担任发行人之后,(斯坦)就从创作队伍中消失了,全身心地转变为一个商人,这也正是他本人希望的,但对那条道路,我不想再像以前那样追随他走下去了。"托马斯这样说。

据说当发生了那件价格串通的事件后,托马斯便写了这份备忘录反对这种做法,并交给了斯坦。托马斯回忆说,斯坦问他这份备忘录是否实际上是一份辞呈,他回答道:"这样吧,如果你想把它看作一封辞职信,那就是吧。"但后来斯坦改变了主意,他不想彻底失去这个以往颇为得力的年轻干将,于是他们安排托马斯不再担任总编,他将去创作漫画并由他自己负责编辑,他只向作为发行人的斯坦一人汇报。一个权力真空就此形成,混乱的后续也接踵而来。

为了找到新的总编人选,大家乱作一团,杰瑞·康韦又一次大受打击。康韦称斯坦曾经向他承诺:"他用那种斯坦式的热络口吻对我说,'小杰,万一罗伊离开公司,我们想让你接手做总编'。"但当托马斯真的让出了这个位置,斯坦却把这个职位一分为二,负责彩色漫画的部分交给了作者连·韦恩（Len Wein），黑白漫画交给了另一个作者玛尔伏·沃夫曼（Marv Wolfman）。更让人难以忍受的是，新秩序建立后不久，斯坦命令格温·史黛西必须死而复生。因此康韦陷入了如何反转自己创作的故事情节这样一个窘境。他痛苦地炮制了一个折中的方案，在故事中引入了一个叫格温的克隆人。据康韦说，斯坦看到刊登出来的故事时问道："这还是没让她真的复活呀，对吧？"当我问康韦对斯坦的总体评价如何时，他停顿片刻后回答："他是个好人，只是算不上一个伟大的人。"

　　这个评价意味深长。任何一个在斯坦任发行人期间曾与其共事的人，无论是正式雇员，还是签约作者，多多少少都会对他的缺点有所认识。但同时，他们中的许多人也对他的优点表示钦佩：他讲职业道德、做事不屈不挠、待人和蔼可亲。"他的性格很活泼，总是在忙碌，干劲十足。"吉姆·萨利克鲁普（Jim Salicrup）这样回忆斯坦。在70年代，尚是少年的他在漫威办公室当送信人，后来成了一名编辑。他还表示，"工作间里的气氛很友好，尽管斯坦明显是老板，他也是'斯坦'。大家互相只呼名不带姓。斯坦会特地过来对你示好，就好像他出席研讨会时会和每个人寒暄一样，他尽可能对每个人都很好。他并非只是应付一下然后就钻进自己的办公室。如果他看到你，会……"说到这里，萨利克鲁普惟妙惟肖地模仿斯坦的声音，"'亚伯！你好吗？最近怎么样？我得赶紧走，索尔要这些……'然后他就走了。"萨利克鲁普认为，虽然这种友善只是蜻蜓点水，但是非常重要，"可能有人会把这看作耍手腕，但斯坦希望他手下的员工能够愉快地工作，尽可能地像他自己一样享受工作。"要知道，在竞争激烈的漫画行业，斯坦不吝给人友善的态度和欢快的

第二部分　漫威先生

恭维，这与一些员工和签约作者当时接触到的许多编辑都形成了强烈对比。"除了斯坦，那些编辑的态度往往是'这是你的薪水支票，快滚吧'。"萨利克鲁普沉思了片刻，"而斯坦呢，会让人感觉说'哦，他确实看到了我的才华，他欣赏我的工作成果。'……我想，那些漫画作者会很喜欢那种被人赏识的感觉。"

这种平易近人的作风与古德曼的冷漠孤傲简直是天壤之别，但在其他方面，斯坦其实变得比古德曼本人更像古德曼。一方面，就像我们已经看到的，他变成一个疯狂追随潮流的人，不论漫画界有什么流行内容，或是社会上有什么新的时尚元素，他都会去模仿。但另一方面，在杂志领域，他炮制了大量低劣的模仿品，仅仅为了能在报刊店里吸引眼球。他创办的一份杂志《名流》（Celebrity），是在模仿《人物》（People），这个杂志请来了琼·李（Joan Lee）担任特约编辑，但对于其内容的时代设定却有些飘忽不定。例如，1976 年 11 月的那期从时事中取材，其中包含了一个占星术士关于秋季总统大选的预言，以及一个由辛迪·亚当斯（Cindy Adams）主笔的八卦专栏，堆砌的都是些乏味的内容。比如："在蒙席餐厅（Monsignore）[1]就着美味佳肴和优雅音乐，我了解到伊朗王后是个有执照的直升机驾驶员，然后我想，这种事情为什么不分享给你们呢，对吧？"然而封面故事是关于好莱坞老演员梅伊·威斯特（Mae West）的，他已经彻底退出影坛几十年了，还有对曾经的黑帮分子米基·科恩（Mickey Cohen）的采访，他也已经金盆洗手快 20 年了。

---

[1] 译者注：1970—1980 年间，纽约的顶级餐厅之一。

斯坦创办的另外一个杂志《怀旧画报》(*Nostalgia Illustrated*)则更加推行复古潮流，其内容是关于黑白电影时代的演艺圈人物，比如演员约翰·加菲尔德（John Garfield）和侏儒演员约翰尼·罗文蒂尼（Johnny Roventini）。定位于大众娱乐的杂志《活力》(*Pizzazz*)则从未真正触及作为其目标读者的年轻人。例如，其创刊号试图蹭一下《星球大战》(*Star Wars*)风潮的热度，结果却弄巧成拙。他们在一张 R2-D2 和 C-3PO 型机器人的照片上叠加了一个对话框："这是达斯·维达[1]和他的终极武器……一个开罐器！"而最怪异的可能要数《国际电影》(*Film International*)，这个杂志的大部分主题都是直白纯粹的情爱电影，同时凭借这份杂志的名义，斯坦得以有借口去组织一些名流们的派对，并与他们合影。然而，他未能真正让顶级名流圈涉足其中：从这份杂志在 1975 年初次亮相时的一份宣传海报可以看到，上面列出的名字对于普通美国人来说都不甚有名，比如康奈尔·王尔德（Cornel Wilde）、鲍勃·拉德尼茨（Bob Radnitz）、迪米特拉·阿利斯（Dimitra Arliss）、雷·博尔格（Ray Bolger）等。

　　斯坦在主流出版市场获得过一次成功，但其主要内容还是漫画。1974 年，业内颇有声誉的西蒙舒斯特（Simon & Schuster）出版公司发行了《漫威漫画起源》，这是一个漫威经典故事的合订本，附有斯坦提供的关于这些漫画人物是如何诞生的文字解说。柯比和迪特科的名字在其中尤为突出，斯坦对他们的绘画能力给予了不吝辞藻的赞誉，但也毫不含糊地指明这些知识产权的所有人都是斯坦自己。

---

[1] 译者注：达斯·维达（Darth Vader），电影《星球大战》中的反派主角。

第二部分　漫威先生

相应的宣传营销活动和书本身一样重要，斯坦的身影出现在了几十场媒体节目现场和文字报道中。虽然斯坦私下对媒体和整个漫画产业有不少抱怨和不满，但他仍借着这些机会，试图赋予漫画正统地位。他在接受《女装日报》(*Women's Wear Daily*)的采访时说："假设米开朗琪罗和莎士比亚今天依然在世，假设莎士比亚想与米开朗琪罗合作创作连载漫画，我们会因为这只是漫画而对他俩的作品小瞧半分吗？"在后来几十年里他无数次重复提到这个假设。

德高望重的作家雷·布拉德伯里（Ray Bradbury）发表在《洛杉矶时报》(*Los Angeles Times*)上的书评尽管颇有微词，但为漫画书提供了进一步的正名。布拉德伯里写道："我曾有几次被斥为对知识阶层抱有敌意，对此指控我供认不讳。我非常希望把那些伪装成自由派、实则反对火箭和宇航技术的反动保守派轰炸成碎片。现在我手捧着斯坦·李的书《漫威漫画的起源》，我意识到我的炮轰清单上又多了一位：对漫画书不理解，未读过还要四处诋毁的所谓'知识分子'。"《漫威漫画起源》在市场上大热，并在后来几年里出了3本后续：《漫威漫画起源之子》(*Son of Origins of Marvel Comics*)、《来吧，恶棍》(*Bring on the Bad Guys*)以及《超级女英雄》(*The Superhero Women*)。这样的销售成绩固然喜人，但这些仍然是超级英雄漫画，而斯坦一直想要跳出这个体系。

斯坦在试图赢得主流社会肯定的同时，也开始更多地涉足"地下漫画"领域。1974年，漫威的"地下漫画"系列(*Comix Book*)初次亮相。这个系列非常吸引人，但也非常"短命"。请注意这里的拼写用"x"代替了"cs"。自60年代后期以来，"comix"一词就已被那些另类的、实验性的、带有冒犯性的漫画创作者采用，这些面向成人的漫画经常涉及不雅内容，一般不会出现在传统的报刊亭或书店，而是在烟草专营店和其他特殊场所出售。地下漫画的潮流催生了一批邪典领域[1]的漫画师，他们的作品主要通过威斯康星州的独立出版人丹尼斯·基琛（Denis Kitchen）出版。

60年代中期，少年时代的基琛第一次拿起《神奇四侠》和《超凡蜘蛛侠》，从此他就一发不可收拾，成为漫威的忠实拥趸者。他对我说："它们好像让我嗅到了不一样的空气。我认真地看过所有的漫画书，包括DC漫画，但我总觉得那个时期的DC漫画真的无聊且老套，而斯坦的漫画确实让人耳目一新。"1969年，当基琛发表了一本名为《妈妈的家庭自制漫画》（Mom's Homemade Comics）的地下漫画选集，他冒昧寄了一本给斯坦，并且出人意外地收到了答复："您的杂志真的很有趣，每一页我都很喜欢。"斯坦写道，"从某种角度讲，我很羡慕你……能够放手去做自己喜欢的事，那感觉一定是爽翻了。"

在随后的几年中，这名籍籍无名又来自穷乡僻壤的少年，和事业有成的大都市精英，通过信件往来建立起了一种奇妙的联系。1972年，斯坦成为发行人后不久，就邀请基琛来纽约见面。他向这位年轻人提出了一个大胆的想法：漫威将出版自己的地下漫画，由基琛担任编辑。他们料定无法通过美国漫画准则管理局（Comis Code Authority）的审批，因此斯坦决定以杂志的形式出版。基琛对

---

[1] 编者注：此处删除原文中所有陈列的邪典漫画师的名字。邪典作品常以暴力、猎奇、恐怖、黑色喜剧、色情、实验主义等各种元素，来标榜另类和决不妥协。其视觉与思想的呈现效果会不同程度地对观看者或使用者造成精神损伤，因此在国外有着严格的分级制度。近年来更是兴起了"儿童邪典片"，此类动画常以儿童熟悉的卡通人物，如艾莎公主、小猪佩奇、米老鼠等，包装成暴力、色情和虐童的动画或真人小短片，扭曲未成年人的价值观和世界观，制作和传播此类影片是犯罪行为，应对此类影片予以警惕。

第二部分　漫威先生

我说："我不觉得斯坦真的认为地下漫画将取代漫威，但地下漫画的确有其生命力。他一向擅长察觉潮流，或者坦率地说，就是模仿潮流。"基琛对这个建议很感兴趣，但也抱有一丝疑虑。

这位地下漫画的新星最终还是应允加入这项雄心勃勃的计划，但他要求让创作者获得一些漫威的漫画作者目前完全不可能得到的特权：原画需归还给作者，几乎完全的创作自由以及拥有作品的所有权。每一条斯坦都很不情愿，所以他们双方达成了以下妥协：原画可以归还给作者；版权初期归漫威所有，但最终将归还给作者；作品内容在一定程度上可以打破成规，但禁止正面描绘裸露人体，不能使用"F"开头这样的粗话，也不能以低级趣味嘲讽模仿漫威的超级英雄。正如基琛所说，"他打破了一些规则，他想'让这些嬉皮士自成一体'。"

随着这个系列漫画创作的进展，紧张局面出现了：有一些是关于漫画内容的争执，还有就是，一向谨慎的斯坦开始犹豫到底要不要让漫威和他自己的名字与最终作品产生关联。他最后终于告诉基琛，作品在出版时将不会被冠以漫威的标志，而斯坦本人则会作为"策划人"这样一个模糊的身份出现。地下漫画的创刊号于1974年10月亮相，尽管（据基琛说）销量不错，但之后出版了仅仅4期即宣告终结。困扰着他们的一个大问题就是，那些长期为漫威创作的漫画作者，似乎对地下漫画作者群体所获得的自由度和特权感到极大的不满。基琛说："我相信他们是迫于来自办公室的反馈而扼杀了它。这个行业的圈子很小，有一天，斯坦手下的画师们说，'真见鬼，你究竟在干什么？你给这些嬉皮士的条件比给我们的好多了'。而斯坦很难应付这样的问题。他原以为这些事情都是藏在保险柜里的秘密，这方面他是有点太天真了。"再一次，尽管斯坦有着与人为善的品质，但他不可能让员工的权益凌驾于公司的利益之上，并最终为此付出了代价。接下来，斯坦还将卷入职业生涯中最大的劳资纠纷，这又是一段让人惊讶的故事。

柯比原以为会在 DC 漫画中找到救赎。然而，他得到的只是失望。开始时他创作了一些革命性的东西，一部史诗式的、慢慢铺就的宇宙传奇故事，按时间顺序分成 4 个相互关联的系列并发表在月刊：《超人的好朋友吉米奥尔森》(*Superman's Pal Jimmy Olsen*)、《奇迹先生》(*Mister Miracle*)、《新神》(*The New Gods*) 和《永生者》(*The Forever People*)。后 3 个系列完全基于他自己创作的人物。这些作品被冠以一个带些神秘色彩的统称"第四世界"，最初的计划是让柯比先推出这些作品，然后再将它们交由其他人继续创作；他自己充当类似创意总监的角色。后来事情却变得有点错综复杂：DC 漫画希望柯比继续担任这 4 个系列的著绘者，漫画市场的波动影响了销量，编辑的干预导致一些故事情节被放弃、重绘，柯比特立独行的故事脚本风格也疏远了许多读者。在随后的几十年时间里，"第四世界"中的漫画角色将成为闻名世界的 DC 漫画主打作品，其中最著名的是超级反派达克赛德 (Darkseid)。2018 年，一部由艾娃·杜维奈 (Ava DuVernay) 导演的"新神"电影进入拍摄。但在当时，公司对这些漫画人物的态度一直不温不火。

大概在每个系列都发行了十几期之后，DC 漫画决定取消这个系列并要求柯比创作出一些与此无关的漫画故事，这些工作他都尽职尽责地完成了，结果却面临来自高层和公众的进一步质疑。马克·埃瓦尼尔 (Mark Evanier) 当时已是柯比多年的助手和知心好友，他认为，事情的转折点出现在 1975 年，当时 DC 漫画的财政陷入困境，有消息传出因梵蒂诺要被解雇。埃瓦尼尔还声称，DC 漫画曾向斯坦试探是否有意取代因梵蒂诺，但未得到回音。柯比的合同即将到期，正如埃瓦尼尔所说，"杰克那时意识到他不会和 DC 漫画达成什么理想的新合同，而且——用泰坦尼克号来比喻——他可不想和船一起沉了"。斯坦曾经多次谈到和写到他对柯比的欣赏，甚至在某些场合还公开宣称他非常愿意再次与他昔日的好搭档联手合作。

因此，当有消息称柯比有可能成为自由人时，漫威提供给他的职位和条件正如埃文尼尔所评价的那样，"不算是优渥，但是更稳妥"，柯比也欣然接受了。然而，他想远离他在 60 年代的所有创作内容，因此他开始创作新系列《永恒族》(*The Eternals*)，主导改编了电影《2001：太空漫游》(*2001: A Space Odyssey*)，接手了《黑豹》(*Black Panther*)的创作，他的老题材《美国队长》(*Captain America*)也回归了。在所有这些作品中，他都是唯一的故事作者和铅笔画师。当我问柯比的另一位助理，住在加州的史蒂夫·谢尔曼（Steve Sherman），柯比是否会因再次为斯坦工作感到紧张，他回答说，"没有。只要斯坦了解我们在做什么，杰克就可以泰然处之，因为杰克在这里，斯坦回到了纽约，他俩不会碰面"。

1975 年 3 月 22—24 日，漫威在纽约市海军准将酒店召开了"无敌漫威大会"，大会的核心内容从 23 日开始。在关于"神奇四侠"的小组讨论过程中，斯坦宣布有一位神秘嘉宾到场，他称其为"漫画之王"。于是柯比在雷鸣般的掌声中走上舞台，斯坦告诉大家，柯比回到了他的老地盘。柯比宣称，"无论我在漫威做出什么作品，我可以向你保证，它会让你的大脑触电！"斯坦马上在一旁纠正他：

"'通电',杰克!应该说'有如通电'!"

有关柯比,最大的悖论之一就是,尽管他和斯坦之间有分歧,但他对斯坦始终保持着相当程度上的礼貌,甚至是友善,斯坦·李档案中的一件历史物品让我们看到了这一点。柯比在漫画大会上亮相之后的某个时候,老画家查尔斯·克拉伦斯·贝克(C. C. Beck)抓起了一把吉他,斯坦、柯比和尼尔亚·当斯(Neal Adams)也加入了这场欢快的即兴演奏会,一位漫威迷用摄像机记录了这一幕。"你们都知道甲壳虫乐队,"斯坦在开头部分哈哈笑着说,"我们这儿是蟑螂乐队!"然后他们开始闹哄哄地演唱一些耳熟能详的老歌,比如《克莱门汀》(*Clementine*)、《带着手枪的妈妈》(*Pistol Packin' Mama*)、《赞美上帝并给我弹药》(*Praise the lord and pass the Ammunition*),其间还能听到斯坦喊:"你们听不出来是弗瑞中士[1]在唱吗,还有迪克西。"柯比一人清唱了格兰雷-劳伦斯工作室(Grantray-Lawrence Studio)制作的《美国队长》动画片中的主题曲片段。在第11分钟时,他们开始高声大唱《欢乐漫威行军协会》(*The Merry Marvel Marching Song*),即使是斯坦在几句之后也不太记得后面的歌词。每个人都在笑,彼此亲密无间,仿佛世间尽是美好。

然而,事实证明,回到漫威的柯比并没有比在DC漫画时更快乐。这次的直接原因并不是斯坦,因为他几乎没有参与柯比的漫画创作,并且据称,当编辑高层质疑柯比的创意时,斯坦曾数次站出来支持柯比。这种质疑发生了很多次,虽然柯比的艺术作品仍然具

---

[1] 译者注:尼克·弗瑞中士(Sgt. Nick Fury)是漫威旗下的漫画人物,由杰克·柯比和斯坦·李创作。

第二部分　漫威先生

有冲击力和前瞻性，但他忽略了他的角色近年来经历的变化，而且他笔下那种直白、生硬的对话在当时漫威的作品中显得非常格格不入。漫威迷经常会写信来抱怨这一点，其他作者也会抱怨柯比已经江郎才尽了。

与此同时，斯坦在世界上的知名度越来越高，被认为是一个天才人物，他也欣然接受了所有的赞誉。1976年，他的形象出现在两个与漫画无关的大众市场广告中，标志着他在广告界获得了新的一席之地。在伯舒纳双面II型剃须刀（Personna Double II razor）的一个时长30秒的电视广告中，斯坦在漫威办公室里直接面对观众说："没有比这更好的剃须工具了。"他接着说，"我可能会创造一个全新的角色：伯舒纳超人！"另外一个是服装品牌海瑟薇（Hathaway）的平面广告，斯坦站在一堵由漫画书封面组成的墙壁前，下面是这样的文字："'当你创造了超级英雄，人们会希望你看起来像个超级英雄。而我选择穿海瑟薇衬衫。'漫威漫画创始人——斯坦·李。"而可能更有资格被称为漫威漫画真正的创始人，或者至少可以说是作为共同创始人之一的柯比完全没出现。斯坦与艺术家约翰·布西玛（John Buscema）合作出版的一本名为《如何以漫威模式绘制漫画》（*How to Draw Comics the Marvel Way*）的教学书也基本是这种情况：尽管实际上"漫威模式"本质就是"柯比模式"，并且书中随处可见柯比创作的单格漫画，但此书几乎没有提到柯比的名字。

在这10年中，斯坦还做了一些其他值得自傲的事情。他和哈珀与罗出版公司（Harper & Row）签订了合同来撰写他的回忆录，这才有了那份颇有信息量的个人传记。他也在曾一度想要逃入的媒体领域——报纸连载漫画——浅尝到了成功的滋味。1977年1月，《超凡蜘蛛侠》初次刊登在全国各地的报纸上，画师由罗米塔担任，文字部分出自斯坦之手，至少在表面上如此。而实际上，尽管作者署名为斯坦，但他只负责每则漫画中的少量对话部分，整体故事情节是由数个漫威旗下的作家先后操刀完成的，但他们拿到的薪酬与斯坦从报业财团那里赚到的相比可能只是一个零头。漫威模式得到了复制，但似乎没有人太在意。此外，1977 年 11 月在 CBS 电视台播出的电影《无敌绿巨人》（*The Incredible Hulk*），让漫威赢得了漫画故事电影化的首场胜利。这次的成功，让漫威得以拍摄了一部续集，以及一直持续到1982年的连续剧，这也给了斯坦进军好莱坞的希望。在一封写给漫威授权代理的信中，斯坦谈到了他心中更大的愿景："考虑到漫威和我个人似乎对当下所谓'青少年市场'具有巨大的影响力和吸引力，若未能利用这笔庞大的资产进入漫画书以外的其他领域，那将是一大憾事。"

然而，大多数情况下，斯坦在那些"其他领域"得到的只是失望。斯坦的另外一档报纸连载漫画《谁说的？》（*Says Who?*），采用了他一直情有独钟的形式：在已有的漫画上添加一些搞怪的文字，但很快归于失败而被取消了。他还试图向《花花公子》杂志出售一部名为《托马斯·斯威夫特》（*Thomas Swift*）的情爱连载漫画，其内容是有些诙谐的奇幻故事，主要人物是高级女祭司克丽塔娜（High Priestess Clitanna）和佩克顿勋爵（Lord Peckerton）等，一些筹划中的章节标题是"托马斯·斯威夫特和他不拘一格的桑拿浴室"（*Thomas Swift and His Eclectic Sauna*）等。罗米塔原本也会参与创作，但这位画家开始对这些内容感到不安。"我不想画那些我会耻于给孙辈看的东西。"他曾这样对斯坦说，这个策划最终无果。

第二部分　漫威先生

当一部真人实景电视剧《蜘蛛侠》登陆 CBS 电视台后，尽管有报道称其首播的收视率很高，但很快就因其可笑的特效和糟糕的剧本而沦为笑柄。斯坦知道节目饱受批评，在一些采访中表现得非常尖酸刻薄。他告诉一位杂志作家，那些剧作家"只是一群雇佣写手"，他们"写了一个又一个糟糕的剧本。我们要么放弃这个节目，要么用那些烂剧本——我不知道哪个选项更糟"。此外，他一直没有真正抽出时间着手写他的回忆录，以至错过了期限，于是不得不取消这个计划并退还预付款给出版商。斯坦在采访中都会提到漫威的电影项目，但都是些空洞的吹嘘和不成熟的宣传，没有电影界的人愿意上钩。

据埃瓦尼尔所说，斯坦曾让电影制片人李·克莱默（Lee Kramer）选定"银影侠"作为题材拍摄一部电影。当时克莱默马上就要发布其著名的失败之作《仙纳都》（Xanadu），克莱默建议斯坦和柯比合力制作出一个可以人卖的故事。不管柯比对再次与斯坦合作有着怎样的不安，斯坦保证这一次他们将与西蒙舒斯特出版公司合作发行这个故事并保留版权，这意味着可能会有巨额资金收益并获得作为原创者的名声，这显然舒缓了柯比的疑虑。就这样，斯坦和柯比出人意料地开始了他们之间的最后一次合作，创作名为《银影侠：终极宇宙体验》（The Silver Surfer: The Ultimate Cosmic Experience）的"图像小说"，这个词当时刚刚被发明。与其他作品一样，我们不清楚究竟是谁创作出了核心情节，尽管从斯坦·李的档案中找到那些来自柯比的信件，他总是写出斯坦名字的完整拼写"斯坦利"，而不是"斯坦"。可以看出，柯比试图把所有来自他的点子都留下一份书面记录。这个作品于 1978 年出版，在漫画界轰动一时，但终究未被改编成电影。之后，早已对在漫威的工作感到厌烦的柯比，决定终止他和漫威之间的合同。他黯然离开，转而进入动画行业，为NBC电视台的新版"神奇四侠"卡通片创作概念图。尽管斯坦也被列为该系列的制片人之一，但远在加利福尼亚的柯比没有与他发生交集，事实上他们再也没有合作过。

斯坦似乎依然不明白是什么对柯比造成了困扰。埃瓦尼尔告诉我，在70年代末的某个时候，他在圣地亚哥漫画大会上偶然撞见了斯坦，并与他谈到了柯比。然后他们就提到了1966年刊登在《先驱论坛报》那篇恶名远扬的文章，斯坦开始解释那些新闻记者和其他人把功劳都归于他而不是柯比，这并不是他的错——这是他一生中曾多次重复的说辞。埃瓦尼尔也觉得受不了了。他回忆起以下对话，其中提到了谐星二人组迪恩·马丁（Dean Martin）和杰里·刘易斯（Jerry Lewis）：

"在每一部马丁和刘易斯的电影中，迪恩都会对人说：'嘿，你不能对我的朋友这样。'"接着我说，"斯坦，不管他们对杰克做什么，坏人总是某个'别人'。你却躲到桌子下面说：'他被欺负不是我的问题，我可没有欺负他。'"我还说，"如果我与别人合作却抢占了别人的荣誉时，我会写一封尽量还原事实的信。"最后我说："如果你不懂这个道理，我不明白你是怎么在超级英雄的故事里写出'能力越大，责任越大'这句话的。"他对此非常生气，有一年半没跟我说话。

最终与斯坦和漫威分道扬镳的人不止柯比和埃瓦尼尔。1977年底，斯坦在漫威一年一度的圣诞派对上宣布了一个决定，一石激起

第二部分　漫威先生

了千层浪。编辑吉姆·舒特（Jim Shooter）被提拔为总编。舒特虽然得到斯坦的青睐，但与漫威办公室中许多专业人士的关系非常紧张，这消息一经宣布，全场愕然沉默。很快，舒特和斯坦因一项法律纠纷受到一大波批评。自1978年1月1日起，一项新的联邦法律生效，终于明确了在美国雇佣关系应该包含哪些具体细则。漫威高层对此有些惊慌失措，他们意识到必须要让漫画作者们以签署法律协议的形式声明不再对他们的作品主张版权。在那年春季，舒特为此分发了一份只有一页的合同，尼尔·亚当斯迅速采取了行动，回应了与斯坦在漫画艺术学院（ACBA）时的冲突。他向大家发送了一份合同的油印件，顶部潦草写着"不要签这份合同！这会卖了你的一生！！紧急！！！"底部的内容是号召所有员工去亚当斯的工作室集合开会。大会上，他们讨论成立同业公会，有人甚至呼吁组建一个联合工会。

可是，随后舒特和漫威总裁吉姆·高尔顿（Jim Galton）明确表示，加入类似工会组织的人将失去在漫威的所有工作，于是集体抗争的呼声逐渐平息。大部分人都在不情愿中签了合同。斯坦在这场风暴过程中一直保持着沉默，他身居高位的这段时间里得到的烦恼远多于喜悦。太糟了，他认为自己整个职业生涯尽管有一些让人目眩的高光时刻，但仍不够成功。"我希望我20年前就在漫威有所动作，早些着手不同的事情。我很蠢，在我人生的头20年里，我只是在做出版商想要的东西。"他在1978年这样对记者说，"我觉得我应该在20年前就跳出这个行业。我可以去拍电影，当导演或编剧，像诺姆·李尔（Norm Lear）[1]或弗雷迪·西尔弗曼（Freddie

---

[1] 作者注：电视制片人。

Silverman）[1]一样。我想做我在这里做的事情，但是想在一个更大的竞技场上一展身手。"然而，通往那个竞技场的大门一直紧闭着。

在斯坦·李档案的第 53 号文件盒中，你可以看到有两个文件夹的标签上写着"杂项手稿和笔记 1978"。其中一个文件夹里有一份打印文件，顶部的手写备注表明该文件原是打算交给《纽约时报》的一位编辑（姓名已难以辨认）。文件标题为"伟大的超级英雄热潮"（The Great Superhero Turn-on）。信的内容读起来感觉是一封求职信，写信人似乎意图跻身好莱坞的制作人之列。斯坦在信中称，热播电视剧《无敌金刚》（The Six Million Dollar Man，又译《六百万美元先生》）和划时代的电影《星球大战》（Star Wars）"无可否认，受到了几乎所有付诸印刷的奇幻漫画和科幻漫画作品的影响"。并且在星球大战问世后，"整个电影制作界才刚刚开始揣度一个漫威漫画数十年来所熟知的事实，大众热爱幻想"。在大加彰显漫威超级英雄所取得的荣耀和绿巨人电视连续剧的成功之后，斯坦总结道："重点在于，无论是什么样的人物角色，无论他们的神奇力量或本事有多么异想天开，如果你能让人们相信，如果你写得真实，如果你让观众感同身受，那么你也可以在这个突然掀起的超级英雄和幻想热潮中获得滚滚财源，这股所谓的新热潮其实自荷马写下《伊利亚特》以来从未停歇！"当然，言下之意就是，没有人比漫威先生本人更有能力帮助你从中大赚特赚了。

更有意思的是，文件夹里有一沓记事页，是斯坦的手迹。所有内容都是描述关于各种项目的不成熟想法。其中一个设想是策划一

---

[1] 作者注：电视节目制作人。

第二部分　漫威先生

本书或者杂志《范妮思》(*Fannies*)[1]，内容是"女孩（＋男孩）的背面（偷拍＋摆拍）（穿衣＋裸体）照片"。还有一页都是些标题，不知道是书还是电影，没有说明和描述，例如："我们要在世界末日关闭办公室吗？""恩人""像苹果派一样美国范儿""玩乐的一天"。有些主意就像是个喝醉了的大学新生想出来的，比如："作为一个噱头，一只动物（例如猪？）被提名参选公职。但人们烦透了那些正常候选人，所以这只猪被选上了！""未来人口增长失控，政府规定每月有一周时间人们可以通过杀人获得赏金。""'电视＋广告'已经支配了整个世界。'赞助商＋电视网'的老板们是最高统治者。甚至战争也必须在电视黄金时段开始。一切都为电视节目服务。"[2]

还有一些则是非常粗略的构思线索，例如："以儿童故事的形式写一部成人哲学小说。""写剧本或故事，关于一个人在地铁上目睹无辜的人遭袭却不敢施以援手。""有个人为一些小事写了一份请愿书，让同一幢公寓楼里人联合署名，事情滚雪球般变大，最终改变了他的生活。"还有的是不可思议的假设："黑手党接管了政府。接下来会怎么样？现在他们是合法的，轮到他们去操心如何制止犯罪了！"当然，还有一个计划是在新闻照片上辅以新的说明文字，这是斯坦的老癖好。但最值得注意的可能要数以下这条，字迹颇为潦草，读起来更像是私人的内心恐惧："电影情节，一个男人（高管）丢了工作。他曾是公司里顶梁柱，现在找不到别的工作。他身上会发生什么，等等。一段缓慢的下坡路。"

随着70年代进入尾声，斯坦很可能感到他正在经历类似的"下

---

[1] 译者注：美国俚语中亦指"臀部"。
[2] 编者注：实际上这些点子（或类似的点子），目前都被频繁用于影视作品中。

坡路"，他显然在幻想如何摆脱他的过去和当下。要知道，这种念头可不是一个超级英雄应该有的，因为他没能获得他所渴望的那种声誉。他曾负责为一部新的绿巨人漫画撰写故事情节，由拉里担任画师，但他对此事并不上心，在项目启动后不久就将这一工作交给了他的弟弟。他转而为哈珀与罗出版社编纂了一本关于奇闻逸事的书，《斯坦·李为您沙里淘金：世上糗事之纲要大全》(Stan Lee Presents the Best of the Worst: A Comprehensive Compendium of the Rottenest Things on Earth)，然而此书没有产生更广泛的文化影响，也未能让他确立作为主流作家的地位。

斯坦的大部分动力可能是出于渴望被崇拜和争取名望，但他也必须确保稳定的收入来维持整个家庭的奢侈生活。JC 之前在伦敦生活过一段时间，据称她在那里遇到了埃里克·克莱普顿（Eric Clapton）并从那时起获得了缩写的外号，回来后便在纽约市视觉艺术学院（New York City's School of Visual Arts）过上了"三天打鱼，两天晒网"的日子。1974 年和 1976 年，她分别只上了一学期课，随后就辍学了。1979 年 6 月，斯坦和 JC 与其他名人——唐·金（Don King）、保罗·索维诺（Paul Sorvino）、约翰·卡勒姆（John Cullum）——以及他们各自的孩子一起出现在父亲节脱口秀特别节目中，当被问及他与独生女的关系时，斯坦不带一丝玩笑地回答："问题很多，比如说她花钱大手大脚，她和我妻子都有这个毛病。"但斯坦自己也应为经济压力承担一些责任。正如《人物》杂志中的一篇文章所指出的，斯坦习惯穿着"纯粹的古驰牌"和"一件保守风格的保罗斯图尔特牌人字纹夹克"。

JC 与艾萨克·蒂格雷特（Isaac Tigrett）的婚约告吹，她也没有自

第二部分　漫威先生

己的工作。正如她在脱口秀节目中所说，"目前我正在追求进入演艺事业，但好像我还不太能跟上这个目标，所以我仍在努力"，她完全仰仗父亲的经济支援生活。JC有大把的闲暇时光，养成了一些奇怪的习惯，比如斯坦·李档案中有很多冗长的录音带仅仅录下了环境噪音和一些对话，显然是她偷偷携带录音机录下的。有时你会听到她在电话上说一些俗事，有时她似乎在开车穿过市中心，例如有一盘磁带，整整47分钟里，只有洗衣服翻滚衣物的声音和远处收音机的嗡嗡声。

斯坦经常会去洛杉矶，或是参加会议，或是为了和迪帕蒂弗里伦动画工作室（DePatie-Freleng）合作，有时还会带上他的家人一起去。但当斯坦罕见地出现在漫威的纽约办公室时，他表现出对那些以他的名义出版的漫画完全不了解的样子。例如，漫威当时火爆的作品是新编版的《X战警》，故事中有包括来自苏联的"钢力士"（Colossus，又译"钢人"）等一批国际背景的英雄人物，但当记者问到漫威漫画中的俄罗斯人时，斯坦回答："我不知道我们有过俄罗斯超级英雄。"

在他肯投入漫画世界的时候，他变得越来越怯懦且私心颇重。曾有传言说，电视连续剧《绿巨人》的制片人计划创造一个女性绿巨人角色，并把漫威排除在此事之外，于是斯坦慌忙采取行动，要求手下火速制作出一个角色并命名为"女绿巨人"。这样一旦有任何类似角色的作品出现，斯坦就不会错失收取版权和许可证费用的潜在可能。类似的事情还有"女蜘蛛人"的问世，正如斯坦对同时代的观众所说的那样，他"突然意识到某些其他公司可能很快会推出"名为"女蜘蛛人"的系列作品，"并声称他们有权使用这个名称"。他说："我认为我们最好尽快为这个名称申请版权。所以我们很快创造了一个人物，事情就是这样。我想要保护这个名字，因为完全可能有人会说，

'嘿，我们为什么不推出一个女蜘蛛人呢？他们没法制止我们'。"

斯坦所认为的公司前景与普通员工所理解的很不一致。据作家克里斯·克莱蒙特（Chris Claremont）所说，有一次斯坦碰巧瞥见了明星画家戴夫·科克拉姆（Dave Cockrum）画的一幅漫威人物"惊奇女士"的形象。"她穿着长袖衬衫和牛仔裤，"克莱蒙特回忆道，"斯坦看着它说：'啊！我们就不能让她更性感一些吗？不能给她穿上热裤和时髦一点的紧身上装吗？'"克莱蒙特和科克拉姆被惹怒了，惊奇女士的身份应该是一个严肃的空军军官，而不是个火辣的夜店女孩。"但我们必须好好斟酌如何表达，因为斯坦的态度往往是：'去他的，我们要的是让书大卖！'"克莱蒙特继续说，"所以我们作了妥协，把衬衫画短变成了比基尼，但保留了牛仔裤。但在斯坦看来，他提的这些建议都是从实际出发的，都是为了'如何让这本书更有吸引力？如何能有更多销量'。"

此外，舒特对漫威日常运作的管理方式过于严格，导致大家士气严重低落，而斯坦似乎一直袖手旁观，从未帮助沮丧的员工渡过难关。忍无可忍的科克拉姆给斯坦写了一封辞职信，信中说："我要离开漫威，因为这里不再是一个充满团队精神的'幸福的大家庭'，不再是那个我热切想要为之工作的地方。"作家马夫·沃尔夫曼（Marv Wolfman）同样被惹恼了，宣布他将"叛逃"加入DC漫画，这一令人震惊的消息甚至引发《纽约时报》刊登了一篇文章挞斥"创意之家"漫威如今的混乱局面。文中引用了一位匿名的漫威作家对斯坦颇为恶意的评价："我感觉他想成为沃尔特·迪士尼，做漫画对他来说屈才了。"

然而，斯坦没有去设法解决公司的问题，他正忙于其他事情，例如，告诉记者他对一部非常糟糕的"美国队长"的电视长剧感到有多么兴奋，还有，在杂志《综艺》（Variety）上投放广告，宣传所有那些可以让好莱坞进行版权交易的漫威角色。在给雷奈的一封信中，斯坦谈到了当时自己满脑子都在想什么。他说那时正在为了拍摄一部"银影侠"电影的临时协议而忙着处理信函，他在那部片子中将担任"顾问和某种意义上的副制片人"。他还提到他和琼的公寓遭遇了盗贼，"琼的珠宝被偷得一件不剩。更糟的是我们没有买过保险"。这起盗窃案产生的影响就是让斯坦在这个关键点更加坚定了一个想法："如果可能，我们想要举家搬到洛杉矶定居，这件事是促使我们这么决定的原因之一。"

是啊，是时候换个环境看看不一样的风景了。斯坦与迪帕蒂弗里伦动画工作室已经敲定了一个制作动画片的协议，他也说服了凯登斯工业的高管们同意他在洛杉矶郊外经营他们的新合资企业。他和琼还有 JC 卖掉了他们在纽约的房子，飞到 3 000 英里[1]之外的西海岸，安心开始他们的新生活。公司在形式上保留了斯坦作为发行人的头衔并以此作为品牌，但明确形成了漫画和杂志业务实际上将由他人打理的共识。从某种角度说，斯坦实现了他至少可追溯自"二战"尾声时就一直怀有的夙愿：他终于摆脱了漫画书的世界。在演艺圈一展身手的时候到了。然而就像猴爪[2]实现的愿望一样，最终的结果却是福祸参半。

---

[1] 编者注：1 英里等于 1.609344 千米。
[2] 译者注：《猴爪》（The Monkey's Paw）是英国作家威廉·W. 雅各布斯（William Wymark Jacobs，1863—1943 年）创作的超自然题材短篇小说，故事讲述了有一只能够实现 3 个愿望的猴爪，但许愿者在实现愿望的同时亦需付出惨痛的代价。

第七章

纸醉金迷

• 1980—1998 年 •

"斯坦内心有一种失落。"剧作家罗恩·弗里德曼（Ron Friedman）在位于比弗利山庄的罗马咖啡厅边吃早午餐边说，他的费城口音在干燥炎热的环境里听上去轻快活泼，"那种失落就好像说，'我希望与之为伍的人并不重视我所做的。我明知自己可以爬得更高，可没人愿意同行'。"弗里德曼很久以前就从东海岸转至洛杉矶工作，他和斯坦的结识可追溯至 20 世纪 70 年代，那段时间斯坦经常来到这座"天使之城"。他俩第一次相遇是应制片人李·门德尔森（Lee Mendelson）之邀共进午餐，两位思路敏捷的犹太裔作者当即一见如故。"当我对他说，'你是犹太人中的沃尔特·迪士尼'时，他很喜欢这个评价。"弗里德曼这样回忆他们的第一次见面，"他希望被大家爱戴、崇拜，这是他喜欢在聚光灯下的原因之一。"

弗里德曼说，在洛杉矶，斯坦有时确实如他所愿被聚光灯追逐。"斯坦刚刚正式搬家到这里，他来找我说'我们一起吃晚饭吧'。于是我们去了一家叫阿米奇（Amici）的小餐馆，没什么名气但颇为惬意，（斯坦和琼）很喜欢这个地方，因为那一带没有狗仔队。"我问弗里德曼，那个时候狗仔队是否经常对斯坦造成困扰。弗里德曼说：

第二部分　漫威先生

"他会被搞得很窘、被团团围住,甚至焦头烂额。我和斯坦坐在一起吃晚饭时,会有人过来说:'斯坦宝贝儿!今儿怎么样啊?'等他们走开后,斯坦会抱怨:'那见鬼的是什么人啊?'"

即使斯坦在餐馆里会被陌生人认出来,可在制片厂高管层眼中,他依然无足轻重。弗里德曼和斯坦成了合作者,他们努力推动的漫威项目四处碰壁。"我不止一次亲眼看到,他这个人能放下自尊心。"弗里德曼沉思片刻后说,"我有时和他一起去开会,斯坦的设想被砍得七零八落。我就等着看他站起来咆哮发怒或哭泣的那一刻,结果他却表现出'我全盘接受并且心情愉快'的样子。斯坦就是能做到那样。"

很难为斯坦在洛杉矶最初的18年做出一个更好的总结。在将近20年的大部分时间里,斯坦处于一种在拥趸者群体中声名远扬以及在公司里籍籍无名的双重坏境中,这让他心有郁懑,继而沮丧,最终彻底失望,不再把漫威的工作视为主业。那段时间里,他踏入了新的个人和职场交际圈,积累了不少既欣赏又同情他的人脉。最重要的是,斯坦结交了一个特别的朋友,这个人将会为他的人生(甚至百年之后的他)带来根本的改变。这个人的名字非常简单,姓和名押头韵,你甚至会以为这是一个漫威人物的名字:彼得·保罗(Peter Paul)。

幸好有家庭卡带录像机的问世,且恰好斯坦和保罗都很喜欢被拍摄,我们因此得以更多地窥见斯坦在这一时期的内心世界。从那些录像资料中我们可以看到,斯坦的社交圈变得越来越古怪,行业内对他缺乏尊重,而公司除了让他当一个招牌人物之外,也越来越不打算让他参与工作。斯坦就在这样的情形下竭力试图从中找到自己的位置。但与此同时,他也终于如愿以偿地与那些他极度渴望加

漫威先生:斯坦·李的传奇人生

入的名流群体打成一片，在好莱坞山举办高雅宴会。或许可以说，在那段时间里，斯坦在一方面前进了一步，但在另一方面倒退了两步。

1980年6月19日，杂志《好莱坞报道》(*The Hollywood Reporter*)刊登了漫威制作公司成立的消息。这将是一家制作电视节目的公司，包括一些特别节目和试验性节目，以及最重要的——儿童卡通片。斯坦将担任创意总监，这个头衔意味着他不会涉足多少具体的创作细节，而是主要侧重在管理和营销方面。他的任务是进一步发展他作为发行人时所承担的大众媒体大使这一角色，并在电视屏幕上将漫威品牌提升到新的高度。理论上讲，他会为电影市场做出同样的贡献，但那是次要目标，因为攻占电视市场的战车已经启动，需要斯坦去让每一个车轮全速运转。

漫威制作公司可以说是迪帕蒂弗雷伦工作室的一个翻版，挂名人物大卫·迪帕蒂（David DePatie）仍然作为执行制片人担任管理层角色，对于世界对漫威作品的接纳程度抱着极度怀疑的态度，且经常与斯坦在公司的发展方向问题上发生冲突。其结果就是，漫威制作公司在整个80年代的绝大部分作品都与漫威人物完全无关，这种情况的确有点奇怪。《布偶宝贝》(*Muppet Babies*)、《特种部队：真正的美国英雄》(*G.I. Joe: A Real American Hero*)、《变形金刚》(*The Transformers*)、《小马宝莉》(*My Little Pony Friends*)，这些和超级英雄毫无瓜葛的系列是他们在这10年间产出的最大热门作品。然而，他们在最初阶段也拿漫威人物做了些实实在在的尝试，推出了3个超级英雄系列：《蜘蛛侠》(*Spider-Man*)、《蜘蛛侠和他的神奇朋友》(*Spider-Man and His Amazing Friends*)，以及《不可思议的绿巨人》（The Incredible Hulk）。《不可思议的绿巨人》一直不是很成功，只持续了一个剧季；前两个系列最终合并，通常被统称为《蜘蛛侠和他的神奇朋友》。美国全国广播公司（NBC）曾对《蜘蛛侠和他的神奇朋友》表达出兴趣，但临到推进这个项目时，斯坦在电视台和他自己团队内部都遭遇到了阻力。

"NBC买下了这个节目，这本身是件好事，但他们并不理解蜘蛛侠故事的精髓，他应该是一个独行侠，他们却让蜘蛛侠在故事中有了神奇的好朋友们。"电视制片人玛格丽特·洛施（Margaret Loesch）这样回忆道。她在70年代与斯坦成了朋友，那段时间斯坦定期前往洛杉矶。"当时好莱坞的普遍态度是，漫画无法完美地转化到荧屏上。'那些漫画太严肃、太冗长、太乏味、太沉重'。"为了让蜘蛛侠的冒险故事看上去轻松一点儿，NBC让漫威漫画为"蜘蛛侠"创造了两个好友，一个是被称为"冰人"（Iceman）的X战警，另一个则是专为吸引女性观众而创造的全新女性角色，名叫"火焰星"（Firestar）。

斯坦对来自电视台的干涉感到沮丧，但随着项目后来的发展，他心里应该至少有一丝感激，因为这部剧让他有机会跃升至一个新的角色——电视播音员，这是个影响深远的重大转折点。让斯坦担任《蜘蛛侠和他的神奇朋友》旁白的主意来自NBC的一名主管山姆·尤因（Sam Ewing），他从小并没有看着漫画长大，因此没有年轻一代对斯坦的那种敬仰，但斯坦在那些节目的宣传和开发会议上所展现的个人魅力给他留下了深刻印象。"我们当时正在为这个剧的旁白选角，我说，'我们为什么不让斯坦·李上呢？我想，这是他创作的角色，这是他的漫画，我们用斯坦·李吧'。"尤因回忆道："德帕蒂大发雷霆，觉得这是他听过的最糟的主意，还说了一些'他有纽约口音，没人听得懂他'之类的话。"

最终，尤因不顾迪帕蒂的反对，让斯坦担任了旁白，让他得以用自己的声音为彼得·帕克的历险叙述故事框架，他的语气也从之前公开演讲时那种严肃的口吻，演变成不久之后广为人知的街头小贩式的腔调。他的旁白通常会以"精益求精"这个口号作为结束语，使这个词牢牢地成为他的标志性口头禅。斯坦深度参与了第 1 季的写作，虽然此后他转向了其他项目，但旁白工作仍在继续，这是经营斯坦个人品牌的一个妙招：无数 20 世纪 80 年代的年轻人将首先通过他在《蜘蛛侠和他的神奇朋友》中的声音以及之后在其他卡通片中的旁白和引言等熟悉他，这将直接让斯坦走向后来那个闻名世界的客串角色。他人生中的一个重要阶段，在此刻已然开启了。

然而在那时，电视行业让斯坦体会到的似乎只有错愕。在 1984 年 7 月出席一场研讨会时，他公开贬损自己公司制作的电视节目。他说："你们有人可能无意中转到播放蜘蛛侠的频道，看到他和'冰人'以及一个叫'火焰星'的女孩组成了一个 3 人小队。"他对哈哈笑的人群说，"对此我得向你们致以小小的歉意。电视行业的运作就像我在为真人连续剧担任顾问时的经历一样：你可以对电视台说，'嘿，我们想做这样一个节目，你会买吗？'电视台说：'好，我们会买。'但这并不意味着他们会按你的设想去制作这个节目。"接下来的演讲中，他简略褒扬了由漫威制作公司改编的《龙与地下城》（*Dungeons & Dragons*）角色扮演游戏的电视版，但总体上是在抱怨他在电视行业内的境遇。有一名漫威迷问他为什么漫画和电视剧有着如此大的差别，他回答："我们受制于人。"斯坦眼中最重要的目

第二部分　漫威先生

标仍然是真人版漫威电影,也向观众如此明确表示,说自己只差一点就将与《回到未来》(Back to the Future)的二人组——鲍勃·盖尔(Bob Gale)和罗伯特·泽米吉斯(Robert Zemeckis)拍摄一部"奇异博士"的电影;正在策划中的还有一部"美国队长"的电影,将由当时即将上映、后来大热的电影《所罗门王的宝藏》(King Solomon's Mines)的主创团队操刀;还有一部由罗伊·托马斯和杰瑞·康韦编剧的"X战警"电影。但这些计划后来都无疾而终。[1]

差不多同一时期,随着洛施(Loesch)就任公司首席执行官,漫威制作公司迎来了一个转折点。洛施和斯坦之间的关系十分融洽,并且通过前文提到的许多非超级英雄节目,协助将公司推向了一个新的高度。然而她也目睹了斯坦和他的艺术直觉是多么不受重视。80年代中期的某一天,斯坦走进洛施的办公室,手里拿着一盘录像带。洛施回忆道:"他说,'玛姬,这会是我们的下一部热门剧'。"斯坦把录像带交给了洛施,那是一个日本的节目,内容是一些穿着弹力紧身衣的战士,用类似于芭蕾舞中的动作与外星生物进行了一系列打斗。洛施走到他的办公室对他说:"斯坦,我看了那个录像带,挺有趣,还算是不错,但对白都是日语。""他说:'这有什么关系?'我说:'没关系,那些角色都很有想象力,非常吸引人。'斯坦坚持道:'玛姬,我们应该做这个剧,它会是个了不起的作品!'"他的设想是把这样的影像加上创新的英语对白组成新的故事框架,洛施授权制作了一个宣传短片,与斯坦一起送去三大电视网亮相。

---

[1] 编者注:但是这些超级英雄电影后来由不同的影视公司投拍成功,并获得了巨大的商业利润。

但他们最终还是失败了。洛施回忆道："一位电视台主管把我拉到斯坦听不到的地方，以免冒犯他，因为我已经告诉他们这些都是斯坦的提议。她说：'玛格丽特，你是《布偶宝贝》(Muppet Babies)的执行制片人！那可是拿过艾美奖的。你怎么给我看这样的垃圾？'"在那场失败的宣传活动结束后，洛施和斯坦去吃了奶昔和汉堡，那是他最爱的食物之一。虽然琼经常强令他要注意饮食健康，斯坦依然钟情于这些垃圾食品。"我们在自我疗伤，他们那样的反应让我们很尴尬，"洛施说，"斯坦对我说：'我们没做错什么，玛姬。这是常事，我一生都在面对这样的事情。'"

结果，有另一位制片人开始着手改编一档日本节目《超级战队》(Super Sentai)并在几年后推出了美国版，取名为《恐龙战队》(Mighty Morphin Power Rangers)，是90年代最成功的儿童剧之一。说到在当时碰壁最终却大红大紫的作品，还有一个例子：斯坦对于拍一部蚁人的电视剧也是热情高涨。洛施笑着回忆道："斯坦不停地说，'他是人！又是蚂蚁！一只蚂蚁'。"尽管电影版《蚁人》在2015年的票房收入超过50亿美元，但在80年代除了斯坦没有人对这个题材感兴趣。洛施说："斯坦对人总是有礼有节，但他会在大家离开房间后对我说，'我不明白为什么他们一点想象力也没有，我不明白为什么他们听不懂我在说什么'。"她还补充说，他已经变得对世上任何事情都有点愤世嫉俗了。"并不是说他觉得绝望，而是他怀疑我们一直在重复同样的错误，"她沉思一会儿说道，"有好几次，他把双手举过头顶说，'我不知道接下来会怎么样。我不太看好我们的发展趋势'。"

斯坦对电视界和电影界对他的轻视习以为常，但在漫画世界他仍保有他的伟大光环。事情在 80 年代发生了变化。在过去的 10 年里，斯坦在漫威的管理工作乏善可陈，在更早的那个 10 年里他还有欺世盗名的劣迹，终于，斯坦的噩运开始公开显现。射向斯坦的第一支箭是在 1980 年的夏天《漫画杂志》(*The Comics Journal*) 发表的一封信，作者是史蒂夫·格伯（Steve Gerber），他虽然在童年时代是斯坦的崇拜者，但也是一位心怀不满的前漫威作家。格伯当时就他创作的角色"霍华德怪鸭"（Howard the Duck），正处于与漫威激烈的版权交锋中，而他不是那种会手下留情的人。格柏在信中写道："20 年前，斯坦为这个行业注入了巨大的创造力，但同时，也是斯坦，凭借漫威公司政策的保护伞，在这 20 年中巧取豪夺了杰克·柯比、史蒂夫·迪特科及其他人作为漫画创作者应得的功劳。"这几乎是第一次在漫画创作的核心圈子外听到对斯坦的如此评价，但这也不会是最后一次。

　　柯比在谈到他与斯坦的合作时往往都是保持缄默或是含糊其词，有一天他终于忍无可忍。这位被称作漫画之王的人决定与格柏结盟一同向漫威开战，他甚至还免费为一部反对漫威的宣传漫画《破坏鸭》(*Destroyer Duck*) 贡献画作，这是格伯为其法律诉讼筹资而制作的宣传反漫威的漫画。在 1982 年的一次采访中，当谈及格柏时，柯比对他的前雇主进行了前所未有的抨击。他称漫威的漫画是"玩具广告"，并表示其公司结构决定了他们只会产出"二流"的创意。然后他开始谈到斯坦，尽管他说"我们是很好的朋友"并表示他们两个私交不错，但他也毫不含糊地声明那些创意的功劳都属于自己。"天哪，我想出的角色多得可以组成一支军队！"柯比这样说，"那些都是我创作的。怎么署名从来都不是我定的。这么说吧，我绝不会把自己叫作'快活的杰克'。我绝不会说这些作品是李写的。"他甚至说创作蜘蛛侠的人也是自己,在这之前蜘蛛侠的原创归属还从未被公开质疑过。

数月之后,柯比在接受《精神》(*The Spirit*)杂志威尔·艾斯纳(Will Eisner)的采访时,表现得同样直截了当。他在谈到创造漫威旗下的众多超级英雄时说:"我必须重新打造整个系列,我觉得那里没有人有足够资质做成这件事。所以我动手做了。斯坦·李只是我达成目的的一个媒介。"他还道出了漫威模式的黑暗秘密,那就是他才是真正创作故事情节的人。"斯坦·李不让我写对话框。斯坦·李不让我写人物对话,但我在面板下写了整个故事,"他指的是他写的描述性边注,"我从来没有向斯坦·李解释过这个故事。我在每格漫画下方写明故事,所以当他填写那些对话时,故事已经定型了。换句话说,斯坦并不知道这个故事在说什么,他也不关心,因为他在忙着当编辑。"对于真心热爱漫画的人,这些说法可能造成的打击之大无法估量。之前,你必须深入挖掘史实并做一些大胆的推断才可能相信,斯坦不是经典漫威故事的主要作者。而现在,创作这些漫画书的另外一人就站在这里,他告诉了全世界斯坦与那些漫画书上的内容几乎毫无瓜葛。借由斯坦建立起来漫威帝国,柯比是一个颇受大家信赖和尊敬的人物,所以他的话往往很有分量。

这种剑拔弩张的事态,很大程度上源于柯比推动了一个法律程序,想要取回他多年来为漫威创作的大量原创画稿。他并不穷困,但也算不上富有,而且基于他不断恶化的健康状况,出售这些珍贵画稿带来的收益对他未来的财务计划至关重要。漫威依然无情地坚持要竭力阻止画稿的归还,其他画家也开始陆续取回他们的作

第二部分 漫威先生

品,但漫威对柯比主张其拥有角色的合法版权感到十分紧张。据称,漫威利用柯比的画稿作为砝码,逼迫他签字放弃其他潜在的权利。1984年,据报道,他收到了一份长达4页的特殊协议,要求柯比如果想取回画稿就必须放弃索要其他权利。然而,当时的主编吉姆·舒特提出了不同的说法,称当时交给柯比的是一封同意归还原始画稿的标准格式的确认信,柯比想要的却是一份能让他拥有角色版权的特殊文件。不管真实情况是哪一种,柯比什么文件也没有签,自此和漫威陷入了僵局。用柯比的话说:"我没有与纳粹合作,我也不会与他们合作。"柯比一直在推动他的诉讼,他在1985年告诉一位记者,"无论哪部作品,我的作品总是由我自己来写。我从不找人为我代笔。人物角色也是我自己创造的,这是我一贯的做法。对我来说,这是做漫画的全部意义所在。"

同年,《综艺》杂志上登了一则广告,为即将面世的电影版"美国队长"[1]做宣传。广告中有一行内容写着"基于斯坦·李创作的漫威漫画人物改编"。柯比对此怒不可遏,他和律师出面要求漫威对此修正。由此,柯比开始把他夺回原始画稿的斗争公开化。在接受各种出版物,尤其是《漫画杂志》(The Comics Journal) 的采访时,他称漫威对他设置了层层阻挠,而解说员会指责斯坦选择袖手旁观,眼睁睁看着号称"创意之家"的漫威随意践踏没有得到合理回报的创意大师。"他们根本不想理会我,"柯比告诉《漫画杂志》的记者,"但我铁了心要斗到底;我觉得当他们真的需要我时我贡献了很多,现在这样也太忘恩负义了。这种行为像垃圾一样让人恶心。"

---

[1] 这部片子后来陷在制作阶段很多年,完成后在美国的发行也局限于录影带商店和有线电视网。

斯坦面对柯比的全方位攻击是什么反应？大多数情况下，是一种纡尊降贵的态度。"嗯，我觉得杰克已经失去了理智，"他这样告诉一位采访者，"杰克那时一直在家里画怪物故事，直到那天我打电话给他说：'我们来创作《神奇四侠》吧。'我认为杰克真的有点……我不知道该怎么形容。我不想说他的不是。我觉得有些事情是他想象出来的。"另一位采访者问斯坦，能否对柯比关于原创归属问题的说法做出解释。斯坦说："不，我真的不懂他在说什么。不管杰克现如今怎么说，我其实都不太理解。我的意思是，当我听他说这些话的时候，我只是觉得这是一个痛苦的人在信口开河，我感到非常同情。但我真的不知道他到底出了什么问题。"

这样的言论只会进一步刺激柯比。在一次采访中，他将斯坦比作巴德·舒尔伯格（Budd Schulberg）的小说《萨米为什么跑？》(*What Makes Sammy Run?*)中狡猾又邪恶的人物萨米·格里克（Sammy Glick）。而且，当被问及他是否会再次与斯坦合作时，他显得愤意难平，他说："不，不，永远不会了。这就像我不会和纳粹党卫军合作一样。"随后他提到了说他在"二战"期间，曾与纳粹准军事部队的成员有过接触的那个传闻。"我不可能和党卫军有联系。我试过跟人们讲道理。我曾经告诉他们说，'嘿，伙计们，你可不要相信这些胡扯'。可他们说，'哦，不，我们就是信'。他们对此深信不疑，好像被洗脑了一样。斯坦·李也是一样。他被灌输成这个样子，就这样一条道走到黑。他会因此在某些方面受益，但我想他也会因此在其他方面遭到失败。"

总体来说，斯坦确实败绩连连。他在很多次新闻发布会上都摆出一副胜利的样子，谈到了一连串他觉得能近期上线的真人影视项目：一部由电影《洛奇》（*Rocky*）中的卡尔·韦瑟斯（Carl Weathers）主演、卢克·凯奇（Luke Cage）导演的电影，一部由奥斯卡奖获得者斯特林·西利芬特（Stirling Silliphant）编剧的"夜魔侠"电视剧，一部由汤姆·塞立克（Tom Selleck）主演的《奇异博士》，一部"X战警"电影，一部"霹雳火"电影，一部由罗杰·科曼（Roger Corman）执导的"蜘蛛侠"电影，还有一部由安吉拉·鲍伊（Angela Bowie）饰演的超级间谍"黑寡妇"电影。这份项目清单似乎长得没有尽头，但它们都没有成为现实。在斯坦·李档案中有整整一个文件夹，里面装满了斯坦把其他漫威角色改编成电影或电视剧的计划，例如尼克·弗瑞（Nick Fury）、潜水人（the Sub-Mariner）、毁灭博士（Doctor Doom）等，但这些也都没有任何结果。与此同时，斯坦也在漫威之外筹划着他自己的项目，其中一些也留在了档案里。

例如，他为电影《迪卡侬 2020》（*Decathlon 2020*）写了一个故事大纲，讲述了一个未来世界，那里的生活"过于暴力，时刻面临死亡，几十年前让人们兴奋的体育运动已经没人感兴趣。足球、格斗、曲棍球、篮球，这些在 2020 年已经毫无刺激可言。只有一样是能让人血脉偾张的……迪卡侬 2020"。在这项比赛中，"参赛的运动员只有一个目标，杀死他们的对手！直到仅剩一人存活，其他人都死了，比赛才算结束！幸存者被称为世上最伟大的英雄"。这个故事有点像 1975 年出品的《死亡竞赛 2000》（*Death Race 2000*），这么想的人应该不止你一个，没有人去采纳这个计划。与此相反，斯坦还做出了一个有关儿童读物的计划，书名为《小爬爬》（*Creepies*）、《小小蜂》（*Beenie*），或是《精灵小虫》（*Gnorman Gnat*），故事的主角是"一群欢乐而温暖人心的小虫子"，但是这些设想也都走入了死胡同。

真正问世的多媒体项目，大多都不是成功之作。1986年，斯坦用了很多宣传招数大加炒作一部以"霍华德怪鸭"为主角的电影，这个由史蒂夫·格伯创作的漫画角色当时小有名气，但一旦他察觉这部电影没有卖座的迹象，他就会开始毫不犹豫地公开诋毁它。1986年11月，凯登斯工业公司把漫威卖给了从事电影制作和发行的公司"新世界影业"，但即使那让他受雇于一家电影公司，斯坦在好莱坞也没能走出困境。

　　斯坦还是能从他的社交生活中获得些许慰藉。最初他住在富人云集的比弗利山庄，后来住在好莱坞山的另一高端地区"鸟街"。斯坦和琼或是做东或是做客，几乎夜夜笙歌。斯坦会在席间笑着朗诵爱尔兰打油诗，而醉意微醺的琼则会放声高唱古老的民谣歌曲。曾任电视台主管的林恩·罗斯（Lynn Roth）是李一家的邻居，她在20世纪80年代初与斯坦和琼一起参加过很多派对活动。"如果要我把当时最深的印象画出来，那就是琼手里端着一个玻璃杯，每个人都笑得前仰后合，"罗斯回忆道，"琼喝着马提尼酒，她总是这样说：'啊——亲爱的！'他俩可有趣了，我会用这个词形容他们。他俩非常相爱，非常有趣。"罗斯说，斯坦和琼的社交生活很大程度上就是这些，"吃饭，聚会，讲笑话，谈政治。我觉得他们想时刻开心，而且非常能感染到他们周围的人。"罗恩·弗里德曼（Ron Friedman）的英国妻子瓦莱丽·弗里德曼（Valerie Friedman），对自己与琼之间的交往也有着类似的评价："我们会一起出去吃晚饭，她会喝得烂醉，而我不喝酒，她觉得我这一点很麻烦。她会给我唱放肆的歌或给我讲很过分的笑话，想让我破防，觉得我或许会和她一起疯，"瓦莱丽笑着回忆道，"她会表现得尺度很大。"1987年，琼出版了一本名为

《欢乐宫》(*The Pleasure Palace*)的情爱小说。据消息人士透露，此书可能是斯坦代笔或是他找其他人代笔的，以示他对琼的爱与忠诚。

制片人桑尼·福克斯（Sonny Fox）常年出现在斯坦和琼的派对上，还定期与斯坦共进午餐，他觉得斯坦是一个极度慷慨的人。例如，福克斯记得他70岁时，斯坦无法参加福克斯的生日派对，因此寄过来70本有他签名的漫画书。"斯坦就是那样。"福克斯回忆道，"他不会仅仅打招呼说，'对不起，我不能来'。他会做得有礼有节，面面俱到。而且他知道我喜欢什么。"档案中有很多那个时代的家庭录影，其中许多画面看起来像天堂般美好，可以看到这位前漫画作家斯坦和他魅力四射的妻子在他家的阳台上俯瞰洛杉矶，尽享奢华生活，身边围绕着面带笑容、喜气洋洋的朋友们。

有一个人没有出现在那些朋友聚会的录影中，那就是JC。她有自己的社交生活，平日主要住在玫瑰树大道（Rosewood Avenue），那里有斯坦为她买的一栋小别墅，离斯坦自己的住所不远。她在家里养了些狗，并制作艺术工艺品：把一些抽象图案和报纸上的文字相结合做出的挂毯画，她称之为"报纸布"，还有一些手工木制品，其中许多是十字架。她会邀请很多各式各样、特立独行的洛杉矶人来家里举办热闹的派对。摄影师哈利·兰登（Harry Langdon）在她从事艺术创作的这段时间内与她相识，并立刻被她和她的作品迷住了。"她是一位完美的画家、艺术家和多才多艺的人，"他回忆道，"我们一起玩得很开心，过着一种非常简单、非常'波希米亚式'的生活。"

兰登觉得那些"新闻布"尤其让人惊艳，他把它们挂在他的工作室里作为装饰。他当时说："哎呀，JC，这些东西可值一大笔钱。""可是她把这些单纯看作艺术作品，从没想过出售，只是想展示出来，"兰登记得 JC 曾经以大约 5 万美元的价格卖了一幅挂毯，但几乎马上就反悔了，"她有点失落，好像那是她生的孩子。她想把它要回来。最终，她给了买家一笔钱，把画又买了回来。"

JC 多少还是会定期和父母一起共度一些欢乐时光，档案中许多节日派对、亲子游玩的录影就是证明。有一段影片是斯坦拍摄的，JC 站在泳池边，想要讲一个关于在面包店买月亮饼干这样一个不知所云的故事，有些不耐烦的斯坦打断她："道晚安吧，格雷西。[1]"还有一盘录影带的标签上写着"1986 年圣诞"，这让我们得以目睹那年的圣诞派对，画面中的琼和 JC 仿佛是一对好朋友，一起唱着各种各样的圣诞颂歌，斯坦在给她们拍录像。彼时 JC 那个英俊无比但不知所措的未婚夫在一旁看着，我们只知道他的名字叫唐，且他们的关系并没有持续多久。1986 年的圣诞录影中还有一段，JC 送给了她父亲一瓶昂贵的古龙水，于是斯坦自嘲说："我一向只用 3 美元的'老香料'[2]。这个女孩可能花了 800 万美元，买了一瓶对我来说没什么区别的化妆品。"琼收到了很多奇奇怪怪的礼物，包括一个瓮盖、一个猪造型的大尺寸雕像和一块形状像大众甲壳虫汽车的手表，所有这些都是她喜欢的。在这些录影带中，JC 一直毕恭毕敬地称呼她的父亲为"爸爸"或"当代传奇人物"，并一直在及时整理自己在镜头前的仪容。

---

［1］ 译者注："Say good night, Gracie"，是美国喜剧夫妻档组合乔治·伯恩斯（George Burns）和格雷·西艾伦（Gracie Allen）在 1958 年的剧目名称，同时也是该表演的结束语，后被人们用来以戏谑的口吻停止一场不知所谓的对话。

［2］ 译者注："老香料"（Old Spice），一款除汗臭喷剂的品牌。

第二部分　漫威先生

然而，在录影带中也能发现一些蛛丝马迹，透露出 JC 和她父母关系中的阴霾。在琼的 65 岁生日派对上拍摄的一盘录影带中，琼对着镜头说："今天，在我 65 岁生日的这一天，我对我的女儿很生气。"她没有说出详细原因，但口气听起来非常严肃。斯坦和 JC 之间的紧张关系则更为明显。斯坦经常打断他的女儿，似乎从来没有对她要说的话感兴趣，且经常因为她喜欢炫耀而加以责备。在一段影片中，JC 说："爸爸很忧郁，因为妈妈刚刚在大喊大叫，他不喜欢妈妈那样咆哮。在他和我妈妈的生活中不会有这些喊叫，但有了我以后呢？ 当我在的时候……"她的声音越来越轻，语焉不详。在关于 JC 个人的才华和事业成功问题上，斯坦和 JC 之间的气氛似乎更为紧张。我们可以从 JC 在另一段录影的结尾处说的话中体会若干，她神秘兮兮地说："好吧，我马上要关掉摄像机了，听着，全世界的人，你们都犯红眼病去吧，他是我的爸爸，不管他怎么说，我永远是他的头号拥趸者。我有他的基因，我才是他完完全全的继承者。不要仅仅因为我没有像他一样赚很多钱，就说我没有他那样的才华。"在另一段录影中，我们看到斯坦坐在椅子上，JC 躺他身上，他们的对话从录影开始时就已经进入主题，但依然给人以触动。

"亲爱的，事情发生了你就要接受。"斯坦对 JC 说。

"我需要帮助。"她回答。

他继续他的建议，说："就像我一样，我遇事都是顺其自然，这也是做人了不起的一部分。"

她看上去垂头丧气的，咕哝着说："可我一点也不厉害啊。"

至少据兰登推测，有一个因素可能导致了斯坦和 JC 之间的关系恶化。他回忆道："我说，'JC，你父亲如何看待你的这些创作？'她说，'你知道的，他总是觉得失望'。我觉得斯坦可能希望她会有像萨尔瓦多·达利（Salvador Dalí）那样的创作才华。"兰登继续说道，"我的感觉是，JC 一直想作为一名艺术家获得父亲的认可。希望父亲认为她是一个有价值的创作者，会站在身边支持她。"然而，斯坦固执地认为 JC 完全是依靠他才免于穷困潦倒。"JC 是他们生活中的烦恼，"洛施叹息着，"斯坦总是在为他的女儿感到忧心，想要帮助她、让她开心，但这似乎一直是个难题。"

1989 年 5 月 7 日，斯坦在悄无声息中迎来了一个里程碑：他的首次银幕客串。那天晚上 NBC 电视台播出了电视长剧《无敌绿巨人的审判》（*The Trial of the Incredible Hulk*），作为老版真人电视剧《无敌绿巨人》（*The Incredible Hulk*）的续集。此剧由明星导演比尔·比克斯比（Bill Bixby）执导，斯坦在剧中出演一个沉默的陪审团成员。当绿巨人在法庭上横冲直撞时，斯坦坐在那里，显出非常恐慌害怕的样子。[1] 斯坦一句台词也没有，但他终于有机会在屏幕上露脸，让这位 66 岁的前漫画大师很是高兴。几个月后，他还在《布偶宝贝》（*Muppet Babies*）中出演他本人，再后来是他在拉里·科恩（Larry Cohen）1990 年出品的喜剧惊悚片《救护车》（*The Ambulance*）中客串，这是他客串的第一部院线电影。

影片故事讲述了由新秀演员埃里克·罗伯茨（Eric Roberts）饰

---

[1] 就担任的角色分量而言，柯比可比斯坦强多了：早在 10 年前，这部剧的制作人就让那位"漫画之王"在剧中扮演了一位警方画像师。

第二部分　漫威先生

演的漫画家试图查明一辆神秘救护车背后的阴谋，斯坦被选中扮演罗伯茨的老板，一位漫画编辑。科恩和制片人罗伯特·卡茨（Robert Katz）都是漫威迷，在与斯坦一起经历了数次失败的项目之后，科恩直接打电话给斯坦邀请他加入这部电影的制作。斯坦欣然接受了邀请，他没有带随从，独自来到了片场，然后他发现在那些演员和工作人员面前他根本算不上名人。卡茨回忆说："大多数人都不知道他是谁。"在助手肖恩·艾恩斯（Shaun Irons）的请求下，斯坦还在一部零成本、吸血鬼题材的惊悚片《颈间美酒：血族史诗》（*Jugular Wine: A Vampire Odyssey*）中客串扮演了一位教授，肖恩·艾恩斯是这部电影的导演布莱尔·墨菲（Blair Murphy）的朋友。墨菲表示："他非常有意思，非常有趣。他会走出来说，'我是任何镜头都一遍就过的李，他们都这么叫我'。斯坦表演时是这样的：我们给他台词，然后他都会积极认真地去表演，就是这样。"

即便斯坦为自己能在这些电影中出演而感到些许欢喜，他自己公司的电影作品仍然乏善可陈，让人高兴不起来。1989年，著名金融家罗恩·佩雷尔曼（Ron Perelman）收购了漫威的母公司新世界，这让公司的漫画业务出现了转机，但他和包括斯坦在内的众人，并没有扭转漫威的电影业务烂片层出不穷的糟糕局面。有一部由道夫·龙格尔（Dolph Lundgren）主演的蹩脚电影，取材于漫威的一个义警"惩罚者"（the Punisher）（由杰瑞·康韦和老约翰·罗米塔在70年代创作，但是斯坦给他起了这个绰号），此片基本没有遵从漫画的场景设定，并且几经波折之后最终在美国直接进入了录像带市场发行。还有一部"美国队长"电影，由J.D.塞林格（J. D. Salinger）的儿子马特（Matt）主演，也遭遇了同样的悲惨命运。自从斯坦来到西海岸开创事业，漫威在好莱坞的声誉一直在走下坡路。然而，他们没有停止步伐，继续努力制作电影，而且有一位重量级电影制片人差一点与漫威达成了合作，如果成功，将帮助整个漫威企业在电影界获得认可。

斯坦曾经与《终结者》(The Terminator)和《异形》(Aliens)等热门影片的导演詹姆斯·卡梅隆(James Cameron)取得了联系，两人见面商议由卡梅隆与他的搭档凯瑟琳·毕格罗(Kathryn Bigelow)分别担任制片和导演来制作一部"X战警"的电影。斯坦欣喜若狂又紧张不已，他带着《X战警》的作者克里斯·克莱蒙特(Chris Claremont)一起参加会议来帮助他敲定这项计划。据克莱蒙特所说，正当很快就能达成一致时，斯坦无意中让所有的努力付诸东流。克莱蒙特回忆道："斯坦说了一句很神奇的话：'我听说你喜欢蜘蛛侠，'当时卡梅伦的眼神就好像在说'哇哦，太喜欢了'"。于是瞬间斯坦和卡梅隆开始谈论起关于"蜘蛛侠"的电影，似乎忘记了原本的议题。克莱蒙特说："卡梅隆说，'我会亲自写剧本并指导，我会让最棒的团队来做这个项目'。房间里的其他人只能眼睁睁看着'X战警'的计划灰飞烟灭了。"事实证明这是一个战略错误。尽管斯坦之后又花了数年时间，想促成与卡梅隆一起拍摄"蜘蛛侠"电影的计划（两人关系非常亲密，卡梅隆甚至还来参加过斯坦和琼的圣诞派对），但"蜘蛛侠"的电影制作权问题要比"X战警"复杂百倍，卡梅隆最终因为版权存在诸多法律纠葛而选择了放弃。

更糟糕的是，佩雷尔曼(Perelman)开始出售新世界公司的一部分，这让斯坦有点紧张，于是他开始了名为"漫画大师"(The Comic Book Greats)的个人项目，以录像带形式发行。斯坦在节目中担任主持人，他邀请很多资深或年轻的漫画家来工作室聊天，并让他们在镜头前作画，斯坦则在一旁滔滔不绝。自从1968年那次尝试脱口秀失败以来，他已经经历了很长一段时间的成长：他举止优雅、精力充沛、机智敏捷，对摆出笑脸迎人的姿态已经驾轻就熟。侃侃而谈的斯坦与许多在现场表现得拘谨木讷的采访对象（其中许多人在漫画界要比斯坦有名望得多）形成了鲜明的对比，这让我们看到了斯坦的个人魅力，也使他在很大程度上依然是该行业的代表人物。然而，斯坦偶尔也会暗示自己的短处。在一段与《时代漫画》和《疯狂杂志》(Mad)的资深漫画人哈维·库兹曼（Harvey Kurtzman）一起拍摄的录影中，当斯坦建议他们走到画板前时，一直对斯坦怀有相当怨恨的库兹曼说："就像以前一样。"声音里带着一丝恼怒。斯坦则抢过话头说："就像过去一样啊，活你来干，功劳是我的！"库兹曼丝毫没有被逗笑。

　　与此同时，在漫威制作公司有所斩获的一个领域——儿童卡通片方面，斯坦正竭力想去分一杯羹。一直到90年代初，这些成功的影片完全与漫威角色无关。当时为漫威制作公司工作的动画片剧作家约翰·森珀（John Semper）回忆道："要知道，在那个时候，漫画还很难作为一种资产被推销出去。不管你去问好莱坞还是电视台，周六早上播放卡通片怎么样？回答都是'不感兴趣'，所以，没有人真的理睬斯坦。"直到1990年，事情才有了突破。洛施离开了漫威，去福克斯电视网的儿童片部门担任主管，因此她有很多机会和之前的下属进行合作。在漫威新任总裁里克·安加（Rick Ungar）和玩具执行官阿维·阿拉德（Avi Arad）的协调下，洛施获得批准制作一部X战警动画片，而后者与人合伙经营的公司"玩具屆"（Toy Biz）与漫威签有一笔大生意。

然而，恰恰是这部系列剧证明斯坦自身在很大程度上并没有发挥什么作用，自从在70年代初不再担任编辑以来，他就没有关注过漫画。当编剧里克·霍伯格（Rick Hoberg）和埃里克·勒瓦尔德（Eric Lewald）与斯坦会面讨论一些他们关于这部动画片的点子时，"我们意识到他对我们讨论的剧中角色一无所知。"霍伯格后来说。当进入制作阶段时，斯坦试图参与其中，但发现自己基本上被边缘化了。"会议室里的人太多了，斯坦在那些会议上不太说话，"阿拉德回忆道，"当他赞同时会点头，如果他有疑惑就会左右摆头。"有一次，斯坦试图让自己成为剧中明星之一。"他想担任剧中的旁白和解说，实际上就是把这部剧变成《斯坦·李的X战警》。"勒瓦尔德回忆道。正如霍伯格所说："幸好最后没有付诸实际。我并不觉得他当时真的了解我们在讨论的东西。"

不久之后，福克斯儿童台开始制作蜘蛛侠卡通片。阿拉德希望斯坦也能够参与其中，因为蜘蛛侠是斯坦的标志性角色之一，但斯坦表现得似乎不太情愿。森珀回忆道："那个时候，动画对他来说并不算非常有吸引力。"斯坦为这部剧的前13集提供了一些指导和备注，但即便如此，他做出来的东西也算不上一流。森珀记得，有一天斯坦来找他说："我们应该在剧中设计一本蜘蛛侠日记，开头应该这样，蜘蛛侠说，'我永远不会忘记与绿魔战斗的那一天'。"森珀对自己儿时的偶像有点失望，"我说，'问题是，那样的话我们就知道他还活得好好的，故事就完全没有悬念了'。"

斯坦动画生涯中的一个亮点出现在之后关于其他漫威角色的两季卡通片中，这两季被称为《漫威行动时间》（*The Marvel Action*

第二部分　漫威先生

Hour），第一季的内容是由斯坦的朋友以及在很多失败的漫威电影项目上合作过的罗恩·弗里德曼（Ron Friedman）撰写的。在弗里德曼的要求下，斯坦担任了此剧的旁白，并给每一集做真人开场叙述。"我尤其希望斯坦来做开场叙述，因为每一集都有那么多人物，对孩子来说，很难与那些角色产生共鸣，"弗里德曼说，"所以我想要有一种力量去建立这种纽带，斯坦就是这种力量。"漫威的公司高层也仍然将他视为一种凝聚力。1994年，他与漫威签了一份新的终身合同，尽管他的工作角色基本仅限于参与源源不断的宣传营销和采访活动。

斯坦在好莱坞面临的关键问题之一，正如漫威电影经纪人唐·科帕洛夫（Don Kopaloff）后来评论的那样，就是"像缺了劳雷尔的'劳雷尔和哈迪组合'[1]一样"。斯坦固然拥有大众的认可，但他失去了让漫威走向成功的创造力源泉：柯比。柯比与漫威的纠纷历经艰难最终达成了一项解决协议，数百页原画稿被归还柯比，且没有逼迫他放弃声讨原创所有权，但是，还有许多画稿仍然下落不明（甚至有传言说斯坦把它们藏在某处的储物柜中），而让漫威自愿公开承认柯比是那些作品的原创作者，这几乎是不可能的。如果没有柯比，斯坦可能根本不会成为一个名人，但除了偶尔在媒体上冷嘲热讽一番，斯坦完全没有踏足柯比与漫威的这场战斗，当然更没有为柯比辩护半分。

"我相信他本可以为柯比做得更多，"前漫威主编舒特说，"对迪特科，还有其他一些人来说也是如此。但他一直采取低头回避的

---

[1] 译者注：劳雷尔和哈迪组合（Laurel and Hardy），美国1920—1940年间红极一时的喜剧双人组合，在好莱坞电影的早期阶段占有重要地位。

态度，不想给自己带来任何风险，也不想在任何问题上站错队。他没有为他们出手即使他完全有能力。他是斯坦·李，他有超级大的影响力，他本可以帮忙解决很多问题。"但这样做并不符合斯坦的性格，"舒特说："斯坦不是个斗士。"在经历了几十年的争斗和功劳被抢夺之后，柯比心里如何看待斯坦，这一点并不太清楚。另一方面，他在接受1989年《漫画杂志》的采访时却发表了很多愤怒的言论。据柯比的助手兼朋友史蒂夫·谢尔曼（Steve Sherman）所言，柯比从来没有让在采访中泄露的愤怒压倒自己。"一旦采访结束，他就把这些忘了，"谢尔曼说，"这事对他来说实际上没有那么重要。"

1994年2月6日，柯比在家中因心脏病溘然离世。关于他与斯坦之间最后的交往，有很多各不相同的报道。一位漫画记者在1986年的一次研讨会上采访了柯比，这位"漫画之王"告诉他，他昨天刚与斯坦握过手，但他仍对他的前任搭档持负面看法：

> 我不明白划分工作范畴有什么难的，因为这事只有斯坦和我知道，没有别人知道，如果斯坦从他的藏身处走出来把事实告诉全世界，一切问题就都解决了。这事一点也不复杂，他和我心里都很清楚。但这个问题不会得到解决。人是不会变的，也无法改变，事情走到这一步已经为时已晚，不论做人做鬼都只能继续各走各的路。斯坦的一举一动我都可以猜到，但我知道我无法改变斯坦。他说他的，我说我的。我可以和斯坦握手一直到世界末日，但这不会解决任何问题。一切都会照旧。

第二部分　漫威先生

另一方面，两人曾在1989年的圣地亚哥动漫展上偶然相遇，据一位目击者回忆，"他们热情地互相问候、拥抱，像久违的朋友一样聊天"。舒特回忆起斯坦和柯比在后者离世前不久曾一起参加漫威公司的派对，当时两人"相处真的很融洽"，并都邀请对方来自己家中做客。据称，斯坦随后建议他们再度合作，柯比还没来得及回答，他的妻子罗兹就大声说："别说了。"斯坦曾经说他还在1993年的圣地亚哥动漫展上遇到了柯比，柯比对他说，"斯坦，你没有什么可自责的。"柯比的另一位助手兼传记作者马克·埃瓦尼尔（Mark Evanier）则对这种说法进行了激烈的驳斥。"那个会展上的故事绝对没有发生，"他说，"他们的确在温和地对话，互相交谈，但杰克绝不会认为自己没有遭遇不公。"

埃瓦尼尔说，当柯比的家人在准备族长的葬礼时，斯坦就担心自己在葬礼上不受欢迎，这可以埋解。埃瓦尼尔向他保证罗兹会欢迎他出席。埃瓦尼尔告诉我说："不管怎样，斯坦还是来了，他坐在后排的位置。有些出席葬礼的人事后告诉我，他们对斯坦颇为冷淡。还有些人好像还冲他说，'你不感到羞愧吗'？"于是葬礼仪式一结束斯坦就直奔出口，埃瓦尼尔追了上去，看到斯坦跳进了他大众兔牌汽车[1]离开了，车牌号码是"MARVELCMX"。据埃瓦尼尔说，几天后，他打电话给斯坦谈到了此事。"他说：'天啊，我希望我能留下来。但我想我不受欢迎，我能感受到我不受欢迎。'"埃瓦尼尔回忆道，"我说：'斯坦，如果你想对柯比一家表达一下悼念之情，你们为什么不给罗兹一份养老金呢？对你们来说只是一小笔零

---

[1] 译者注：即初代大众高尔夫系列车型。它和欧洲的大众高尔夫系列其实是同款汽车，只是在北美地区销售时被称为"兔子"，并增加了小兔子标志。

头，而且不用从你的口袋里掏出来。'他说他会去想办法。这事后来成了。我不知道斯坦从中出了多大力，但这事确实成了，罗兹拿到了养老金。"在接下来的15年时间里，斯坦和柯比家族之间的争端归于平息。虽然斯坦和柯比的关系画上了句号，另一段对斯坦的人生同样影响深远的关系正在形成。

斯坦之后一直发誓说他是在90年代初遇到了彼得·保罗（Peter Paul），当时保罗正在与男模法比奥（Fabio）合作，而法比奥想在一部电影中扮演雷神索尔，但这些显然与事实不符。他们其实是在1989年相遇的，当时保罗正在物色一个对年轻一代有影响力的人。那时候的保罗是美国精神基金会（American Spirit Foundation）的负责人，这是他与著名演员吉米·斯图尔特（Jimmy Stewart）在那一年合作成立的，算是某种慈善组织。他们初期的目标是"利用娱乐产业的领导力、创造力和资源，开发、应用创造性的解决方案以应对美国面临的重大挑战"。保罗回忆道："目标之一是利用娱乐产业的资源来帮助处境不利的青少年。"这意味着要找到一个对孩子们有影响力的人。

保罗曾担任穆罕默德·阿里（Muhammad Ali）的顾问，帮他解决各种问题。阿里把保罗介绍给了热门歌曲《最伟大的爱》（*The Greatest Love of All*）的作曲者迈克尔·梅塞尔（Michael Messer），梅塞尔又把他介绍给了斯坦。保罗说："我成年之后就没看过漫画书，于是我开始研究斯坦，很明显他是这个职位的理想人选，因为他能和那些不愿搭理成年人的青少年建立联系，只有他具备这种独特的能力。斯坦对在吉米·斯图尔特创办的基金会中担任主席一职很感兴趣。因为斯坦热衷于和名人来往。"于是保罗任命斯坦为基金会主

第二部分　漫威先生

席，这个职位的主要任务是吸引喜爱漫威的年轻人，还有就是在庆祝晚会上向前总统罗纳德·里根（Ronald Reagan）这样的名人颁发基金会给予的奖项。这些事情斯坦都能从容不迫地做好。"就这样，从1989—2001年我们一直有交集，在交往中发现彼此志同道合。"保罗说，"就好像我被他和琼收为养子了。"其实他们一度真的差一点成为一家人了，"在我们交往的初期，他曾问过我是否愿意和他的女儿约会，于是我和她约过一次会，"保罗笑着说，"后来我告诉他，就算把全宇宙的钱都给我，也不能让我继续和她约会。"

虽然保罗关于自己经历的描述很多内容似乎都有点荒诞不经，但有大量文件证据表明，他与李氏夫妇关系密切在很大程度上是事实。在档案中，有保罗为斯坦和琼拍摄的录影带，从中可以看到他们与保罗及其妻子安德里亚一起狂欢和聊天。"曾有段时间，我每周五晚上都和他们一起度过，大部分时候都是这样。"保罗说，这两对夫妇会在琼和斯坦家的二楼以喝酒开始过周末。"琼会做些开胃小菜，他们会喝很多酒。"保罗告诉我。我说那肯定是琼喝了很多酒，因为据说斯坦几乎滴酒不沾。保罗笑着解释，"他也会喝一些的，然后琼会撒酒疯，呵斥斯坦，她会冲他说一些让人颇为窘迫的话，而斯坦只是微微笑着。他居然让她这样由着性子来，真是让人惊讶。"

在1996年的一盘录影带中，我们看到了醉醺醺的琼在另外3人面前高谈阔论，他们在谈论非裔美国人使用一种被称为"黑人英语"（Ebonics）的不正规英语，这是当时的一个热门话题。琼反对在学校里说这样的英语。"我们的学校教育没有教会这些黑人孩子如何正确说话！"她大喊道。尽管如此，她还是承认黑人的说话方式有其可取之处，"我知道他们说话很有韵律感，"她说，"我们生活的这个世界愚蠢可笑、疯狂失智，但至少还有那些黑人在享受语言的韵律，自从他们的祖辈开始就是这样。"这时斯坦插话说："我要说的是，黑人一贯有他们自己的说话风格，如果学校开始教黑人英语的话——"琼打断了他，继续大声说道："如果你能做到好好听别人说话，别摆出斯坦·李的架子……"她一边说，一边努力控制住思绪并平静下来。即便如此，两人仍然非常相爱，他们会长篇累牍地谈论如何用一种只有他们两人懂的秘密语言交流，那都是一些胡编乱造出来的词，只会在他们彼此间使用，例如"喊里咔嚓"（"kit-chamonga"）和"驴砸"（"donka"）。

然后录像切换到大家一起吃晚饭的场面，有一位保姆在服侍他们。斯坦和保罗反复拿一些名字谐音说笑，而后保罗接着开始讲述他与穆罕默德·阿里（Muhammad Ali）的友谊，而斯坦聊了聊他与心理学家乌里·盖勒（Uri Geller）的鸿雁往来。他们还开玩笑说，保罗即将出生的孩子可能会被取名为斯坦·李·保罗。斯坦还说："即使和彼得相识一万年，每次碰见他，你都会对他有新的认识。你是全世界最了不起的人，真的。"显然，两家的关系十分紧密，只是JC处于这层关系的外围。保罗说，斯坦和琼还是保罗一个女儿的教父教母，洗礼当晚，大家都来到JC家里吃晚饭。保罗说："JC无法忍受的事情有两件：第一，我和安德里亚结婚了，她心存芥蒂。更让她不开心的是，她的父母很喜欢我们生的孩子。"据他所说，JC冲他们发了一通火，这让初为人母的安德里亚流着泪离开了。"大家都很尴尬，"保罗说，"所以我们后来就很少与JC有来往了。"

李和保罗两家在聚餐开派对之余，也在为李谋划更宏大、美好

第二部分　漫威先生

的前景。自不必言,这也是为了保罗的前景。斯坦渴望这一切,他从不放弃通过保罗与名人结交的机会。90年代初,保罗担任法比奥的经纪人,帮助他从模特转型成为多栖偶像,事业取得了长足发展。1995年春天,保罗带斯坦去演员乌比·戈德堡(Whoopi Goldberg)家中参加法比奥的生日派对,他的目的无疑是让斯坦与名人面对面接触,从而建立一些人脉。从录像带上可以看到,这场生日派对的欢乐气氛还未散尽,就切换到另一段录影,斯坦坐在他位于新世界大楼的办公桌前看着镜头,他在为戈德堡录制一段视频信息。"嗨,乌比!"他说,"很高兴在生日派对上见到你,是法比奥的生日派对。你可能记得,我们聊过我大概可以想出一些点子让你来扮演超级英雄。你想要有超能力的角色。嗯,我有3个小设想。"

然后他开始谈那些可能符合乌比内心期待并可能被拍成电影的角色。首先想到的是"费米宗"(Femizon)[1],一位女侍应生喝了某个古怪的药剂师调制的药剂后,获得了超自然的力量。接下来是"切丝蒂·琼斯"(Chastity Jones),一个由外星父亲和人类母亲生下的后代,她对男性拥有不可抗拒的性吸引力(斯坦说:"每个女性都想要这种力量!")。最后是"巴德女孩"(Baaad Girl),她是撒旦让一个女人受孕后生下的孩子,她的任务是将人类灵魂带入地狱,然而她违抗父命,爱上了人类族群。以上这些设想最后都没有任何结果,但保罗说他一直在为斯坦做此类的中间人,他把斯坦介绍给了史蒂文·斯皮尔伯格(Steven Spielberg)、罗恩·霍华德(Ron Howard)和其他耀眼的名人。据保罗说,他一次又一次试图把斯坦从漫威中

---

[1] 译者注:漫威人物,取材自亚马宗女战士。

"解脱"出来。"我在1997—1998年间拜访了每个工作室,和每个负责人都谈过,华纳兄弟的鲍勃·戴利（Bob Daly）,福克斯的比尔·米卡尼克（Bill Mechanic）,还有迪士尼的米歇尔·艾斯纳（Michael Eisner）。"没有人感兴趣。就像保罗描述的那样,斯坦"实际上被降级到新世界公司的'扫帚间'了,他没有做出任何成果"。

这或多或少就是事实。漫威陷入了混乱,而斯坦则被抛在了一边。漫画市场在1995年一落千丈,这导致漫威在第二年按破产法第11章申请破产保护,从而让阿拉德和Toy Biz公司的合作伙伴艾克·珀尔穆特（Ike Perlmutter）控制了整个漫威公司。珀尔穆特把斯坦视为无用的过时之人,虽然阿拉德对斯坦的创造力仍抱有敬意,但他明白,斯坦之所以还能待在漫威,更多的是得益于公司契约上的善意。

"在斯坦职业生涯的那段时期,他实际上是一个无兵之将。"在这危难之际成为漫威执行副总裁的希瑞尔·罗德斯（Shirrel Rhoades）说,"他有时会给我们一些建议,不过那并不都是些好建议……我觉得他很沮丧,因为他没有很多事情可做,并且被排除在创作流程之外。"罗德斯记得有一件特别的事情,从中可以看出斯坦和当时的管理层之间关系状况,他说这件事发生在罗德斯、斯坦、阿拉德和漫威主席斯科特·萨瑟（Scott Sassa）的一次会议上。斯坦说他一直在和出演《老友记》（*Friends*）的演员大卫·修蒙（David Schwimmer）[1]沟通,建议漫威应该和他合作。罗德斯回忆道:"参加会议的大多数人认为,大卫·修蒙缺乏魅力,还有点滑稽。阿维和斯科特坐在斯坦的两边,他们一致认为漫威不应该和修蒙合作任何项目,

---

[1] 编者注:即《老友记》中的罗斯,曾获1995年艾美奖最佳喜剧类男演员提名。

他俩还伸出手在斯坦的头顶上方击掌。"

斯坦时不时地还会参与漫威的漫画制作，其中一次还赢得了广泛赞誉：1988—1989年间，他与具有传奇色彩的法国画家莫比乌斯（Moebius）合作，创作了一个分成两部分的"银影侠"故事，该作品至今评价颇高。然而，其他作品都归于彻底失败。他还认为引入一个全新的以真人（最好是西语裔）为模板的超级英雄可能会很有意思，会对西语裔读者产生吸引力。于是他与模特杰基·塔瓦雷斯（Jackie Tavarez）取得了联系。他们一起构思了一个被称作"夜猫"（Nightcat）的角色，起先是歌手，后来成了犯罪斗士，而其作为普通人的身份就是以塔瓦雷斯为原型的。她被画到漫威漫画中，甚至还录制了一张她的个人主题曲专辑随附漫画书发售，但这些努力都未能激起什么反响，很快就被扫进了历史的垃圾箱。

而说到垃圾箱，斯坦一直在构思一部漫画，主角名叫"破坏"（Ravage），是一个来自未来拥有超能力的清洁工。在1990年前后的某个时候，漫威编辑汤姆·德法尔科（Tom DeFalco）对这个构思提了一些大刀阔斧的建议。史蒂夫·迪特科为漫威做了几年签约作者（但他一直拒绝画"蜘蛛侠"或"奇异博士"），这有点不可思议，而德法尔科认为可能是时候把大家重新组织起来了。于是他委托编辑吉姆·萨利克鲁普促成斯坦和迪特科合作创作《破坏》（Ravage）。斯坦是个很容易被劝诱的人，但萨利克鲁普估计说服迪特科会比较困难，当萨利克鲁普在纽约的漫威办公室对这位深居简出的画家说出这个建议时，对方居然很快接受了，这让他有点惊讶。"我说，'斯坦·李正在构思一个新角色，他想和你碰个面一起做这个项目'。然后双方都沉默了一会儿。"萨利克鲁普回忆道，"我所能想象到的是，史蒂夫头上有一个内心独白框，上面写着：'我就知道，他会灰溜溜爬回这一行的。'当然他没有真的说出那样的话。他只说：'好吧，那，我什么时候来？'"

他们就这样约定了碰面，斯坦飞回了他出生的城市，与他最棒的合作伙伴之一会面。萨利克鲁普说："实际上他们两人相互钦佩，可能斯坦表现得更明显一些，但也可以看出史蒂夫对斯坦抱有敬意，有兴趣再次与他合作。关于构思那个来自未来的清洁工角色，斯坦做了一番解说，史蒂夫并没有嗤之以鼻，他的态度很有礼貌。"但是他们的讨论却陷入了一个僵局：斯坦希望塑造一个荒芜颓废的未来世界，但迪特科希望他们创造的未来世界是积极和充满希望的。"斯坦觉得这样讨论下去可能不会有进展，他是个缺乏耐心的人，他不想继续浪费时间了，于是他决定提出一个孤注一掷的建议。萨利克鲁普说："斯坦对史蒂夫说，'要不我们再做一部蜘蛛侠图像小说吧？做最后一个蜘蛛侠故事，你和我。我们会大赚一笔！一定会很棒'。史蒂夫的回应一如既往有礼有节，可是这一次他拒绝了。他说，'我不像以前那样对蜘蛛侠感兴趣了，这事我没法做'。"他们就此互相道别，此事告终。每个人都空手而归。《破坏》最终以"漫威模式"创作，由作家兼画家保罗·瑞恩（Paul Ryan）执笔，出版时被命名为《破坏2099》（*Ravage 2099*），但这部作品并不成功，在出版了几期之后斯坦就离开了这个项目。

在20世纪90年代中期，斯坦又构思了一个全新的漫画书系列，取名为《精益求精漫画》（*Excelsior Comics*），里面的角色都是由他自己创造的，这次无可争辩都是他自己的原创，并且斯坦将担任制作过程中的监督工作。"我明年将推出一个名为'精益求精漫画'的

第二部分　漫威先生

新系列！"斯坦在一次网络采访中宣布。在互联网时代早期有很多在网络聊天室进行的采访，斯坦有时会使用他在美国在线（AOL）注册的网名"Smilinstan"（他的个人电子邮件地址是 COMBKMAN@aol.com）。在上述那次网络访谈中，他提到了很多漫威在当时富有争议的做法：作品的连续性十分混乱，游走于道德灰色地带的极端暴力画面，同一本漫画会有多种用以收藏的"变体"封面。他批评了这些以示友好的做法，并写道，"我承诺，一本杂志只有一个封面，有很强的可读性，实打实的英雄，实打实的恶棍，有很多动作场面。你甚至不用从 100 期前看也可以看懂故事！"

他招募了一些一流人才来做这个项目，其中包括新晋作家库尔特·布西克（Kurt Busiek）。斯坦和布西克有过一次会面，后者起先因为受邀与传奇人物斯坦·李一起工作而满心喜悦，但很快就变成了满腹沮丧。"他想让我创作的角色叫作欧米茄（Omega），这个角色可能是一个贬至地球的天使，但斯坦一直不想以任何方式确认这一点。"布西克回忆道，"给我的印象是当时已经差不多是 1995 年了，而斯坦对这个行业的见地才刚刚进入 1986 年。"参与《精益求精》漫画的创作者普遍担心整个项目会"出师未捷身先死"。布西克回忆道："这些东西给人的感觉已经落伍，也与斯坦的个人品牌风格不符。当斯坦不在场时，创作者们才会吐露一些实话：我们都担心这个系列会显得很过时，并且它也不会让人联想到斯坦在 20 世纪 60 年代的作品。"

即便如此，他们也不认为自己可以说上什么话。据布西克回忆，当他向斯坦的项目副主编罗伯·托克（Rob Tokar）表露他的担忧时，托克回答说："这是斯坦的项目，这就是他想要的结果，我们没法去如实地告诉他,'斯坦,你错了'。这个项目是斯坦赢得了各方信任才得以付诸实施,所以他会按照他的想法做下去。"渐渐地,从《精益求精》漫画项目传出的消息越来越少。他略带伤感地说:"我预感到这个项目不会成功,当它最终被终止时,我甚至感到有点如释重负。"鉴于斯坦在漫画界的声望不断下降,也难怪《漫画杂志》在1995年用整整一期刊登了很多文章来描述他职业生涯的波折,其中有些标题为《斯坦·李的两幅面孔》(The Two Faces of Stan Lee),还有《来个彻底了断:到底谁是漫威真正的创作者?》(Once and for All, Who Was the Author of Marvel?)。透露一下:他们在文中给出的答案不是"斯坦·李"。

在其他渠道略有些希望之光。90年代中期,斯坦与拉里·舒尔茨(Larry Shultz)建立了联系,此人兼具技术型企业家和编剧两种身份。他们两人组建了"李-舒尔茨制作公司"(Lee-Shultz Productions)作为副业,共同开发多媒体项目。美国版权局可以查到李-舒尔茨制作公司提交的17个创意,标题分别为《美洲狮》(Cougar)、《忍者》(Ninja Man)、《赤色忍者》(Scarlet Ninja)、《辩护者》(Vindicator)和《非人类》(Un-humans)等。斯坦·李的档案中还存有一个计划,名为《诱饵》(Decoy),宣传词是"一部时长一小时的色情动作片系列,此类作品未曾出现在电视上"。故事的场景设定如下,在今天读来恐怕会让人颇感不适:

> 一个浪迹街头、无拘无束的强大女人,她知道自己是一个身材热辣、令人浮想联翩的"甜心",且毫不羞于利用自己性感的身体和女性魅力来达到目的。依靠着妖艳的妆容,各色假发、

假口音、性感的服饰、夸张的肢体语言，以及她特有的招牌式的街头格斗技能，成为一个最高秘密间谍机构的卧底"诱饵"，在普通执法机构的目光所及之外执行着"不可能"的任务。

这些项目李-舒尔茨制作公司一个都没有做成。斯坦还与拜伦普莱斯出版社合作出版了一套系列小说，名为《斯坦·李的裂缝世界》(Stan Lee's Riftworld)，表现还稍好一些。故事略有喜剧色彩，主人公是一个在类似漫威公司工作的漫画家，他发现了一个跨维度裂缝，连着他的世界和一个生活着超级英雄的世界。虽然这些小说被冠以斯坦的名头，但实际是由作家比尔·麦凯（Bill McCay）执笔的，他说他与斯坦的交流发生在圣地亚哥动漫展上"斯坦忙着签名售书的那一个小时"。这套书原计划出版6本，但在仅仅出版了3本后就结束了。斯坦还曾在喜剧电影《耍酷一族》(Mallrats)中客串扮演他自己，是个温柔的话痨，这是大红大紫的《疯狂店员》(Clerks)的导演凯文·史密斯（Kevin Smith）的第二部作品，但这部电影是一剂票房毒药。漫画界一直公认斯坦已经获得了终身成就，甚至美国A&E电视频道的传记系列中有一部怀旧纪录片专门以他为主题，但斯坦不想只以过去的成就被人缅怀，他仍要在当下有一番作为。

1998年夏天，正值漫威破产后进行重组时，斯坦的合同被终止了（JC后来对漫威提出诉讼时，称斯坦当时是被解雇，但这可能只是表达问题）。据称他曾与珀尔马特碰面，想获得一份新合同，后者告诉他，他可以提供一份为期两年的合同，年薪只有50万美元，这大幅低于他之前的薪酬，而且两年后合同可以轻易终止。这远远

漫威先生：斯坦·李的传奇人生

不足以维持琼和 JC 的奢华生活，包括他自己习以为常的生活方式。"他靠在我的肩膀上哭了，真的哭了。"保罗回忆道，"他说：'我该怎么办？我不能靠 50 万美元年薪且只有两年的合同生活。我不知道该怎么办了。'我说：'找个律师。'但他拒绝了，不愿意花钱请律师。他就是那样，不怎么相信律师。"然而在斯坦看来走投无路的境地，在保罗眼中却是独辟蹊径的良机。如果斯坦不再是漫威的员工，那意味着他将不再受人掣肘。斯坦想成为超级巨星，既然漫威不能让他如愿，或许保罗可以。

保罗想出了一个主意。这个主意很危险，比他们二人能预料到的更危险。它将撕裂保罗和斯坦二人的生活，并让斯坦迈入人生最后一段历程，他将经历一生中最辉煌的高峰和最糟糕的低谷。"斯坦·李"将成为一个品牌。

03

一夜骤富

摩西祈求神让其跨过约旦河,
他亦祈求得见应许之地。
前一个祈求未得应允,
但后一个得偿所愿。
神不会让摩西一无所获。

——《元老经》

第八章

伟大尝试

· 1998—2001 年 ·

据彼得·保罗自述,他从 13 岁起就是个骗子,当然了,他不会用这个词形容自己。保罗在迈阿密长大,他自小就对历史文物很着迷,一直希望能成为文物收藏家。保罗在佛罗里达家中的客厅有着高高的拱形天花板,他告诉我:"我那时创办了一个组织'求知美国人'(Americans Seeking Knowledge),首字母缩写是'ASK',而我是该组织中美国年轻一代的代表,"然后他那留着银色胡子的半边脸上露出了微笑,"我不得不承认这有点捏造的成分,因为这个组织的成员实际上只有我一个人。"他会写信给那些世界上有名望的人,如伟大的艺术家、获得勋章的战士、国家元首等,请求他们贡献具有历史意义的物品。"在所有那些人里,我与卡尔·邓尼茨(Karl Dönitz)慢慢建立了某种友谊。"他这么告诉我,而他所述的"邓尼茨",就是那个在希特勒自杀后接任第三帝国元首的纳粹海军上将、"二战"战犯。"不知为什么,邓尼茨乐于与我通信,他后来用德语手写了大量他生涯中的逸事并寄给了我。"可保罗不仅仅满足于轴心国,他显然与盟军方面关系更密切,他说:"如果我给道格拉斯·麦克阿瑟(Douglas MacArthur)写信,他会把日本签署的投降文件也寄给我。"

保罗说，他以 ASK 负责人的名义与约翰·肯尼迪（John F. Kennedy）的秘书伊夫林·林肯（Evelyn Lincoln）也进行了友好的书信往来，当时肯尼迪还是在任总统。后来，在 20 世纪 60 年代初的某天，他和继父一起出门旅行。保罗出生时的名字是彼得·艾斯纳（Peter Eisner），但他的犹太姓氏后来被他母亲那个惹人厌的新任丈夫改掉了。他俩来到了华盛顿特区，保罗冒昧给林肯打了个电话，想看看能不能与肯尼迪见面。林肯回答说总统那天已经抽不出时间，但可以约在第二天。

保罗回忆道："我的继父对我的少年老成心生嫉妒，他说他不会在这里多待一天。"于是他气呼呼地偷偷跑到了白宫西侧的行政办公楼。"我的鞋子钉过鞋底，我就'哒哒哒'顺着大厅一直走，最后来到了林登·约翰逊（Lyndon Johnson）[1]的办公室，"保罗说，"我见到了他，从此我就涉足其中……我的政治生涯就是这样开始的。"

但若是说到帮助保罗涉足政治，也许比林登·约翰逊作用更大的是萨尔瓦多·达利（Salvador Dalí）。据保罗说，当他还是一名法学院学生时，他与一名丹麦女人约会并为她谋了一份空乘的工作，这样他就可以免费坐飞机了。保罗说："我得到飞行特权的第一天，我就飞去了纽约，当走进瑞吉酒店时碰巧看到达利在那里。我走上前去，告诉他我想委托他为'独立宣言发表 200 周年'作一幅蚀刻版画。然后我们开始商谈这件事。我知道接近他的最好方式是和他谈生意，因为他是个财迷。我当时一分钱也没有。但我们还是开始洽谈制作蚀刻版画的合同。"当我震惊地指出他这是在蒙骗萨尔瓦

---

[1] 译者注：林登·约翰逊（Lyndon Baines Johnson），1961—1963 年任第 37 任美国副总统，1963—1969 年任美国总统。

多·达利时，他说："我不觉得这是骗局，因为我当时确实打算筹到钱。"

保罗说，他每周末都会坐飞机往返纽约，渐渐地成为达利身边的常客之一，他很快就对这位老人产生了钦佩："我真的很惊叹，他是如何在自己的人生里运用超现实主义并成为一种非凡的存在！"在谈话中，我们还说到了保罗 70 年代被判定的多项重罪，他声称那都与他为美国政府执行的秘密任务有关。我问他，作为律师他有着很好的前途，作为一个崭露头角的迈阿密企业家他有着优渥的生活，为什么要放弃这些去做那些事情，他将双手指尖对指尖地搭成帐篷的样子，笑着说："我想，也许，我曾一度是萨尔瓦多·达利的门徒，所以只是……"他声音低了下去，然后又开始说，"出于某种原因，超现实主义的理念被结合到了政治行为之中。"

"超现实"，是的，听着彼得·保罗讲述他的人生故事，这个词可以很好地形容我的感受。谁知道有多少是真的？很多非常令人震惊的内容根本无法去核实，或者很难彻底证伪。而且故事内容是如此之多，很难把它们记清理顺。俄罗斯黑帮、伊朗核武器官员、尼加拉瓜敢死队、古巴反革命分子、巴西纵火犯，保罗自述的个人经历中充斥着这样的人物。然而，尽管他的许多故事可能只是胡说八道，他的背景也有些不清不白，保罗依然极具个人魅力和威信，是那种可以威逼利诱你和他一起创业的人。斯坦·李在 1998 年正是这么做的。大家都觉得，建立"斯坦·李传媒公司"（Stan Lee Media）应该会给斯坦的人生带来重大改变，它在法庭诉讼和刑事调查过程中通常被称为"SLM"。事实也的确如此，只是带来的改变有好也有坏。

第三部分 一夜骤富

现在来看看保罗那些被定罪的重罪历史。在 SLM 成立之前，保罗就曾 3 次被判重罪。前两次是源自发生在 1979 年的同一宗案件，是当时一桩令人震惊的大丑闻，佛罗里达媒体将其称为"古巴咖啡案"。长话短说，事情的经过是这样的：保罗离开了继父的律师事务所，去迈阿密监管世界贸易中心的开发项目，但他被人发现精心策划了一场骗局，谎称要卖给古巴政府 3000 吨咖啡，总价值大约有 875 万美元。保罗伙同他人购买了一艘号称用于装运咖啡豆的货轮，实际上是计划让船在海上沉没并声称所载货物已经损失殆尽。

保罗自辩说，他做的这一切都是在美国政府的授意下进行的，卡斯特罗一直"在黑市收购咖啡后，重新包装为古巴咖啡，再以市场价的 3 倍价格出售给俄罗斯人，赚来的钱被他尽数收入囊中……所以这个行动的设想是，如果我们能揭露他在耍弄俄罗斯人，那么俄罗斯人有可能会和卡斯特罗反目，对吧？我们可以在国际上揭露他们的行为。我接受了这项任务，负责监督掌控整个圈套的实施"。保罗说，当时有另一项打击卡斯特罗的行动也在同时进行中，因为他把毒品作为货币使用。据保罗所说，他的第二项重罪指控就是那个人造成的，"在我手下参与（咖啡行动）的其中一个成员，自己就参与了毒品交易。一天晚上，为了自己能脱身，他在那次交易途中借口送咖啡样品到我的车库，把一袋毒品留在了那里，"保罗解释道，"30 分钟后，就有一个特警队到达现场翻出了这袋东西，但我根本没有打开过那个袋子。"

保罗被捕，并且被控欺诈未遂和持有可卡因，他不得不对真实情况缄口不语，他说："如果我为自己辩护，势必会曝光很多尚在进行中的行动。"因此，他认了罪并告诉法官他患有"轻度躁狂症"，这种病是无法在监狱中得到适当治疗的。他因咖啡被判 3 年，因毒品被判 8 年，但他最终只服刑了 40 个月。

数年之后，保罗声称他又开始执行秘密行动，这一次是受命于罗纳德·里根（Ronald Reagan）总统的"厨房内阁"[1]，保罗说自己之所以得到青睐是因为他强烈的爱国主义。保罗于 1983 年前往加拿大，他说，此行是为了帮助先前水门事件中的窃贼弗兰克·斯特吉斯（Frank Sturgis）实施一项计划，即"通过抢先把新闻故事卖给德国杂志"来获得资金支援尼加拉瓜的右翼反对派，但由于不便说明的原因，他必须先去白雪皑皑的加拿大。在过境时，他冒用了一名已亡故者的身份证件，此人据保罗所说是另一名秘密特工的兄弟。但不管怎样，假冒身份这种行为违反了假释规定，于是他被重新送回了监狱。

尽管如此，保罗出狱后又得到了美国精英圈的青眼相加，他与穆罕默德·阿里（Muhammad Ali）和巴兹·奥尔德林（Buzz Aldrin）等名人一起担任某种经理人角色并最终被任命管理美国精神基金会，这让他有机会与斯坦相遇。以上就是彼得·保罗在结识斯坦之前的几十年人生的高度简化版本。当他在谈论自己的早年经历时，他还讲述了很多历险故事，故事中他与众多如雷贯耳的名字产生了交集：比如，最高法院的法官沃伦·伯格（Warren Burger）、驻哥伦比亚的中央情报局特工、演员伊恩·麦克沙恩（Ian McShane）、盖世太保首脑海因里希·穆勒（Heinrich Müller，此人在"二战"结

---

[1] 译者注：厨房内阁（Kitchen Cabinet），指美国总统的非正式高级顾问团队，与总统的官方正式内阁相对。

第三部分 一夜骤富

束时失踪，但保罗声称他在秘鲁山区隐居），还有唐纳德·特朗普（Donald Trump）的律师马蒂·拉斯金（Marty Raskin）……这样的传奇故事不胜枚举，可以单独成书。

保罗说在他和斯坦刚开始交往时，斯坦就知道他的犯罪历史。"他不敢相信，"保罗回忆道，"我一贯如此，我对他和盘托出，向他出示了所有的事实和凭证。他没有介意，我的过去并没有影响我俩的交往。"因此，当1998年斯坦与漫威的合同终止后，保罗带着一份商业提案来找斯坦，他们之间已建立了近10年的友谊，有着充分的彼此信任，足以让斯坦迫不及待地登上了保罗的"船"。保罗的提案很简单。正如斯坦所说："他说，'嘿，斯坦，现在你自由了！我们来开一家公司吧'。"保罗将负责建立一家娱乐公司，斯坦负责提出各种新故事和新角色的创意，然后利用当时正蓬勃发展的互联网生态圈制作成作品。"从一开始，我和斯坦的意图就是利用互联网实现我们的目标：成为一个全球化的信息交流媒体，最终打造为一家娱乐公司。"保罗回忆道。和互联网热潮中的许多公司一样，他们前期可能没有利润，但他们的计划是最终与顶尖人才合作做成几个大项目，通过电影改编、许可协议和其他方式获得现金收入。然而，如果要启动整个计划，保罗首先要让斯坦正式入伙。

保罗依法注册了一家公司，名为"斯坦·李娱乐公司"（Stan Lee Entertainment, Inc.）。1998年10月15日，他给了斯坦一份雇佣协议（不知为何，协议是用Comic Sans字体[1]打印的），根据该协议，斯坦将担任公司的主席、发行人、发言人和首席创意官。问

---

[1] 译者注：Comic Sans是一款模拟手写字迹的电脑字体，通常用于网上漫画而不是合同等正式文件。

题在于该协议的第 4（a）条会在未来造成很大影响——该条规定，斯坦将其"当前与将来可能拥有或控制的所有人物角色的权利、所有权和利益"永久转让给公司，同时包括他的名字、肖像和标志性词句，如"精益求精"和"斯坦的肥皂箱"，不过他有权让漫威有条件使用这些词句。这份协议的覆盖面是如此之广，正如保罗所说，"不常见，但也绝非特例"。而且，保罗说他做过一些调查，他发现漫威在 60 年代初的一些法律文件内容十分模糊，这意味着斯坦实际上拥有他声称创造的所有角色，也就是说，这家新成立的公司将会拥有这些角色。保罗说他曾计划对"蜘蛛侠"等目标下手，但最终，斯坦觉得还没有对漫威恩断义绝，所以不想立刻就这样做。总之，斯坦签下了这份协议。

与此同时，斯坦正在与漫威进行新合同的谈判，并于 11 月 17 日签署了一项协议：斯坦将继续担任漫威的招牌人物并因此领取年薪 81 万美元，每年还会有一定的加薪，直到达到 100 万美元；琼和 JC 则各领取一份年金，为尚在报纸上连载的蜘蛛侠漫画支付年薪 12.5 万美元，股票期权以及所有漫威电影和电视剧利润的一成。只要他愿意，他甚至可以与漫威进行同行竞争。然而有一个条款会在未来造成问题：关于斯坦声明自己为漫威工作期间所创作的角色，"斯坦现在或曾经拥有及管理的所有权利、所有权和权益，唯一及排他地"转让给了漫威。在漫威看来，这是在加固漫威大厦的根基。而在保罗看来，漫威迟早有一天会发现这个条款是毫无用处的，因为斯坦几周前就已经签字将这些漫威的资产转移到了他的新公司。保罗说，斯坦非常想从漫威那里得到金钱和名望，因此无论如何都会签下这个带有误导性的协议。按保罗的说法，他

第三部分　一夜骤富

们会等待时机成熟，总有一天会把所有那些闻名世界的漫画角色拿到手。

此外，他们还要忙着建立自己的企业，事情进展的速度快到斯坦几乎不敢相信。1998年12月，他在给一位朋友的信中写道："现在整体来说处于成型阶段，进展快得我都有点跟不上了，但负责业务的那些人好像很乐观，他们一直在和其他公司建立所谓的'战略联盟'。"这个全新的斯坦·李传媒公司已经悄悄地在网上成立，网址是stanlee.net（现在这个网址已经被无关人士抢占），现实世界中的办公地址是在洛杉矶郊外恩西诺（Encino），与保罗名下的其他公司在同一栋建筑内。他们最初只有3名员工和100万美元种子资金，但是，正如他们分发的一份宣传材料的背面所写："你可能不知道，我们会统治全世界。"

斯坦还向所有忧心忡忡的漫威迷们言不由衷地保证说他仍然是一个完完全全的漫威精英："除非原子弹爆炸，否则谁也不能把我和我所热爱的公司分开！"他在漫威的"肥皂盒"专栏中写道，"我只是出于兴趣在业余时间建了一个自己的网站。我们8月正式开业时来看一看吧，不管怎样，漫威是王者！"保罗非常想通过公开市场筹集资金，但又不想经历首次公开上市所需的烦琐流程，并且由于他有犯罪记录在身，按法律规定不能成为公司的高级职员，而是被列为"顾问"。于是保罗进行了一场投机取巧的谋划，通过反向兼并一家现有公司成为上市公司。他们的股票代码变成了"SLEE"。至少在开始时，兼并似乎是一个成功的策略：在交易的第一天，股价就飙升了40%，达到9美元。

在某些方面的初战告捷，可能要归功于保罗在一开始就让斯坦进行的媒体闪电战，年近 80 岁的斯坦以"充满活力、富有远见卓识"的形象出现，这家新公司作为互联网大潮中的一员似乎也前途可期。任何采访斯坦都会接受，他的话出现在各种媒体上，有《华尔街日报》(*The Wall Street Journal*)这类的老牌媒体，《动画世界》(*Animation World*)这类的商业杂志，还有低成本运营的极客网站。"我接触过漫画、广播、电视、动画、电影，现在是互联网。"他这样告诉《纽约时报》(*The New York Times*)。他对《时代漫画》杂志说："当我进入漫画界时，漫画行业才刚刚起步，是个全新的行业……现在是我又一次踏入一个朝阳产业的机会。"他表现出无比的乐观，正如他在一次采访中所说的那样："如果有角色或故事大受欢迎，没有理由不让它们进入互动游戏、电影、电视、周六早上的动画片以及 T 恤周边等其他领域。"保罗较少参加采访，但他的访谈内容经常是一些术语的堆砌，例如："我们致力于起到协调合作的作用，驱使其他已成为全球品牌的娱乐集团共同制定发展战略，将互联网的最佳使用与丰富的内容相结合，从而促进线下推广、营销和各种活动。"当有采访者问保罗希望公司在 5 年后有何种发展时，他坦然豪言："我希望这家公司能接替迪士尼成为一个影响力遍及全球的生活方式品牌，集内容创作、策划、营销和分销于一身。"

就在这时，斯坦突然发现他不得不面临一个由历史问题导致的危机。在成立 SLM 之前，他接受了杂志《漫画书市场》(*Comic Book Marketplace*)的采访，在采访中他声称是自己创作了《超凡蜘蛛侠》第 33 期中的著名场景：蜘蛛侠依靠信念的力量从重重瓦砾下脱身。迪特科自 60 年代末以来就没有与媒体打过交道，但他这次十分愤怒地站了出来，给编辑写了一封信，指出这个故事实际上是他

第三部分　一夜骤富

的原创。几个月之后,《时代漫画》杂志刊登的一篇文章还是把斯坦称作"蜘蛛侠"的唯一创作者。

迪特科为此怒不可遏,给他们也写了一封信:"创作'蜘蛛侠'必须通过一个具体可见的视觉作品来实现,"他写道,"这是作家兼编辑的斯坦·李和史蒂夫·迪特科协作之下的共同创作。"据斯坦介绍,他随后打了一个电话给迪特科来解决这个问题。"我开始明白他非常在乎这件事。"斯坦后来回忆道,"所以我说,'好吧,我会告诉大家你是共同创作者之一'。但这并没有让他完全满意。"于是斯坦和保罗见面商量如何对此做出正式回应。"我们讨论了一下,这件事的确有争议,这是事实,但为什么要让争议继续发酵呢?"保罗回忆道,"这又有什么好处呢?我们知道(斯坦与漫威漫画家们)都对作品有贡献。如果他们想被称为共同创作者,那完全没有问题。在那时,我们只需要将斯坦列为创作者,那样他就可以保有他的(原创)权利。"

于是,斯坦和保罗于1999年8月发表了一封公开信,带有SLM的抬头。斯坦在信中说,"我一直把史蒂夫·迪特科视为'蜘蛛侠'的共同创造者"。但这还是未能让迪特科满意,他拿出来一本小册子提供了强有力的证据,证明在漫威正式文件中是迪特科创作了"蜘蛛侠"的视觉形象:"看看吧,这是漫威的公文纸和邮寄标签。最终采用了哪个设计?文字描述还是绘画,名字还是服饰?"他还十分尖锐地补充道,"'视为'的含义是斟酌、观察、检视之后得出观点,而不是承认、宣布或声明史蒂夫·迪特科是'蜘蛛侠'的共同创作者这一事实。"

这看上去有点过于咬文嚼字,但事实证明迪特科说中了:在之后的几年里,斯坦把这一点表现得很清楚,他所谓的"共同创作者"纯粹是流于表面,他内心并没有真心这样认为。正如他在自传中谈到迪特科时所说的那样,"我真心觉得我给他'共同创作者'的荣誉已经非常慷慨了,因为那些标题、设计概念和角色都是我想出来的。"即使在公开信事件之后,斯坦·李档案中的一份公司内部备忘录显示,斯坦依然称自己为"蜘蛛侠、X战警、无敌绿巨人以及所有其他历经数十年而不衰的版权角色的创作者"。然而,在面向公众的表述措辞中,"共同创作者"一词从1999年开始被斯坦和他的推广者们使用,此后就一直沿用。一直到2018年夏天,迪特科先于斯坦几个月离世,他俩也没有和解。在人生的最后旅程里,迪特科拒绝接受任何采访,但时不时会发表一些漫画和文章,其中很多内容都是关于他因斯坦和漫威而遭遇的不公。

千禧年之际,"蜘蛛侠之争"似乎并不那么重要了,因为漫威仍在竭力挖掘《蜘蛛侠》在市场上残存的一点价值,斯坦则已经无暇顾及过去的旧作,而是主要忙着谈论他的新作品,其中有些是与保罗的合作。他们的计划是采用当时最先进的二维动画技术[1],把这些角色和故事制作成动画"网络剧",如果反响不错,则随后再转战到其他媒体。其中的一个重点作品是以数码空间为背景的传奇故事,取名为《第七门户》(The 7th Portal)。故事中,彼得·利特克劳德(Peter Littlecloud)是一名年轻的电子游戏测试员,他在电脑中发现了一个大门可以通往另一个维度世界,那里充斥着武士和怪物。善良的伊扎尤斯(Izayus)(由斯坦配音)警

---

[1] 译者注:"二维动画技术"(Macromedia Flash),即由宏媒体公司推出、在互联网时代早期被大规模应用的网页动画技术。

告彼得，邪恶的蒙戈尔大人（Lord Mongorr）将给大家带来威胁，他已经征服了6个国度，接下来打算让彼得的世界成为他第7个征服对象。很快，彼得和他的朋友们在数字世界中开始与邪恶进行战斗，在那里他们获得了超能力（大多数人的超能力都没太多新意，只有彼得有很独特的超能力——"超级呼吸"）。SLM把目光投向了国际市场，因此，小彼得的团队成员来自世界各地：德国、巴西、日本、印度和南非。他们的超级英雄绰号都编得有些差劲，比如"魔法人"（Conjure Man）、"变形妹"（Imitatia）和"飞毛腿"（the Streak）。

高科技元素也逐渐渗透到SLM的许多作品中，新作品《指控者》（The Accuser）就是更好的证明。故事的主角是一位身体残疾的律师，他的轮椅可以变形成为战斗机甲。有不少人指出，夜魔侠也是一名律师，钢铁侠同样穿着钢铁机甲，也许这暴露了斯坦的原创灵感并没有像他以为的那样多。另一部作品是《漂流者》（The Drifter），这个故事是关于一个赛博朋克风格[1]的独狼硬汉。他从未来穿越回来，目的是与一个邪恶的公司战斗，他能未卜先知，却被人看作疯子。还有一部卡通片，主角是喜欢恶作剧的斯坦，名为《斯坦的邪恶克隆》（Stan's Evil Clone）。SLM也成立了一个与"欢乐漫威行军协会"相似的粉丝团体，名为SCUZZLE，即"在数码空间搜寻未知生物对称生命体"的英文缩写（Searching Cyberspace for Unknown Zoological Zygomorphic Living Entities）。

---

[1] 译者注：赛博朋克，英文Cyberpunk的音译，指一类科幻故事的背景设定，特点是恶劣的生活条件、崩坏的社会秩序与高端未来科技的结合，形成强烈对比反差。

最有意思的是，SLM 与当红乐队"后街男孩"（Backstreet Boys）签订了一项协议，制作一部系列剧《后街计划》（*The Backstreet Project*）。故事中，一艘宇宙飞船在后街男孩的一场音乐会附近坠毁，从飞船里走出的外星人给了赋予他们超能力的魔法水晶，让他们得以精通格斗、拥有一流的枪法等。就这样，男孩们成了所谓的数码十字军，一起保卫地球免受入侵。此外，斯坦还与长期竞争对手 DC 漫画公司签订了一笔交易：SLM 将与 DC 漫画联合制作漫画作品，他们会把 DC 漫画的招牌角色改头换面成新的另类形象，这个系列的名称很啰唆，叫《如果是斯坦·李创造了 DC 漫画世界》（*Just Imagine Stan Lee Creating the DC Universe*）。不管你如何评价斯坦在这一时期的创意质量，你不得不承认他们将这些创意投入制作的速度是近 40 年来未有过的。

员工规模也在以惊人的速度扩张，在短短数月内迅速膨胀到大约 140 人。一段时间之后，保罗找来了曾任哥伦比亚影业公司负责人的肯尼思·威廉姆斯（Kenneth Williams）担任 SLM 的首席执行官，其长期业务伙伴斯蒂芬·戈登（Stephen Gordon）担任副总裁，吉尔·查姆匹恩担任首席运营官，此人在娱乐行业的过往很神秘。最奇怪的是，电影《粉雄佐罗》（*Zorro, The Gay Blade*）的主演（此人也是斯坦的朋友）乔治·汉密尔顿（George Hamilton）被聘为公司总裁。公司在不断整体扩张，位于恩西诺的那幢办公楼，虽然经常有员工抱怨里面飞舞着石膏板粉尘，但他们还是逐渐把那幢楼全占满了。自 1950 年以来，斯坦第一次确确实实拥有了一个唯其马首是瞻的创作团队，他们努力工作，迫切希望制作出激动人心的作品，并发布到他们的网站 stanlee.net 上。

第三部分　一夜骤富

斯坦和保罗会经常与好莱坞大人物会面，讨论如何把他们新打造的知识产权作品改编成电影——斯坦·李档案中有一段保罗拍摄的有趣的录像资料，是他和斯坦两人与电影《教父》(Godfather)的导演弗朗西斯·福特·科波拉（Francis Ford Coppola）的一次午餐会面。他们想让科波拉以《第七门户》(7th. Portal)为题材拍摄一部电影，但科波拉的兴趣似乎主要是和斯坦聊一聊那些经典的漫威作品是如何诞生的。斯坦轻描淡写地把这些过往的作品抛到了脑后："我本来可以一直做下去，但有一天我突然意识到，这些东西都不是我的，我没有得到一分钱版税，我想明白了，都见鬼去吧，让他们付我薪水吧，就这样，"他说，"在遇到彼得之后我还没有做出任何新东西，现在我要重新开始了。"

然而，斯坦要拥有新作品的知识产权也不是那么简单。根据那份决定性合同的条款，它们都归斯坦·李传媒公司所有，虽然斯坦持有这家公司的大比例股份，但公司并不完全属于他自己，这一点会在未来让他尝到苦果。电影制片人马克·坎顿（Mark Canton）经常与斯坦和保罗会面，讨论《第七门户》电影化的可行性，他们甚至一度达成了初步协议，但坎顿对保罗心存疑虑。当我向坎顿问及他记忆中的保罗时，他给了我一个外交辞令式的回答："（斯坦）当时在和一些不是很踏实的人合作，当然这只是以我的个人标准来说，"他还补充道，"当然，我的确觉得有些人是在攀附斯坦，而斯坦也已经变得依赖他们。"

2000年2月29日那个暖风和煦的夜晚，斯坦可不太会去想这些事情。他们在好莱坞罗利工作室（Raleigh Studios）为《第七门户》网络卡通剧召开了一个隆重的发布会，这部作品将通过互联网，以低分辨率流媒体的形式传播到世界各地。著名电视主持人迪克·克拉克（Dick Clark）主持了这场盛会，吸引了众多名人，比如演员詹姆斯·凯恩（James Caan），还有曾在电视剧中扮演绿巨人的卢·费里尼奥（Lou Ferrigno）等。还有一些奇怪的表演，例如一个人打扮成外星人的样子，他的手不碰到电子音响合成器，却依然可以演奏，然后杰瑞·李·刘易斯（Jerry Lee Lewis）表演了一个玩闹节目。接着拉里·金（Larry King）向"美国真正的创新引导者之一，斯坦·李"发来了支持的信息；詹姆斯·卡梅隆（James Cameron）也发来了类似的信息，这位著名制片人称赞斯坦"单枪匹马，开天辟地"。查卡·汗（Chaka Khan）唱了一首歌。他们还与一个在日本的观众进行网络连线。喜气洋洋的保罗则大谈《第七门户》将如何"标志着好莱坞创意社区进入了一个新时代——我们都是真正的先驱，在开拓一个全面互动、有参与性以及实时的全球化媒体"。斯坦一反常态，从头到脚都是帅气的黑色着装，他发表了一个简短的演讲，迪克·克拉克评论说，"'名人斯坦'很快就会成为'名牌斯坦'"。

现场直播临近结束时，发生了一件略显不愉快的事情。查姆匹恩、戈登和其他SLM高层赠送了保罗一个表达敬意的纪念品。查姆匹恩说："若是没有你的远见卓识和引领，今晚我们不会聚在这里。"然后送给了保罗一个大标语牌，上面印成通缉告示的样子，保罗的脸被贴在《第七门户》中超级大反派蒙戈尔的脸上。虽然当时看上去未必有多应景，但考虑到整个晚会庆祝的其实是一桩违法行为，这个纪念品就变得颇为恰当。之所以这样说，是因为就有两个名叫史蒂文·萨利姆（Steven Salim）和杰西·斯塔格（Jesse Stagg）

第三部分 一夜骤富

的作家冒了出来，他们声称在20世纪90年代曾带着项目方案《伊阿宋和网络英雄》(*Jason and the Cybernauts*)[1]与斯坦接触，但最终没有下文。故事的设计与《第七门户》几乎完全相同，所以斯坦和保罗其实是掠夺了他们的创意。此后数年他们一直没有放弃诉讼，最终达成了一项和解协议，史蒂文和杰西获得了20万美元补偿，并且只要他们愿意，他们可以拿回与《第七门户》有关的权益。至于此事对SLM的影响，其实斯坦和保罗根本不在乎。

然而，到了2005年左右，公司继续以火箭般的速度发展，股价不断攀升，而支撑其发展的是巨量资金。据估计，该公司在成立的第一年的开销就超过2 000万美元，但似乎短期内就回报颇丰：当推出《第七门户》时，SLM的市值约为3亿美元，比仍然在泥潭中挣扎的漫威高出近一亿美元。"我觉得我们公司有了一些资金。不记得是彼得还是我先想到的，重点是我们谈到了这个主意：'哟，如果我们真的有能力买下漫威，那不是件很棒的事吗？'"几年之后，在为保罗做法庭证词时，斯坦说："我记得我说过，'我希望这是一次善意收购'。"创意之家还有另一个潜在买家：迈克尔·杰克逊。这位国际级的偶像长期以来一直是漫威漫画的爱好者，他曾经来到SLM办公室参观，保罗还为他拍摄了录像。在录像中，杰克逊看着斯坦给他和他的朋友们在海报上签名，眼中满是崇敬。"他触动到了每个人的神经，"杰克逊在谈到斯坦时说，"他是我们年轻人的精神寄托。

---

[1] 译者注：此标题来源于1963年上映的美国电影《伊阿宋和阿耳戈号众英雄》(*Jason and the Argonauts*)，电影讲述的是希腊神话中，乘坐"阿耳戈号"的众英雄跨海寻找金羊毛的故事。该故事起源可以详见《希腊神话全书》（典藏版）内第5卷《远征记：伊阿宋与金羊毛》。

我是看着他的漫画长大的,当我和他沟通合作计划时,我内心激动万分,感觉梦想走进了现实。"据一位前SLM员工回忆,在杰克逊造访期间,杰克逊告诉斯坦他正在考虑收购漫威。"如果我买下漫威,"杰克逊问,"你愿意来帮我经营吗?"据说斯坦回答:"没问题,我会来。"

斯坦与其他音乐明星也有过类似的碰面,他曾经计划将玛丽·简·布莱姬(Mary J. Blige)也按照后街男孩的模式塑造成一个超级英雄。说到后街男孩,那时他们的"数码十字军"形象还被做成了廉价塑料玩具,作为赠品出现在汉堡王的儿童套餐中。斯坦甚至还和武当派乐队(Wu-Tang Clan)[1]的说唱歌手RZA就探索某种形式的互动娱乐进行过对话。当被问及为什么与歌词中充斥着暴力和粗话的武当派歌手有来往时,斯坦回答说:"如果他们很受年轻人欢迎,我不觉得和他们在一起有什么问题。我们或许有办法,让他们逐渐远离帮派分子味道的说唱乐。"换句话说,那个时候他们并没有什么高尚的追求。斯坦一直忙着与人会面、接受采访、与他的创作团队召开日常会议,以及在保罗的要求下花很长时间给成堆的海报和宣传品签名。有一位前员工怀疑,当斯坦签名签到厌烦时,他会让保罗代笔伪造他的签名。另一位前员工回忆说,有一次斯坦一边签名,一边由衷困惑地问:"这么多签名,到底是要给谁?"

这种困惑在SLM似乎随处可见。如果与这家公司的前员工交谈,他们通常都会告诉你,作品的内容质量有问题,没有人清楚公司的整体方向是什么,斯坦一如既往地富有魅力、充满活力,但他

---

[1] 译者注:武当派乐队,1991年成立于纽约,为美国最有影响力的嘻哈乐队之一。

们都对保罗感到怀疑或害怕。马克·埃瓦尼尔尽管曾是柯比的助手，和斯坦于公于私有着长达数十年的交往，并且曾在公司任职动画师主管，他仍然表示："直到今天我也未能了解斯坦·李传媒公司的全部业务活动。"他回忆道，"我曾在办公室里走来走去，心想，'我们没有销售。我们没有作品。我们一无所有'。我们总是在等待项目落实，无论是《第七门户》《漂流者》系列或者其他项目，这些计划都没有实现。"埃瓦尼尔认定保罗是一个无法信任的人。"每次和他握过手之后，我都想用番茄汁[1]洗个澡，"他回忆道，"如果你坐在彼得·保罗的办公室，环顾四周，仿佛可以听到保罗在说'看看我见过的这么多传奇人物'。办公室里摆着穆罕默德·阿里的拳击手套，还挂着无数彼得与名人的合影。保罗喜欢在交谈中时刻冲你'撂下各种名人的名字'，并显示他的人脉有多么广。"斯坦也让埃瓦尼尔感到沮丧。埃瓦尼尔说，在他们的头脑风暴会上，"任何点子都会被他枪毙，没一个主意足够优秀，因为没有一个角色能成为新的'银影侠'"。

这种对领导团队的不满和创作工作上的一筹莫展，就像传染病一样在SLM蔓延。斯坦的朋友罗恩·弗里德曼被任命为负责项目发展和内容制作的副总裁后，不久就对保罗产生了反感，他现在称保罗"绝对是头猪"，还告诉我许多其他员工对保罗的评价也好不到哪去。例如，他说曾经见过保罗找来的一个"投资人"，此人满口妄言，让他目瞪口呆。弗里德曼回忆道："彼得·保罗说，'这个家伙目睹了萨尔瓦多·阿连德（Salvador Allende）自杀（此处指的是

---

[1] 译者注：美国民间的迷信，认为番茄汁可以洗掉臭鼬留下的恶臭。

1973 年死去的智利总统，此事曾颇具争议）'。我问，'萨尔瓦多·阿连德自杀时你在场'？那人答，'岂止在场，其实就是我一枪毙了那个混蛋。我当时是中央情报局的探员，我杀了那个混蛋'。然后我心里开始嘀咕，这些人都是什么货色啊？"还有一位为避免法律纠纷而要求匿名的前高阶员工透露，有个职级颇高的人"每天"都会醉醺醺地来上班，而且这样的人可能不止一个。

他们拉来了作家巴兹·迪克森（Buzz Dixon）担任创意总监，随后又突然让他晋升为负责创意事务的副总裁。迪克森对 SLM 公司宏大愿景的反应与其说是惊叹，不如说是惊愕。他回忆道："他们相信在孟买会有人愿意掏钱为他们在当地设立办公室，然后他们可以在那里专门为印度创作漫画角色和作品。"迪克森认为保罗"惹人讨厌，有反社会人格"，根本不懂如何经营自己建立的公司。他说："似乎只要有人问彼得·保罗一些具体的问题，比如'我们怎么才能从中获取利润？'都会让保罗紧张不适。"

斯坦有时也会让迪克森感到抓狂。以关于孟买的讨论为例：在筹划开拓印度市场的过程中，斯坦想使用英国殖民时期的旧称"邦贝"（Bombay）来称呼孟买这座城市，迪克森指出这已经不是当地的规范名称了。但斯坦坚持要用"Bombay"。迪克森说："如果你想针对印度观众卖出你的作品，你得先搞明白他们的喜好，但斯坦似乎油盐不进。"同样，斯坦的接待员霍莉·施密特（Holli Schmidt）也觉得他有点脱节，"他只会对我说'来取信'之类的，还问过我会不会速记。"她笑着回忆道。而当我问到对保罗的看法时，她停顿了好一会儿，然后给出一个很简单的答案："我觉得他有一点咄咄逼人。"

第三部分 一夜骤富

这种咄咄逼人的态势或许对于寻求公司的发展来说是必要的。公司的扩张既能满足斯坦的自负，也能让他维持财务稳定。有一位我访谈过的高管成员曾与斯坦交往甚密。他怀疑，尽管持有 SLM 股票的斯坦有着几百万美元的纸面身家，但他极度需要现金流，以至于影响到了他的判断力。"琼能把（斯坦）赚的每一分钱都花了，"他说，"据我所闻，她一个月就能轻轻松松花掉 5 万美元，买来的都是垃圾。她会去拍卖行、珠宝店、古董店。她绝对有问题，"但不单单是琼，"JC 也是一个问题。我记得斯坦为她买了房子，好像是在 2000 年。那时有人帮他筹了一笔钱，他拿那笔钱帮 JC 买了房子。他会为孩子做任何事。"据保罗回忆，琼在理财方面有一个非同寻常的做法。"她曾经在房子周围的地里埋了很多钻石，"他指的是斯坦和琼的家，"她非常痴迷钻石，她时不时就会出手购买，就像是对钻石有执念一般。"

尽管钱在不断流入斯坦的腰包，但连他自己也意识到自己的未来可能不会像几个月前设想的那样光明。2000 年第一季度，SLM 公布的营业收入仅为 29.6 万美元，净亏损 540 万美元。斯坦·李的档案中有两封似乎是斯坦发给 SLM 管理层的电子邮件。第一封邮件就有点扎眼：斯坦哀叹 SCUZZLE 项目正在"垂死挣扎"，他建议加点酷炫的内容，来让这个号称面向儿童的网站更有吸引力。斯坦写道："就像'花花公子的本周玩伴'那样，我们可以设立'SCUZZLE 本周小甜心''SCUZZLE 本周最可爱特工''SCUZZLE 本周最时髦女友''SCUZZLE 本周最酷小妞'或'SCUZZLE 本周最怪异的敌人'，诸如此类。"他还特别提到，"我们必须放一些有关摔跤的卡通和内容。"他提议的内容名称有"模特玛吉""来自地狱的超模""梅

漫威先生：斯坦·李的传奇人生

兰妮的模特学校""比基尼贝蒂，沙滩上的蜜桃""本周斯坦的比基尼宝贝"等，还有就是斯坦在过去、现在和未来一贯热衷的——他建议做一档叫"歇斯底里的历史"的栏目，即选出一些历史人物的"有趣照片"，"然后我可以给它们加上一些无厘头的对话"。

斯坦的另外一封邮件是写给和他一样的SLM高层，内容更是不一般，开头的句子非常直白："我刚刚明白过来，我们的网站糟糕透了！"接着，他列举了一连串被SLM搞砸了的事情。"想一想，我们拿什么吸引人们来我们的网站？并且，如何吸引来过的人再来？"他写道，"昨晚我自己登上去看了看，几分钟后我就觉得无聊，退出了！"他抱怨的事情一件接着一件。"我们现在是在努力做到面向所有人，但我们的目标受众是追赶潮流的青少年，我们没有他们期望的东西。""《第七门户》是一场灾难，《指控者》和《漂流者》也只是略好一点点，两星期才放出来一集，等待时间也太长了。没人会愿意等那么久的。""而且有太多的'斯坦·李'了，到处都是。从来没有见过沃尔特·迪士尼，或乔治·卢卡斯，或任何人的名字被这样滥用。我的名字和形象出现得这么频繁，我觉得这做得太过头了。"透过这些问题，斯坦看到了高层的混乱。"还有一个问题，到底谁是负责人？"字里行间透露出斯坦满满的愤怒，"我觉得自己就像童话中那个小孩，喊着'可是皇帝根本没穿衣服啊'！每个人都在夜以继日地忙碌，我们的网站有干不完的活，我们都忙得没有看出来这个网站是个彻底的失败！"

从这封邮件还可以观察到，虽然这家公司以斯坦的名字命名，但他并不完全了解公司最深层的内部运作。那些曾与斯坦共事的人都认为情况的确如此。"如果从公司层级的角度看，彼得是第1层，

第三部分 一夜骤富

斯坦在第 2 层，我在第 3 层，那些画家在第 5 或者第 6 层，"巴兹·迪克森这样回忆道，"我觉得斯坦可能没有意识到公司里的许多事情其实还另有奥妙。"

保罗一直希望进一步提高 SLM 的声誉，就像过去的美国精神基金会那样。所以他把目光放得很高。虽然他过去一直比较欣赏共和党的政治人物，但还是决定把目标投向比尔·克林顿（Bill Clinton）总统[1]，想让他在卸任以后为 SLM 担任全球大使的角色。其实，保罗早已迈出走向这个目标的第一步。多年前，保罗结识了一个公认的大师级江湖骗子亚伦·汤肯（Aaron Tonken）并曾与之共事，此人通过结交好莱坞名人，驱使他们加入了一些浮华的筹款晚会而为自己营造了名声。汤肯回忆录的开场白是这样的："在这片道德低能者的土地上，我知道自己可以称王。"汤肯后来开始向民主党的建制人物献媚，协助马克·里奇（Marc Rich）的副手组织高等级的筹款活动，马克是一个职业投资人，曾被判以重罪，他和克林顿是朋友。所以保罗决定去攀附克林顿夫妇，他去联络了老朋友汤肯，汤肯告诉他可以来洛杉矶参加一个小型晚宴，入场费在 3—5.5 万美元之间，比尔和希拉里·克林顿（Hillary Clinton）也会到场。保罗和汤肯都参加了这个活动并与总统和第一夫人建立了联系，在随后的几周时间里，汤肯和保罗的二人智囊团与希拉里竞选纽约下一届参议员的竞选活动变得关系密切起来，并且已经决定，保罗会加入募集资金的工作。

在 2000 年的那场关键性选举期间，保罗开始为民主党组织一些

---

[1] 译者注：比尔·克林顿为民主党派。

精英活动，其中包括在比弗利山庄酒店为阿尔·戈尔（Al Gore）举办的一次筹款会。斯坦在活动现场贴出了一张海报，上面把戈尔画成了超级英雄，起名为"硅谷冲浪者"。还在顶级餐厅斯戈（Spago）为希拉里举办了筹款午餐会，迪翁·沃里克（Dionne Warwick）到场献唱，保罗说光这些就花了 2.5 万美元，而斯坦的座位就在希拉里旁边。后来在一个阳光明媚的下午，保罗又为 200 多位来自好莱坞的捐款人举办了一场茶话会。从录像中可以看到，希拉里对彼得、安德里亚、斯坦和琼都直呼其名以示亲密并向他们致谢，这一定让斯坦激动万分。

希拉里还参观过 SLM 的办公室，动画师们不得不马上放下手上的项目，仓促制作了一段欢迎影片，片中有一个动画形象的斯坦，打趣说要创作一个名为"超级参议员"的超级女英雄，而蒙戈尔大人则在影片中吟诵道："我应统治一切，但纽约除外。我听说你已经牢牢掌控了这个地方。"克林顿夫妇还与保罗一家微笑着合影。在这些活动中，保罗在与希拉里的面对面交谈中提到了一些他过去的奇异经历，包括那些针对卡斯特罗的行动，以及他曾经出卖了卡特政府时期的预算主管伯特·兰斯（Bert Lance）。保罗说："我想说的是，我并不想隐瞒什么，我想看看我和她的关系可以走多远。"其实只要稍稍做一点有效调查，希拉里和她的竞选团队就该能发现保罗的犯罪记录。但是，要么他们没有做什么像样的背景调查，只是网上草草搜索了一下保罗的名字（克林顿夫妇的律师后来宣称他们就是这样调查的），要么他们并不怎么在乎保罗的犯罪历史，所以觉得完全可以与他交往。

不管怎样，他们决定把最盛大的一场活动交给保罗和汤肯去组织。活动目的是为比尔组织一场好莱坞众星云集的欢送会，同时为希拉里募集捐款。时间非常仓促，2000 年 8 月 12 日，这场筹款活动在一座价值 3000 万美元的庄园举行，有 1300 人出席。这是项艰巨的任务，但一开始所有人都觉得活动取得了巨大的成功。这场"向威廉·杰斐逊·克林顿[1]总统致敬的好莱坞晚会"被正式认定为 SLM 公司的手笔，斯坦和琼坐在克林顿夫妇一边，保罗及其妻子坐在另外一边。戴安娜·罗斯（Diana Ross）献唱《没有征服不了的高山》(Ain't No Mountain High Enough)，雪儿（Cher）调皮地坦白她没有投票给比尔，于是她唱了一首《如果我能让时间倒流》(If I Could Turn Back Time)以示悔意，歌手兼词曲作者梅丽莎·埃瑟里奇（Melissa Etheridge）则说，她之所以有勇气公开宣布自己是同性恋，部分是由于受到了克林顿总统的鼓舞，这让他不禁动容落泪。最后，比尔向现场所有的捐款人发言，都是些未来会更好之类的老调："今天，我们有机会为我们的孩子塑造一个梦想中的未来，也许这种机会一生只有一次，"他说，"没有什么会一成不变。所以，谢谢大家给我的荣誉，今晚会是我美好的回忆，谢谢大家，但请不要停止，"他停顿了一下，"为了明天而努力。"事后，保罗告诉记者，"那一刻是我职业生涯的巅峰"。每个人都满意而归。

但这一巅峰转瞬即逝。3 天后，华盛顿邮报的八卦专栏作家劳埃德·格罗夫（Lloyd Grove）在其专栏中写道，晚会的组织者之一保罗曾被定过重罪，并反问，"希拉里·克林顿对犯罪很宽容吗？"于是保罗给格罗夫写了一封公开信，信中阐述了他被迫入狱是为了

---

[1] 译者注：William Jefferson Clinton 是比尔·克林顿的正式全名。

掩护反共的秘密行动，但几乎没人相信这套说法。第二天，格罗夫继续写道：根据联邦选举委员会的记录，保罗为希拉里的竞选捐赠了 2000 美元，这是个人捐款的法定最高限额。希拉里的竞选团队随即宣布将退还支票，但没有提及一个关键事实，据保罗说，他为那场晚会掏了 117.6 万美元，这一举动违反了选举法，并且，这个金额大大高于汇报给联邦选举委员会的 40.1419 万美元。

而在晚会的那个周末，这个关键事实尚未揭露，比尔和希拉里分别向斯坦和保罗发送了感谢信。比尔给斯坦的信是手写的，"非常感谢组织了这场精彩的活动——我非常喜欢，并且十分感激为希拉里的竞选助力"。但是，随着关于保罗的那些消息在好莱坞和华盛顿首都流传，人们开始对这个名字唯恐避之不及，他参加克林顿总统任期内最后一次国宴的邀请也被取消了。时至今日，保罗仍坚称他已经和比尔说定了由其担任 SLM 全球代言人一事，因此，克林顿夫妇采取的疏远态度让他怒不可遏。保罗很快就会发现，他没有太多时间来操心交易被赖账的事，因为有更紧迫的危机需要他去应付。

接下来发生的事情至今仍是有关保罗的一大争议。随着 2000 年进入尾声，互联网泡沫迅速破灭，这让 SLM 陷入危险的境地。保罗和他的团队与一家银行达成了一项交易，他可以从中获得 220 万美元的短期融资，但前提是 SLM 的股价必须保持在 1 美元以上。这似乎不是什么问题，因为过去大多数时间里的交易价格都是在每股 7—9 美元之间。

然而，就在感恩节之后仅仅几天，2000 年 11 月 27 日，股价暴跌至每股 3 美元。第二天，跌至 1.75 美元。投资者惊慌失措，开

第三部分　一夜骤富

始疯狂抛售，股价一度跌至13美分，远低于银行设置的1美元红线。融资因此被切断，这让公司陷入突如其来的恐慌。SLM的员工斯科特·科布利什（Scott Koblish）后来这样描述在那段让人震惊的日子里看到那些紧张不安的创作团队成员："你可以听到他们在办公室惊呼正在暴跌的股价。尽管楼下人们慌乱的声音很大，楼上却是一片死一般的寂静。"在公司的送货员告诉大家他已经几个月没有收到货款后，公司连苏打水也不再供应了。保罗飞去了巴西，宣称是为了他名下另一家大企业的业务，一家名为"世界英语"（Mondo English）的外语培训机构，但后来检察官表示，保罗预见了马上会发生的事，他实际上是去避风头。有一天，所有员工突然收到了一封电子邮件，通知他们都被解雇了，但公司随即宣布这是一个计算机错误，声明"目前为止"没有人被解雇。

最糟糕的一刻发生在12月15日。"我们前一天下班时还一切照常，没想到第二天一早来上班时，已经天翻地覆了。"前SLM员工达娜·莫尔斯黑德（Dana Moreshead）说。每个人都收到了一封电子邮件，通知下午2点将在开放办公区域召开会议。"IT部的同事把他们用纳普斯特（Napster）[1]下载的歌曲，和我们制作的一些Flash文件刻录成光碟，这样我们还可以保留一些自己的作品集。"科布利什说，"下午4点时他们就不能登入公司的电脑系统了。"其实，到了下午4点，每个人都已得知将被解雇。全体员工集合后，肯尼思·威廉姆斯（Kenneth Williams）告诉大家，所有人都失业了，公司将结束运营。"这对斯坦来说是一个沉重的打击。"

---

[1] 译者注：Napster是互联网时代早期的一个免费音乐分享软件。

迪克森回忆道。科布利什说，当斯坦得到这个消息时，他真的崩溃了。巧合的是，就在那天，一座真人大小的蜘蛛侠塑像被送到了办公室，大家还是认真地把分拆的塑像组装了起来，呈给那个名字挂在大楼上、但此刻饱受打击的人。"我记得斯坦在他的办公室里非常伤心地哭泣，"接待员施密特回忆道，"他吻了一下我的头顶，说：'我很抱歉。'"

然后，斯坦开始逐个打致歉电话给被遣散的员工，与此同时，情况在进一步恶化。2001年1月2日，仅留用了斯坦和几名高管的SLM公司宣布美国证券交易委员会正在对其进行审查。调查人员很疑惑为什么SLM的股价会突然崩盘，他们后来表示在SLM的最高层身上找到了涉嫌欺诈的证据。后来的争论就是自此而起：联邦政府、SLM聘请的一名审计师以及多名前SLM高管正式公开表示，他们了解到保罗当初正是靠欺诈手段建立这家公司的，而保罗则声称一切都完全合法，是威廉姆斯、斯蒂芬·戈登和其他一小撮"阴谋分子"为了掠夺资产想整垮SLM。

限于本书的篇幅，细节内容可能无法在此一一罗列，简而言之，保罗和戈登被指控通过一系列手段向公司股价注水，例如，向媒体散布虚假信息、聘请华尔街分析师来为公司炮制不实的调研报告等。根据指控，保罗和戈登在美林证券开户并以SLM股票作为抵押，通过保证金账户贷出了数百万美元，这样就在不必向投资者披露信息的情况下，把他们持有的股票转成了现金。据称，他们在那之后还利用一些空壳公司将借贷出来的200多万美元资金投入SLM，这制造了一种假象，似乎这些空壳公司是在对SLM进行大手笔投资的独立实体。戈登的兄弟是美林证券一家分所的经纪人，他被指控为交

第三部分　一夜骤富

易提供便利并获得34万美元的无记录收益。他们还被指控试图开出空头支票来挽救公司（保罗坚持认为账户本身并不是空的，因为账户下有SLM股票），这一手法被称为"空头支票欺诈"(check-kiting)。最重要的是，有一项指控是说保罗和戈登通过两名同谋回购了自己的SLM股份，目的是哄抬股价。该指控称，当股票回购计划耗尽了资金，股价就开始下跌，一家向保罗放贷的经纪公司发出了追加保证金通知，导致抛售了超过17万股股票。正是这最后一击，触发了股价崩盘以及随后的一切。

尽管保罗仍身在巴西，司法部还是起诉了他和戈登。斯坦接受了调查，但没有发现他有任何不当行为，并且他一直辩称自己毫不知情。"关于公司里发生的买卖，我完全一无所知。"几年后他在法庭的宣誓证词中曾这样说。但是，那个曾与我交谈的匿名员工的职级颇高，所以他了解不少公司的深层内幕，他坚持认为斯坦对调查人员和检察官撒了谎。"斯坦这个人，所有的事情他都清楚，但他总是装傻。"该员工说，"他擅长的花招就是'哦，我只是个完全不明白状况的老头子，这事还是让彼得来帮你吧'。他不是个坏人，但很明显他装作一个无辜、不明就里的人。"另一方面，保罗在巴西被国际刑警组织逮捕并被关押在被他称为"死亡走廊"的地方，那其实是一个被夸大其词的看守所。他振振有词地说，几个月前有人在那里被活活烧死，他还说他和基地组织的恐怖分子曾被关在同一间屋子里。彼得·保罗和斯坦·李身上发生的很多事情都是这样，客观真相模糊不清，任何可能的悔意都被华而不实的大话遮掩得不见踪影。

这对搭档有很多共同点，这些相似之处让他们在一起共事了将近 15 年。但他俩此生不会再谋面了，彼此造成的伤口只会不断恶化溃烂。据保罗和他妻子说，虽然保罗的家人明面上与 SLM 发生的事并无干系，但斯坦和琼从未主动问候过他们是否安好。对于 1998—2001 年间的经历，斯坦也选择避而不谈。几年后，斯坦委托他人根据他几年前的一些散记创作一本漫画式的回忆录，负责文字部分的彼得·大卫（Peter David）写下了好几页关于 SLM 的故事。随后，斯坦派人告知大卫要将这部分完全摒弃。获得许可得以保留的只是关于会见克林顿夫妇的逸事和一张单幅漫画，画中的斯坦是一副愤懑的样子，沉思道："大约就是在那个时候，我受人怂恿去创办一家互联网公司。在当时来看这是个好主意，但其实是个馊主意。结局很糟，少提为妙。"当然，这只是斯坦单方面的说辞，关于斯坦·李传媒公司及其对斯坦人生的冲击，不论在过去还是将来都还有话值得一说。

然而，眼下依然还有些赚钱的大事可做。斯坦很快与 3 位来自 SLM 的难兄难弟组成了同盟，开始谋划新的创业计划。这家新公司把自己看作摆脱了保罗的鲁莽和高调之后、变得低调、平凡的 SLM。我们会看到，这家公司日后也会面临大规模的欺诈指控，但显然 SLM 始终是斯坦职业生涯中挥之不去的一段最为显眼的不堪过往。保罗终究会回来，但和斯坦的生活保持着距离，虽然他们的友谊曾让两人一同点石成金，但已经永远、不可挽回地消逝了。留给我们的是如锥刺股般的警示：沉迷于华尔街泡沫、行事华而不实、贪图投机取巧会给人生带来怎样的危险。斯坦因此得以感受到了辉煌高峰的滋味，但在所有事情之后，这也是他将跌落凡尘的原因。

第三部分 一夜骤富

第九章

聚光灯下

· 2001—2017 年 ·

斯坦离开漫威后所在的第二家公司名为"POW! 娱乐",当我向小林纯子（Junko Kobayashi）询问她在那里工作期间是否曾目睹或涉入犯罪行为,没过多久她就开始哭泣。这不是我与这位 POW 前任首席财务官的第一次谈话,而是之前两次交谈的延续。开场的几句闲聊之后,我就切入了我真正想要了解的问题：一位名叫贝基·奥特林格（Becky Altringer）的私家侦探提供了一份签字的简要声明,其中列举了小林向她坦白的各种不当行为,其中很多事情涉及 POW 的高管吉尔·查姆匹恩（Gill Champion）和亚瑟·利伯曼（Arthur Lieberman）。这些都是很严重的问题,比如其中提到了"小林声称她有大量证据证明亚瑟·利伯曼和吉尔·查姆匹恩有违法行为""小林声称她在斯坦·李传媒和 POW 娱乐工作时曾篡改过一些文件和账目记录""小林称她手上有记录违法行为的账本,可以送利伯曼和查姆匹恩进监狱",还有,"小林称,她就彼得·保罗的刑事案件在法庭上撒过谎,因为亚瑟·利伯曼事先威胁过她"。

在电话中,我向小林描述了这份文件并问她是否能证实文件中有关她的内容。她承认与奥特林格有过交谈,但是,除非这份文件经过公证,否则对于文件内容的真实性她不予置评。她说:"我现在可以告诉你,如果要把所有这些东西再仔细看一遍、花时间把我当时所有的资料都查一遍,这会要了我的命。"她说这样对她很不公平,举证的责任不在于她。她提高了嗓门:"我一直非常配合,那些显然是违法行为,你居然现在要我自证清白?"她开始谴责POW,"我不想为一家我不认同的公司辩护,这对我真的太不公平了。我离开POW是因为我对这家公司已经丧失信心了。"然后她又改变了先前的说法,说即使我拿到公证她也不会对此做出回应。"我受不了,"她的声音在颤抖,"太难以承受了。当时要应对那些就已经让我付出了很多。我不想现在再去重温一遍。事情已经翻篇了,真的已经翻篇了。"终于,她开始抽泣。"我应付不来,"她哭着说,"我做不了,这太过分了。我没做过犯法的事情……我没法这样做。别逼我了。"

斯坦在其职业领域最后一次努力便只有这些。表面上看,POW只是一家简简单单的公司,致力于把漫威缔造者脑海中宝贵的新创意贡献给全世界;但在许多人看来,POW很大程度上是一个犯罪企业。它被指控经常性地欺骗投资者、欺瞒股东,通过非法并购上市、实行破产欺诈等种种不法行为。关于斯坦对这些事情到底了解多少,报道各不相同,但即使真的与斯坦没有干系,考虑到斯坦·李媒体公司的前车之鉴并不遥远,他那副一直置身事外、对自己名下公司的勾当毫不关心的表现依然是失分项。正如一桩诉讼中所提到的那样,也许,斯坦对这些事的忽视意味着,对他而言,只要公司能一直用一种比较容易的方式赚钱填满他的金库,那些违法行为都不足为虑。

这也能解释在SLM公司归于失败,和之后又一次更加彻底的失败之间，为什么斯坦会与某些人打得火热。道德低下的人一个接一个地进入斯坦的生活，许诺为他带来名利，只要他不过问太多操作细节的问题，也不要太过担心自己也被他们蒙骗的可能。而且，斯坦的核心圈子中有人说，JC 在此期间变得完全失控，甚至还和父母发生了肢体冲突。

当斯坦陷入其个人世界的泥潭时，他的公众形象却比以往任何时候都更加耀眼。随着漫威品牌的地位不断提升——先是稳步上升，接着快速飙升，最后到达了斯坦梦寐以求的高度——他得以带着这份荣耀，通过各种客串角色让自己不断出现在大屏幕上。这让他在世界范围内广为人知，迅速巩固了他作为上层文化标志的地位。然而他不得不面对的一个事实是：他永远不会和那些他声称创造的人物角色一样出名，他也无法从这些成功的电影作品上获取直接经济收益。当斯坦对着全世界微笑时，他自己的世界正从中心开始朽烂。

从很多方面来看，POW 都好像是 SLM 沉没后留下的一条救生筏，由 4 位幸存者组成。一个是精明、思路严谨的会计师小林，从早期开始就担任 SLM 的首席审计师，也是最早发现彼得·保罗涉嫌财务渎职的人之一。另一个是吉尔·查姆匹恩，用小林的话来说，他是个"风度翩翩的人"，是 SLM 的首席运营官，据说有从事销售和娱乐业的经验，却鲜有人知晓详情。查姆匹恩在 20 世纪 70 年代制作了两部软色情电影，据他自己所说，他是保罗·纽曼（Paul Newman）主演的电影《要塞风云》(*Fort Apache, The Bronx*)的联合制片人。他还曾在拍摄了《巴西男孩》(*The Boys from Brazil*)和《闪灵》(*The Shining*)的那家电影公司担任制片总监。再后来，在一家经销公司"美国影院商店"(American Cinema Stores)任首席执行官，

第三部分 一夜骤富

据查姆匹恩所说，该公司的业务是"在电影院和其他一些场所从事商品零售"。有关他的过去还有一些不太光彩的事情：一个人声称与查姆匹恩在80年代相识，当时查姆匹恩谎称自己是奥斯卡奖的制片人，从他那里拿走了25万美元去拍摄电视节目，然后没有拍出什么就带着钱逃跑了，后来查姆匹恩被指在POW公司也一再故伎重演。但查姆匹恩在电子邮件里告诉我，他对那个人和那件事都没有任何记忆。

还有就是亚瑟·利伯曼（Arthur Lieberman），他是个律师，在70年代与漫威有过往来，当时他是漫威角色野蛮人柯南（Conan the Barbarian）版权所有者的法律代表。后来他在陶氏化学公司担任法务工作，然后在1998年代表斯坦进行了合同谈判（彼得·保罗说聘请利伯曼是他的主意），再后来就是与SLM进行了广泛的合作。利伯曼身材魁梧、性格豪爽，为人八面玲珑。"如果亚瑟在房间里，你可以马上知道，"一位名叫艾伦·尼格（Alan Neigher）的友人这样描述，"他声如洪钟，笑声爽朗，是我见过的最有趣的人。"但正如小林所说，"他可不是个善茬"，利伯曼和斯坦关系密切，照尼格的说法，"几乎就像父子一样"。而且，小林说，"很多人觉得他是个混蛋，某些方面他的确是。但我也欣赏他的优点：他做事很拼。如果他觉得有人对斯坦不公，他会挺身而出，而且会拼到底"。迈克·凯利（Mike Kelly）处于较次要的位置，他是个严肃而沉默的人，多年来一直在漫威担任斯坦的助手，协助他完成编辑和行政工作，他的职责除了在漫威时的那些工作，还增加了POW员工的薪酬管理。

最后就是斯坦，失去了SLM让他心碎，他本以为这家公司会是他的巅峰成就。在 SLM 停止运作并遣散了几乎所有员工后的几个月里，首席执行官肯尼斯·威廉姆斯（Kenneth Williams）做了一些最后的努力，他告诉媒体公司会重新开张，但大家都知道那根本不会发生。2001 年 1 月 30 日，斯坦和利伯曼致函威廉姆斯，声称 SLM 违反了与斯坦的合同，从而使斯坦得以脱身，但他还将"继续为公司提供服务以确保向债权人和股东合理分配资产"，并且，对 1998 年斯坦转让给 SLM 的知识产权放弃索讨。几天后，SLM 申请破产保护。全面资产清算的屈辱过程开始了。小林回忆道："整个疯狂的清盘工作是我领导的，我让所有人都去工作区域清理东西，因为我们已经遣散了绝大部分员工，剩下的已经为数不多了，所以每个人都卷起袖子干活。我们开始清空桌子，把所有东西装进盒子里，包括移动电脑什么的，甄别需要保留的物品。真的就是这样，会有人跑过来问我，'我们要留下这个吗？这个东西怎么处理？这个值多少钱'？"

斯坦起初还在公众面前摆出微笑的表情，告诉采访者公司正在努力整顿，但即使是他，也无法长期维持这个假象，斯坦于 6 月正式离开了公司。同月，保罗和其他 3 人因与 SLM 有关的各种金融犯罪而被起诉。尽管名为"斯坦·李传媒公司"的法人实体依旧存在，但在接下来的 6 年中，小林是其唯一且没有薪俸的员工，她的职责仅限于处理公司解散过程中的各种法律和财务问题。无论怎么看，SLM 的这段传奇历史终究迎来了一个耻辱的结局。

然而，斯坦仍然希望未来会有转机。他与查姆匹恩、利伯曼还有小林一起开创了一家名为"POW! 娱乐"的新公司，有时会在"POW"的后面加一个感叹号，这是"purveyors of wonder"的首字母缩写，意为"造就奇迹的人"，但这个完整的全名几乎从未被使用过。该公司于11月成立，是一家有限责任公司，宣称其唯一的目标是让斯坦发挥创造力推出新的作品。然而，POW团队也把目光投向了一些已有的版权作品，例如SLM公司名下的《漂流者》《指控者》《斯坦的邪恶克隆》；更重要的是，他们也盯上了斯坦的名字、肖像和已经注册为商标的口号标语的使用权。他们为了达到目的做了许多交易，往好里说是有些不清不白，往坏了说就是犯罪。同月，斯坦和他的伙伴们还成立了"QED制作有限公司"（QED Productions, LLC），到2002年4月他们一直在设法把SLM的资产转移到这家新公司。破产法庭准许将这些资产出售给斯坦控制的实体，这个实体原来指定为SLC有限公司（SLC, LLC）——但不知为何，POW将这些资产转移到了QED，这显然违反了法官批准的方案，应该是非法的。当我向查姆匹恩问及QED销售的问题时，他表示要听取律师查兹·雷尼（ChazRainey）的意见，这位律师告诉我，"现在这一点已经毫无疑问了，在斯坦·李离开漫威之后，POW是其作品的唯一所有人，并且也是斯坦·李的姓名、肖像和相关知名权的唯一所有人。他在前后17年的时间里，至少在7份不同的文件中明确将这些权利转让给了POW"。

而且，小林是SLM唯一的员工，也是POW新上任的首席财务官，因此她实际是在做左右手交易。她没有坚持对SLM其他股东担起应负的责任，没有试图让公司起死回生，相反，她在积极地为她的新公司对旧公司进行掠夺。这些事情似乎并没有得到公众的关注，POW因其最初的一些举措获得了一定程度的正面报道。他们宣布与米高梅（MGM）和布鲁斯·威利斯（Bruce Willis）的夏安企业

（Cheyenne Enterprises）达成了优先合作协议，将会制作 3 部电影：《费米宗人》(*The Femizons*，这可能是把斯坦之前与乌比·戈德堡策划过的点子又拿了过来)、《双面人》(*The Double Man*) 和《夜鸟》(*Nightbird*)。这些计划都没有取得实质性成果，有一件事情却"无心插柳柳成荫"。

在 SLM 时期，保罗安排斯坦与名人传记作家乔治·梅尔（George Mair）合作撰写回忆录。在 2002 年 5 月 7 日，《精益求精！斯坦·李的传奇人生》(*Excelsior! The Amazing Life of Stan Lee*) 一书终于面世，了却了斯坦自 70 年代以来一直想要出版自传但始终未能实现的心愿。这本书在很大程度上是为其个人服务的，有很多将斯坦进一步神化的虚假内容，任何斯坦可能有过错的地方都被略过不提。其中大概有整整 6 页都是关于 SLM 眼下陷入的麻烦，所有的罪责都被推给了保罗，斯坦只是感叹他自己太过于"信赖别人"。这本书的结尾写道："当今公众可以享有的任何娱乐形式，POW 和我都会涉足。"并且还总结陈词，"现在与我初次从事漫画时的光景大有不同，当时我想要沉淀一段时间，积累一些经验，然后我会离开漫画进入现实世界。我想现在我可能已经准备就绪了。精益求精！"

不管《精益求精》这本书能让斯坦在媒体上得到什么正面报道，都立刻被一桩不断升级的法律纠纷遮盖了。自斯坦于 1998 年与漫威漫画签订合同以来，该公司好不容易有 3 部电影取得了票房佳绩：1998 年的《刀锋战士》(*Blade*)、2000 年的《X 战警》(*X-Men*) 和 2002 年的《蜘蛛侠》(*Spider-Man*)。尽管斯坦与这些电影的制作没有任何关系，但根据合同规定，他仍将获得漫威电影和电视项目 10% 的利润（但这并不包括版权许可费）。然而，《伦敦时报》(*The*

Times of London）在 6 月 17 日刊登的一篇文章披露了一个令人震惊的说法：斯坦没有从这些电影中得到过任何报酬。他告诉记者，"哦，不，我没有从中赚到一分钱"，他还补充说，《蜘蛛侠》的观众"看到报道说这部电影将赚到 5 亿美元，所以他们觉得我会得到其中的三分之一，但是完全没有"。他说这对他来说无关紧要："我不纠结于过往，我一直努力向前看。"同样，他出现在 CBS 电视台的一档个人访谈节目中，当被问及是否在利润分成问题上感到被漫威"欺负"了时，他言简意赅地回答说："我尽量不去想这件事。"然而，他要么是自己变了卦，要么是受人蛊惑，就在 CBS 的节目播出仅仅几周后，在利伯曼的帮助下，斯坦声称漫威违反了他们之间的合同，提起诉讼要求赔偿 1000 万美元。

这起诉讼几乎在所有媒体上都引起了轰动，斯坦怎么会起诉他自己创立而且成就了自己的漫威？正如一位新闻评论员所说，"这就像山德士上校起诉肯德基一样"。这起诉讼让漫威与斯坦在 1998 年签订的合同公之于众，人人都看到了他每年可以从漫威不劳而获 100 万美元；更重要的是，大家了解到漫威此前并没有把这份合同的细节透露给自己的股东，这就让人更加怀疑在整个过程中是否有猫腻。保罗对这件事有一个很详细的阴谋论解读，他们认为，漫威意识到，SLM 与斯坦先签订的合同会让漫威漫画与斯坦在 1998 年签订的合同中说明的版权归属变得无效。漫威漫画在 60 年代的法务工作十分混乱，所以从法律角度讲，斯坦可能在实质上拥有其宣称创造的漫威角色的版权，由此导致这些版权现在归 SLM 所有。换句话说，很有可能漫威漫画认为他们的权利实际上处于模糊地带，所以一直心有忌惮，不敢去刺激斯坦做出任何举动。

然而，这起诉讼引起的波澜在几个月内就平息了，关于斯坦的头条新闻是他创作了一个新角色，这也是最后一个与斯坦相关、且拥有一定品牌知名度的角色。在一次聚会上，斯坦遇到了超模兼演员帕梅拉·安德森（Pamela Anderson）的弟弟，帕梅拉当时正在动作连续剧《V. I. P.》(*V. I. P.*)中担任主角。斯坦故伎重演，为了获得某种自我满足感，他提出建议要以帕梅拉为原型设计一个漫画故事人物。帕梅拉的弟弟和斯坦最后敲定了一个构想，这个角色是一个十字军战士，平日里的掩饰身份是一个颇具异域风情的舞娘，她还有一个暗含色情意味的绰号"仙脱瑞拉"（Stripperella）[1]。斯坦被邀请来到《V. I. P.》拍摄现场，他和帕梅拉·安德森一拍即合。帕梅拉回忆道："我喜欢这个主意，"她还补充说，"斯坦很棒，很有创意。"她还提到他们只在一件事上存在分歧，"斯坦想要出现裸体画面，可我不同意。"

但在当时，其实还没有具体的内容，只是一个名字和一些模糊的概念，即一个与邪恶作斗争并会在众目睽睽之下脱衣服的女战士。即便如此，POW、安德森和斯坦还是将《斯坦·李之双面艳舞女郎》(*Stan Lee's Stripperella*)作为一部动画系列剧与有线电视网络 TNN 达成了协议。实际担任该剧制片的不是斯坦，而是出品了儿童电视系列喜剧《所有那些》(*All That*)的希思·塞弗特（Heath Seifert）和凯文·科佩洛（Kevin Kopelow）。科佩洛回忆道："他们打电话过来说，'嘿，我们安排了一个会议，让你和斯坦·李碰个面。你们都是很有创意非常有意思的人。我们想和斯坦一起制作一部动画《双

---

[1] 译者注：Stripper 意为脱衣舞女。

第三部分　一夜骤富

面艳舞女郎》，让帕米拉·安德森担任配音'。然后我们问,'还有什么其他信息可以告诉我们'？他们回答,'6月26日就要播出'。"塞弗特记得他和科佩罗当时有点困惑,"我又问：'她到底是打击犯罪、是个间谍,还是个超级英雄？'他们回答：'你们来决定吧！'"

两人耸了耸肩,然后先给这部剧的风格走向定调："我们觉得这是个非常好的机会,可以演绎一种荒诞的幽默,要表现得不合逻辑、滑稽、拿腔拿调,"塞弗特说,"我们做的东西远远超出了斯坦所熟悉的领域。所以他就像是把缰绳交给了我们驾驭,意思是说'我们就这样试着看看结果如何吧'。于是我们写了一集试播剧,并真的就那样播出了。"试播集中介绍了伊洛提卡·琼斯（Erotica Jones）这个角色,前半夜她是一个有着异域风情的舞女,后半夜她则是一名秘密特工,她与恶人"开膛手博士"（Dr. Cesarean）战斗,这个恶人热衷于给超级模特们注射药物使他们变得肥胖。"斯坦真心觉得这很有意思,"塞弗特说,"我们也很感激他能欣赏这种幽默。"塞弗特和科佩洛以闪电般的速度敲定了第一季的剧本,斯坦没有提供任何意见,但他俩说几乎每天都和他（偶尔还有查姆匹恩）共进午餐,其间,他们一起聊天并让斯坦批准一些事情。正如塞弗特所说,他们发现斯坦"做事很灵活,尽力支持他们"。

该剧第一季于2003年6月26日首播,因其粗俗辛辣的幽默获得了一些评论家的些许好评。然而,《纽约邮报》上的评论十分刺耳,宣称"只有悲哀至极的电视台才会放这样的节目"。该剧还卷入了一场怪异的诉讼案,导致其制作过程也颇受影响。居住在佛罗里达的舞女珍妮特·克洛弗（Janet Clover）声称,她曾为斯坦做过长达数小时的私人表演,并同他讲述自己还有一个慈善工作者的双重身份，她认为这给了斯坦关于双面艳舞女郎的灵感。这场官司毫无进展，但这部剧也好景不长：仅仅播出了13集之后就被取消了，而且成了斯坦的批评者口中的笑柄，他们指出《双面艳舞女郎》证明了斯坦已经江郎才尽。

即便斯坦对自己的能力有所怀疑，他当然也不会公开表露。事实上，POW一直在努力让大家相信耄耋之年的斯坦依然灵感勃发，还是能输出无数的好点子并转化为利润丰厚的娱乐业资产。然而，POW输出的主要作品只是消息公告。在斯坦生命的最后15年中，POW向媒体释放了海量的消息，内容都是关于数量惊人的各种交易，和像雅典娜蹦出宙斯的头脑那样，从斯坦的思想中提炼出来的项目计划。

电影《永生者》（*The Forever Man*）计划与一家名为艾蒂欧姆（Idiom）的制作公司合作拍摄，由新秀卢克·麦克马伦（Luke McMullen）担任编剧。斯坦在宣传中说："故事设定在并不遥远的未来，关于犯罪和如何惩罚犯罪，故事中有一种独特的方式去惩戒危害社会的人。"他还补充说，他只花了两天时间想出这个故事。"这是个前所未有的概念，故事里的邪恶角色非常有特色，有很特别的能力。"在圣地亚哥动漫展上，斯坦宣布将制作《海夫的超级兔子》（*Hef's Superbunnies*），这会是一部与花花公子及其招牌人物休·海夫纳（Hugh Hefner）联合制作的系列动画片，海夫纳告诉记者他和斯坦"渊源很深"。还有一个计划是和DiC娱乐公司（DiC Entertainment）合作制作一部电视剧，名为《斯坦·李之超级六人组的秘密》（*Stan Lee's the Secret of the Super Six*）。他们甚至还讨论过制作一部以甲壳虫乐队的鼓手林戈·斯塔尔（Ringo Starr）为主角的超级

第三部分 一夜骤富

英雄漫画。所有这些项目都胎死腹中，也几乎没有媒体会去跟踪报道，他们只会把关注点投向下一个 POW 发布的好消息。

如果媒体记者们对那些传闻中的阴谋有所耳闻，它们的头条可能会更加劲爆。POW 一直未能拿出像样的作品，一筹莫展，急需资金，并试图照着 SLM 曾经的做法依样画葫芦：通过反向并购让公司上市。这里有所不同的是，POW 并不计划自身公开上市，而是通过控股子公司上市交易。最终，POW 的管理层将目光投向了一家名为"阿托利安"（Arturion）的小型娱乐公司，证券代码是"ARUR"，他们在 2003 年秋季与公司总裁瓦莱丽·巴特（Valerie Barth）及股东就合并事宜进行了接洽。一位小股东罗恩·桑德曼后来在与 POW 的诉讼过程中写过一份法庭声明，其中有这样的描述："让公司在斯坦·李这样的偶像人物引领下迅速站上娱乐产业巅峰的设想，是 ARUR 的股东们做梦也不敢想的事情。"奇怪的是，桑德曼声称他从未听说过 SLM 是如何垮掉的。"我们都对斯坦·李之前的公司'斯坦·李传媒'一无所知，我们仍把他看作'漫威先生'，是漫威帝国的灵魂人物。"他写道，"阿托利安股东主要关心的是 POW 手上是否有可以'开罐即食'那样已经完成的作品，这样可以让公司不必投入庞大的制作成本，马上就可以开始赚钱。"

从声明的内容来看，POW 声称 SLM 的许多资产都已被其牢牢掌握在手中，包括一些已经制作完成并准备亮相的动画短片，并且像桑德曼所说的那样，"确保了没有诉讼或搁置的诉讼，并且确保了 POW 无可争议地拥有斯坦·李姓名和品牌的专有权"，因此争取到了股东们的支持。实际上，据这份声明所言，POW 还向阿托利安股东们发送了一份备忘录，基本信息是说"SLM 已经没有任何业务运营，且 SLM 同 POW 不存在任何工作关系、关联或交易。POW 已经获得授权经营 SLM 大部分的知识产权资产，根据协议规定，从此类知识产权获得的任何收益 POW 需向 SLM 支付版税"。

这些说法都存在问题。一方面，如果破产法庭的分析是正确的，那么 POW 在破产程序中非法获取了 SLM 的资产，因此至少可以说，POW 对这些资产的所有权是完全不稳固的。另一方面，SLM 不仅与 POW 有关系，经营 SLM 的人正是坐在 POW 办公室任职的小林，小林向利伯曼、查姆匹恩和斯坦汇报工作。并且，根据桑德曼的声明，仍有大约 1800 名 SLM 股东在其资产被出售给阿托利安后未得到补偿。与 POW 合作的律师查兹·雷尼（Chaz Rainey）对我说，"公司管理层成员同时出现在资产出售案的买方和卖方，这并非没有先例。"他还强调，"从现实角度来看，如果公司真的破产了，股东基本上就没有任何权利了。"当两个公司开始合并，并且有媒体指出 SLM 的丑闻已经磨灭了斯坦·李的商业头脑时，阿托利安的股价应声而跌。据说，桑德曼和巴特因此去 POW 的办公室与对方面对面交锋。两人的设想是通过购买 SLM 的剩余资产以及对 SLM 的股东作出补偿来解决问题，但利伯曼的回击"让巴特女士和我都感到十分震惊"。桑德曼说："利伯曼先生说，他们要让法官相信已经没有任何资产存在，他们要确保让斯坦·李传媒公司化为乌有。"换句话说，他们还是在搞破产欺诈。根据诉讼记录，利伯曼曾吹嘘"斯坦·李对他言听计从，我们亲眼看到了亚瑟·利伯曼完全主宰了（SLM）和 POW"。如果桑德曼的话是真的，那么斯坦·李的第二家公司将和第一家一样前路黯淡。

合并案发生几个月后，斯坦的第一本传记书出版了，由汤姆·斯普金（Tom Spurgeon）和乔丹·拉斐尔（Jordan Raphael）执笔，书名为《斯坦·李和美国漫画书的兴衰》(*Stan Lee and the Rise and Fall of the American Comic Book*)。这本书可能会让阿托利安的股东们感到不悦，因为虽然很薄，但书中内容对斯坦声称拥有漫威版权持怀疑态度。为了此书斯坦曾经接受过采访，所以在书的结尾处可以看到他是多么希望能够在更大的舞台上取得成功。他说："关于漫画我并没有什么太大的创作激情。这只是个谋生手段。"作者接着问他是否愿意用他在漫画行业的全部成就来换取在其他想象的领域出人头地。斯坦说："这个问题没有答案，因为我根本没有那样的机会。上帝不会来问我，'你想重新开始吗'？如果他来这样问我，我也不知道，我可能……我可能有兴趣再试一次。"但其实，从某种角度来说，他已经有一些机会让自己在娱乐圈变得声名大噪了。

斯坦用了整整 20 多年的时间努力让漫威作品在大银幕上获得成功，但他不得不面对这样一个事实：第一部卖座的漫威电影是在斯坦把大权交与他人之后才诞生的。那是在 1998 年 8 月，当他在漫威的全职工作合同被扔进碎纸机时，新线影业（New Line Cinema）发行了电影《刀锋战士》(*Blade*)，主角改编自漫威漫画中的一个吸血鬼猎手，该角色最初出现在 70 年代初恐怖漫画大行其道的时候。曾经有个想法，让斯坦在片中客串出演一位警官，但据导演斯蒂芬·诺灵顿（Stephen Norrington）说，"时间表无法协调，我们不想为了让斯坦能来客串而对日期和计划做出太大的调整，所以这个想法没有实现"。这部电影出乎意料轰动一时，因此短短几个月内，拍摄电影版《X 战警》的计划在经历了长期搁置后获得了二十世纪福克斯公司高管们的批准，这部电影由布莱恩·辛格（Bryan Singer）执导，由作家兼演员大卫·海特（David Hayter）、导演辛格和制片人汤姆·德桑托（Tom DeSanto）共同编剧。这部影片拍摄于1999年，他们决定让斯坦在片中客串出演一个角色。

德桑托联系了斯坦。据德桑托所述，斯坦告诉他自己心里有些芥蒂，斯坦觉得漫威漫画可能不想与他合作，因为他现在所代表的公司是漫威漫画的竞争者。德桑托记得自己对斯坦说："斯坦，你就是漫威。"说服斯坦之后，他们马上为他制定了工作时间表，让他赶往加州马里布海滩参加拍摄。斯坦扮演一个卖热狗的小贩，目睹一个变种人从水里冒出来。德桑托说，斯坦的到来就像耶稣从天而降，现场演职人员中的漫威迷总是簇拥在他周围。当摄影机开始拍摄时，斯坦只需要做一些表情和动作，没有台词。因此他事后对德桑托说，"下部电影你给我分点台词吧"？虽然严格来说这不是斯坦第一次在漫威电影中客串，要说第一次的话其实是《绿巨人的审判》(*The Trial of the Incredible Hulk*)，但对他的人生和传奇来说，这是一个意义重大的开端。

在接下来的岁月里，新兴的漫威电影的成功推动漫威品牌进入了好莱坞的第一梯队，斯坦就像希区柯克（Hitchcock）[1]那样直接参演了绝大部分漫威电影，他因此前所未有地名声大噪。后来在山姆·雷米（Sam Raimi）执导拍摄又一部漫威电影《蜘蛛侠》时，漫威影业的负责人阿维·阿拉德（Avi Arad）要求让斯坦再来客串一次。雷米是个老漫威迷，曾经和斯坦有过接触，但他回答说："不，

---

[1] 译者注：希区柯克是20世纪70年代著名惊悚片导演，他有在电影中亲自客串角色的爱好。

第三部分 一夜骤富

我了解斯坦，他不会演戏。"据雷米回忆，阿拉德针锋相对："我要让他参演。《X战警》里面有他，这部电影也要有。"于是雷米勉强同意，让斯坦客串了两个角色：一个角色没有台词，斯坦从坠落地面的残骸中救出一个小女孩，另一个角色是在一个场景中斯坦向彼得·帕克兜售太阳镜，台词是"嘿，小伙子，来一副这样的太阳镜吗？X战警戴的就是这种"。第二个角色在上映前被剪辑掉了，所以斯坦在电影中依然是个毫不起眼的龙套，但还是会让能在电影中认出他的超级斯坦迷激动不已。在2003年的电影《夜魔侠》中，斯坦同样客串了一个没有台词的角色，但同年在李安导演的《绿巨人》里，斯坦终于第一次在最终剪辑版的电影中呈现了一个有台词的角色。他和曾出演过绿巨人的卢·费里尼奥（Lou Ferrigno）扮演一个研究中心的两位警卫，影片中斯坦的台词是告诉费里尼奥，那里的安保力量需要"加强一下"。

万涓终成水。终其一生，斯坦出演了40多部漫威电影，他本人或他的肖像还出现在十几集的漫威连续剧中。你会看到他扮演了图书管理员、精神病患者、选美评委、"二战"将军、休·海夫纳（Hugh Hefner）和拉里·金（Larry King）的替身、联邦快递送货员、外星人理发师，甚至还有脱衣舞俱乐部的DJ。渐渐地，制片人也开始对这些客串角色重视起来，设法让斯坦的角色能够高度引人注目，好让越来越多熟悉漫威的电影观众在看到斯坦时会由衷雀跃，并且指着银幕低声告诉圈外的朋友们此人的身份。在这些电影中露脸对斯坦的个人品牌有着巨大的推动作用。漫威电影是漫威漫画历史上最成功的产品，尤其是在2008年和电影《钢铁侠》一起推出并整合而成的漫威电影宇宙（Marvel Cinematic Universe）[1]。斯坦的形象成了全世界瞩目的焦点，让他成了数十亿人不折不扣的偶像。

据多人的回忆信息来看，出演客串角色让斯坦乐在其中。有一些电影制作人记得，每当斯坦出现在片场，都会有景仰斯坦的人簇拥在他周围，这与他在80年代末出演《救护车》(The Ambulance)时籍籍无名的日子相比已是云泥之别。但是，斯坦仍一如既往地希望拿到戏份更多的角色。安东尼·拉索（Anthony Russo）与他的兄弟乔（Joe）一起联手执导了多部漫威电影，他回忆道："斯坦只想要更多台词。"以安东尼在2014年导演的《美国队长：冬日战士》(Captain America: The Winter Soldier) 为例，斯坦在片中扮演一名博物馆警卫。安东尼说："我们为斯坦安排了一个场景，他只有一句非常简单的台词，可他老是现场自我发挥，到最后，我们不得不针对他来纠正这个问题。但我们看到他有那样的激情和热情，他想不断提高自己，并不满足于现状，他一直在努力寻找发展进步的空间，这真的很让人钦佩。"

此外，斯坦几乎从不缺席这些电影的红毯首映式，他会和明星主演一起摆姿势合影并作为这些电影故事的开创者、漫威世界的缔造者接受记者采访。他尽职尽责地参加电影上映前的预览会，但斯坦最后的经纪人凯亚·摩根（Keya Morgan）说斯坦对那些电影其实没有多大兴趣。"斯坦讨厌超级英雄电影。"摩根回忆说斯坦完整看过的可能只有两三部。斯坦的保镖盖文·万诺威（Gaven Vanover）支持这一说法，他说："只要一走完红地毯，斯坦就会说，'我们赶

---

[1] 译者注：漫威电影宇宙，是漫威影业基于漫威漫画角色制作的一系列电影组成的架空世界。

第三部分　一夜骤富

紧离开这儿吧'。"

斯坦在其他一些领域也有所尝试，比如在POW的动画片项目中做旁白，还有在漫威之外的电影中客串。他在凯文·史密斯（Kevin Smith）的电影《瑜伽妹斗罗》（*Yoga Hosers*）中扮演警察，在《公主日记2：皇室婚约》（*The Princess Diaries 2: Royal Engagement*）中扮演婚礼嘉宾，甚至在DC漫画改编的动画电影《少年泰坦出击大电影》（*Titans Go! To the Movies*）中扮演他自己，片中他还对自己客串这件事调侃了一番。只要是朋友出面相邀，无论多么小的角色他都愿意接下来。他至少出演了5部由一贯出烂片的特罗马娱乐公司（Troma Entertainment）出品的电影，经营该公司的正是他之前的写作搭档劳埃德·考夫曼（Lloyd Kaufman）。斯坦最后一次出演客串的电影并不是出自漫威，而是由凯文·史密斯（Kevin Smith）和杰森·梅威斯（Jason Mewes）合作的一部低成本电影《疯狂思想》（*Madness in the Method*）。如果我们做一回顾，可以看出斯坦·李品牌经历过两次大飞跃：一次是60年代的自我营销，另一次就是千禧年之后的众多客串演出。虽然两次飞跃有着承前启后的关联，但斯坦在其人生谢幕之时也不得不面对这样一个事实：他能最终成为一个世界级的传奇，大多是由于有众多贵人垂青相助，而不是单纯依靠他自己。

然而一个一直存在的问题是，如何好好利用"斯坦·李"这个品牌。客串漫威电影只是让斯坦拿到一些蝇头小利，尽管这些电影都给了他一个执行制片人的名头，可这纯粹是个空头衔，并没有给他带来多少经济收益。但是，有一个人的出现给斯坦带来了转机，此人四肢发达，还有着颇为不堪的过往。斯坦参加了很多年的漫画大会，他的出席通常没有任何报酬，只是去享受一下崇拜者们的仰慕，并借机宣传一下正在进行中的项目。根据后来的法庭文件显示，斯坦在圣地亚哥动漫展遇到了一位名叫麦克·"麦克斯"·安德森（Mac "Max" Anderson）的保安员，此后一切就发生了变化。他们第一次交谈的日期和背景尚不清楚，并且安德森拒绝接受我的采访。在那之后的几年里，安德森与斯坦建立了一条纽带，斯坦把安德森看作儿子一般，而安德森则展现出为斯坦赚钱的出色能力。安德森通过漫画展会赚钱：在他的安排下，斯坦开始从每次签名中收取高达100美元的费用，而上台露一次面则要收取数千美元。据多位斯坦核心圈内的人士透露，安德森把这些收入以现金形式交给斯坦，而斯坦则将之用于自己的开支以及妻女更为高额的花销。

斯坦与安德森的关系逐渐变得非常密切，安德森也从斯坦那里为自己分得了一杯羹。同时，也有人指称安德森从斯坦那里偷取钱财和个人纪念品。此外，安德森的个人生活相当不光彩。《每日邮报》(Daily Mail)的一些报道以及后来 JC 对安德森提起诉讼的过程中都有提到，他曾经在2002年因殴打妻子而入狱。与彼得·保罗的情况一样，斯坦是何时知悉安德森的犯罪记录的，这一点没有人清楚，但显然这没有阻碍斯坦继续发展与他的关系。并且当安德森在2010年因用皮带对他的儿子进行扼喉和殴打而再次被判虐待罪并处以缓刑时，斯坦对此事视若无睹。法庭规定安德森必须接受心理辅导，后来他便声称自己已经痛改前非、重新做人，但有关他有暴力倾向的传闻却从未平息。尽管如此，斯坦和安德森两人如影随形了很多年，在世界各地，无论是私人还是工作场合，麦克斯·安德森都作为斯坦的斗士和保护者出现。"斯坦爱麦克斯，"凯文·史密斯

第三部分　一夜骤富

（Kevin Smith）曾多次与安德森打过交道，他回忆道，"麦克斯也爱他，麦克斯确实对他照顾有加。"

斯坦借助过去的辉煌成就来打造他的品牌，然而他眼下的创作努力屡屡碰壁。POW 推出的作品最后都沦为各种各样的失败品。包括一本名为《斯坦·李的超级英雄圣诞节》(*Stan Lee's Superhero Christmas*)的儿童读物，一部直接进入录像带市场的电影《斯坦·李的光速》(*Stan Lee's Lightspeed*)，一部在线连载漫画《斯坦·李的周日漫画》(*Stan Lee's Sunday Comics*)，你还可以在使用斯普林特（Sprint）[1]网络的手机上看到一部动画连续剧，被很粗糙地命名为《斯坦·李 POW! 移动版》(*Stan Lee POW! Mobile*)。所有这些作品，斯坦和查姆匹恩都对媒体发布过天花乱坠的宣传，但在市场上的表现都惨不忍睹。这些作品的出炉过程或是离奇，或是坎坷，或是草率。例如，在 2000—2010 年间，美国科幻频道（Sci-Fi Channel）与 POW 签了一项协议，制作一部电影《斯坦·李的鸟身女妖》(*Stan Lee's Harpies*)，但是，与《双面艳舞女郎》一样，协议中指明的创作方向仅仅只有那个标题。实际创作概念和编写剧本的任务被交给了斯坦和一位名叫迪克兰·奥布莱恩（Declan O'Brien）的电影编剧。根据奥布莱恩的说法，他和斯坦最后决定这将是以神话中鸟身女妖为题材的喜剧恐怖片，奥布莱恩写了一个剧本，但制作公司"把它做成了一堆屎"，最终变成一部气氛严肃、情节拖沓的电影。奥布莱恩记得斯坦对他说，"迪克兰，我得把我的名字从这部电影上去掉，但你的名字应该保留，因为你这样的年轻人需要积累工作成绩。"

---

[1] 译者注：Sprint 是美国一家无线通信运营商。

电影就这样发布了,是一部完全失败的作品。

此后不久,斯坦萌生了重新制作《双面艳舞女郎》的想法,这一次他想带一点轻喜剧色彩,但主体是正正经经的动作冒险漫画。他们请来了画家安东尼·温(Anthony Winn)采用漫威模式进行创作,虽然他很喜欢与斯坦合作,但这部漫画还是一败涂地。"POW有潜力,但说实话,我觉得他们没有在对的地方进行投资。"温这样说。他记得曾在POW讨论过聘请一系列主创人员的问题:"他们本应建立一个团队,而我应该在那里担任类似于艺术总监的角色,但他们最终没有这样做,他们把项目搞砸了。"

那些在媒体发布会中高调宣布的项目大部分都最终陷入困境。例如,和音乐人林戈·斯塔尔(Ringo Starr)合作的项目,最初是一部漫画作品,后来又有公告说会是一部电影,先发售DVD影碟,以后会再改编为其他媒体形式。漫画家斯科特·洛布德尔(Scott Lobdell)曾前去参加这个项目,他发现项目内部十分混乱。他为一段电影音乐写了一个脚本并为插入斯塔尔的原创歌曲留出了空间,在与斯塔尔和斯坦会面时,这两位明星人物都表示非常喜欢他的创作。然而,斯塔尔的经纪人觉得洛布德尔对斯塔尔的创作设立了太多过于具体的限制,因此洛布德尔被解雇了。可是大约6个月后,他再次被POW聘用并被要求从头再来。洛布德尔回忆道:"然后他们说,'我们在你做的第一个脚本上投入了太多的钱,所以这次我们只能付你大约3000美元来完成这个脚本'。"这钱少得可怜,但洛布德尔喜欢斯坦,所以不管怎样他都接受并完成了工作。他说:"我一直不知道后来事情进展如何。"实际上这个项目最终也悄无声息地失败了。

在娱乐行业,一些设想最终成为泡影其实是司空见惯的事,但

第三部分 一夜骤富

POW 的作品要么是粗制滥造，要么根本没有制作完成。还有人说，这不是 POW 存在的问题，而更像是 POW 的特点。我们来看看围绕着加尔·莱斯特（Gar Lester）的那部"狼人"电影发生的故事。莱斯特是一名好莱坞基层经纪人，他在童年时代曾是漫威迷俱乐部的成员。据他所述，2005 年左右在洛杉矶，他在大街上碰巧遇见斯坦。他告诉斯坦他有一个构想可以拍成电影，一定会是部让人赞叹的大作，想让他公司旗下的一位演员主演，斯坦相信了他。

于是他们开了一个会，查姆匹恩也在场，莱斯特介绍了他的想法：拍摄一部电影，主角是拥有超能力的狼人，片名就暂定为"狼人"。"狼人和吸血鬼的故事总是很受欢迎。"莱斯特记得斯坦这么说。据说查姆匹恩曾告诉莱斯特，他必须投入 15 万美元才能完成这部电影，而莱斯特确实这样做了。"我们有一些业余作家写的剧本，写得不太好，"莱斯特回忆道，"我把我毕生的积蓄都投进去了。我们一直保持联系，我当时觉得吉尔对我很不错。可是现在回顾整个过程，我们做的每一件事情，吉尔·查姆匹恩实际上都在从中作梗。他拿到了那 15 万美元之后，就好像说，'好，从此我就可以牵着你的鼻子走了'。"几年时间过去了，这部电影没有取得任何进展。"任何事情，吉尔都会拖延。"莱斯特说。他还补充说，演员克里斯托弗·沃肯（Christopher Walken）和雷·利奥塔（Ray Liotta）对参演这部电影很感兴趣，因为他们想与斯坦合作，但没有任何资料可以展示给他们。"每一次讨论，任何事情，吉尔都会拒绝。"莱斯特说，他现在相信这是个故意设好的局，整件事情都是 POW 将投资款收入囊中的阴谋，"我心里很清楚了，他根本不想推进这个项目。"

漫威先生：斯坦·李的传奇人生

莱斯特指出，他拥有这个创意的知识产权，所以后来当POW被出售给中国的承兴国际集团时，他十分震惊地发现，他的创意未经征询就被包含在出售方案中，并且，他没有从交易中获得任何利益。莱斯特觉得他不可能在与公司的诉讼中获胜，只能认栽，损失了所有的金钱和时间。当我向查姆匹恩问起此事，他并没有确切地否认，他说："加尔·莱斯特是一个项目的投资人，同时也是斯坦的好友，我们花了几年时间努力想和他一起制作这部电影，但在2017年承兴集团引入了新的管理层之后，我基本上就被排除在决策过程之外。但我知道他们决定不再推进这个项目，差不多就是那样。"而莱斯特说："太遗憾了，斯坦是个大好人，我真心觉得吉尔·查姆匹恩毁了他。吉尔·查姆匹恩是斯坦身上的寄生虫。"

然而，斯坦可能并不像莱斯特想的那样无辜。一家名为沃康（Valcom）的制作公司曾与POW达成协议就各种文娱项目进行合作，但未能产出任何实质性成果，后来在法庭诉讼中他们称POW的如意算盘是从沃康获得资金继而占有款项，并不进行任何投资来推动项目。更重要的是，诉讼中提到"被告人李代表被告方POW!娱乐公司所作的陈述意图误导原告"，而李"明知这些陈述实际上都是虚假的"。POW后来进行了反诉，此案以和解告终。"我确定和解条款是保密的，所以即使我记得我也不能说。"当我向查姆匹恩问起这件案子以及和桑德曼的那桩官司时，他拒绝做出详细回答，但补了一句："在打官司时，人会说出各种各样的疯话。"话虽这么说，可这并不能消除人们的怀疑，更何况后来据说小林抛出了一些说法，直指这一时期内发生的非法账簿记录和其他经济犯罪行为，虽语焉不详但也足以让人惊愕万分。

第三部分　一夜骤富

如果这些违法行为确实发生过，那么斯坦要么参与其中，要么他对自己的公司太疏于管理，以至于被蒙在鼓里。当然，他有足够多的理由坚持和POW的伙伴们站在同一阵营，但长期来看，他们总是输多赢少。在2005年初，斯坦似乎取得过一次胜利，在他和漫威公司关于分配电影和电视节目利润的诉讼中，法官做出了有利于斯坦的裁决。不久之后，漫威悄悄地与斯坦达成和解，虽然和解的具体条款保密，但斯坦可能拿到了1 000万美元以换取他撤销对漫威角色的所有申诉，并且放弃了1998年合同中规定的利润分割。利伯曼策划了这份和解协议，据说他还出面劝说斯坦接受。1 000万美元对当时的斯坦来说肯定是一笔不小的数目；但从长远来看，这是一个无以言表的战略性错误：漫威在后来的几年里从电影上赚得了几十亿美元，也就是说，如果斯坦没有放弃他的权益，他的收入本可以远远超过他得到的那笔买断款。

与此同时，POW在美国有线电视网（Cable News Network，以下简称CNN）上播出的真人秀节目《谁想成为超级英雄》(Who Wants to Be a Superhero)小获成功，在节目中，斯坦对那些来自现实生活但怀着英雄梦的普通人做出评估，参赛人则要表现出实力和品德来证明自己，最终的奖品是以获胜者为主角制作一部漫画书。这个节目持续了两季，在英国也播放过一小段时间，后来就随着众多新节目的涌现而逐渐销声匿迹了，但它的成功足以让POW有理由紧接着制作了又一个真人秀节目，共有3季，名为《斯坦·李的超级人类》(Stan Lee's Superhumans)，在这个节目中，主持人会采访一些具备非凡才能的人，并会在插入的片段中与斯坦一起对被访者评头论足。虽然这些节目在流行文化世界中并没有获得更大范围的反响，但随着斯坦获得的客串演出机会越来越多，他的个人品牌得到了不断提升。2007 年，《大西洋》(The Atlantic)杂志将他评为"第 26 名最有影响力的在世美国人"；2008 年，乔治·W. 布什总统授予了他美国国家艺术勋章。POW 与迪士尼的一家附属企业"银溪影业"(Silver Creek Pictures)签订了一份优先合作协议，根据该协议 POW 可以每年获得 250 万美元，因此得以维持公司运转，并且有消息宣布迪士尼将制作 3 部斯坦品牌的电影:《尼克·瑞奇》(Nick Ratchet)、《恶灵骑士》(Blaze)和《虎女》(Tigress)，但这 3 部电影最终都未在市场上发布。

然而，迪士尼没有放弃合作，他们用真金白银加倍投资，POW 和斯坦自然从中获益颇丰。一位名叫斯坦利·康普顿(Stanley Compton)的保险经纪人先前曾是 SLM 的投资人之一，与斯坦和查姆匹恩都相识，与迪士尼的一名高管恰巧也是朋友。有一天他突然在睡梦中灵感乍现。康普顿回忆道:"一天晚上我做了一个梦，在梦中我想到，POW 需要资金，而迪士尼一直在物色题材。第二天一早醒来后，我对女儿说，'我要厘清一下他们可以互补合作的地方，然后去和 POW 谈谈'。"毫无疑问，POW 对这个主意很感兴趣，于是康普顿促成了这样一笔交易，迪士尼将以 250 万美元的价格购买 POW 公司 10% 的股份。然而，POW 的股东后来提起诉讼称:"李、查姆匹恩和利伯曼并没有将这些资金用于 POW 的运作，而是拿这些钱偿还他们几人向公司提供的'贷款'，还有付给他们自己所谓一定比例的'延期赔偿'，那些收益都被用来给李、查姆匹恩等人加薪了。"

就在 POW 与迪士尼的交易被正式公布前几个月，或许部分因为在这个协议的谈判过程中受到了启发（康普顿是那样揣测的），迪士尼以40亿美元的价格收购了漫威——也有可能与POW交易的真实目的是防止斯坦对收购漫威造成干扰。不管怎样，2009年8月31日，天价收购漫威的消息被正式宣布，斯坦自60年代起就梦想着把漫威变成下一个迪士尼，如今算是成为现实，但对这个正是凭借其创作的众多知识产权作品才让漫威有资本与迪士尼达成交易的人来说，个中滋味苦乐参半。尽管斯坦那份1998年的合同仍然有效，他依然可以每年从漫威拿到100万美元的稳定薪资，但公司的新主人所能攫取到的巨额财富将远远超出斯坦的想象力。斯坦曾经有机会买下漫威，但搞砸了，而现在他不得不站在圈外眼睁睁看着无尽的财源滚滚流向他人，是那些人做到了斯坦未能做到的事：让漫威真正走向巅峰。

话虽如此，可在几星期之后，迪士尼对漫威的收购案就出现了问题，这个问题可能会让整桩交易告吹，还会大大损害斯坦的公众声誉。杰克·柯比的家人发布了数十项所谓的版权终止声明，声称是柯比创造了漫威的一众超级英雄；而鉴于当初辉煌时期的漫威在很多法律事务上都有着颇多曲折，所以其实柯比才是真正的版权所有者。现在柯比的家人打算把版权从漫威及其许可方手中夺回来。漫威立即采取行动反击，对柯比家族进行起诉，由此揭开了一场激烈的法律交锋。

斯坦在利伯曼的陪同下至少做了两份证词记录。一次是在2010年5月13日，另一次是在同年12月8日，虽然证词全文仍处于保密状态，但在公开文件中释出的部分内容非常值得关注。这里有几个原因。一方面，虽然斯坦坚称是他创作出了核心概念和主要人物，但他也公开表示，就一些次要人物而言，"杰克经常会在故事中引入很多新角色"，这是微妙地承认在漫威的漫画时代许多作品根本不能说是共同创作，而是柯比的心血。其次，他在2002-05号诉讼中秉承与公司一致的立场，他说他是否拥有这些角色"不是此项争议的一部分"，并且他一直认为他的作品归公司所有。

在其他人的证词中，有一些内容显得非常毒辣。柯比的儿子尼尔被问到他有何依据认为一定是柯比创作了钢铁侠；他的回答是"我的依据是，我对我父亲与李先生两人的创造力高下对比十分清楚，李先生是一位出色的营销人士、一位出色的职业经理人，十分擅长自我推销。但老实说，我不认为他有任何创作能力"。

还有一份很特别的证词来自拉里·利伯，他被要求作为漫威的证人出庭。拉里在这之前的几十年人生中历经坎坷。他曾有过婚姻，但妻子死于癌症，之后他同一个他称为人生伴侣的女子长期交往，但对方罹患不明疾病后也离世了。于是他住在曼哈顿的单间公寓里形单影只，勉强度日，而且和他的哥哥一样，他后悔自己从事了漫画行业，而没有写小说或成为主流视觉艺术家。他与斯坦的关系很复杂，有一些互相矛盾的地方。在工作方面，他俩的关系比以往更紧密了。1986年，拉里应斯坦的要求，接手《蜘蛛侠》报纸连载漫画的绘画工作，并一直持续了好几年。尽管罗伊·托马斯在2000年左右的时候，以未署名的方式接手了这部漫画的文字部分，斯坦在拉里将绘画工作转交给了迈克·凯利（Mike Kelly）之后还是会找拉里谈自己的各种修改意见。就这样，斯坦和他的弟弟会每星期交流几次，但总是很简略且并不含任何私人事务。拉里回忆道："斯坦曾经从他办公室打电话给我说，'你有10分钟的时间，说不准下次会什么时候打给你，肯定是你意料不到的时候'。"

第三部分　一夜骤富

除了那些职场对话，两人之间鲜有交谈。拉里不喜欢坐飞机，他很少去加利福尼亚看望斯坦和琼；而斯坦在造访纽约时，经常会回避拉里。有一次，斯坦参加纽约动漫展，但没有告诉拉里，所以拉里和他的伴侣林恩只是在电脑前看到了关于斯坦在展会上露面的网络报道。我问他那件事是否让他很难过，他回答说："是的，当然，我为林恩感到很难过。虽然我早已见怪不怪了，但我还是为林恩感到很受伤。"我问为什么这么说，他说："因为我觉得林恩会很高兴去和他们碰面，但他们不想接纳她。他们一次也没有……琼甚至从来没有打电话向她问个好。"所以，当漫威希望拉里出来作证，支持公司对柯比家族索赔时，他的态度有些举棋不定，但斯坦告诉他，如果漫威输了这场官司，可能意味着公司必须取消《蜘蛛侠》连载漫画，也就是说，会掐断拉里的主要收入来源。"我不知道这是不是在向我施加压力，"他说，"又或者他只是在为我着想，以实相告？我不清楚他的动机到底是什么。"我问拉里，斯坦终其一生有没有说过爱他。拉里的回答很直接："没有。"

2010年11月，斯坦以本人的身份客串了一档电视节目，但可能没有多少人注意到。那是在一集真人秀系列节目《好莱坞宝藏》（Hollywood Treasure）中，主持人乔·玛德莱纳（Joe Maddalena）拿到了柯比为《神奇四侠》第12期创作的原画，并在圣地亚哥动漫展上让斯坦鉴别真伪。他在后台区找到了斯坦，斯坦穿着一件POW定制的施塔特（Starter）[1]夹克，吉尔·查姆匹恩警惕地坐在旁边。玛德莱纳说："这本书与你有关。"斯坦马上高声回答："这是我写

---

[1] 译者注：施塔特是90年代在美国风行的夹克衫品牌。

的!"然后斯坦很郑重地翻看画稿,仔细寻找哪些旁注是他而不是柯比写的。"你看,这很有意思,"他说,"那些探究漫威历史的人总是在写文章研究杰克的标注。他们从来没有研究过我写的标注,因为我总是在漫画定稿后把它们都擦掉。"

与斯坦的交流时间很短。结束后,玛德莱纳与斯坦的一位佚名工作人员有过这样一段对话,为节目增添了一个很有意思的花絮。"我问:'他有画稿吗?'"玛德莱纳在镜头前回忆道。"(这位工作人员)说:'车库里有好多好多盒。'我问:'你说什么,车库?'他答:'储物架都已经放不下了。'我说:'好吧,可我听到斯坦说他什么也没有啊。'那家伙说:'储物架上放满了画稿,斯坦搞不清他自己的东西,他从没认真看过。'"斯坦先前从未提过他有这样一笔收藏,这让人很好奇那里面可能会有什么,以及是否有什么东西是为了某种别有用心的目的而被藏起来秘不示人。

就在这期电视节目播出的前后,POW幕后进行的交易活动更是让人瞠目结舌。利伯曼和查姆匹恩决定,为了进一步筹措资金,他们希望POW不再作为阿托利安的子公司,而是独立进行整体上市。小林对公司的种种问题和困难有着切身认识,因此她强烈反对这个想法。她直觉斯坦"对公司的大多数日常活动,或签了哪些文件一无所知"。她事后曾说,她担心SLM公开上市的悲剧会重演。小林说:"我受够了,但他们说,'不,我们要上市。不管怎样都要上市。你将是这家上市公司的首席财务官'。我说,'不,我不同意'。"于是她选择离开POW,并在斯坦的支持下成立了"斯坦·李基金会",一家针对扫盲和教育的非营利慈善机构。但自诞生以来,这家机构除了筹款之外几乎没有做任何事情(有一次筹款活动还包括销售一

第三部分 一夜骤富

种品牌袋装咖啡,据称和斯坦每天早上喝的是完全一样的口味),宣称他们着眼在未来做一番事业。

POW 的状况也几乎毫无起色。2010 年准备全面上市时,这家公司却命悬一线,依赖迪士尼的投资维持,同时支出巨额款项作为高管层的薪酬。根据法庭文件,斯坦的年薪为 30 万美元,并由公司全额承担飞机头等舱、礼宾轿车以及豪华酒店等产生的费用,公司还与斯坦有一项协议,如果由于健康原因不能履职,他仍可以每年白白拿到 12.5 万美元。据说那年还有一份协议给出了更加优渥的条件,该协议将让斯坦最终拿到 113.25 万美元,而利伯曼则将额外拿到 119.5416 万美元。POW 通过销售和外部投资赚得的营业收入却少得可怜,2009 年营收只有区区 11.3306 万美元。对比之下,POW 付出的薪酬金额与其收入的比率高达令人咋舌的 715%。

这些薪酬协议就是所谓自利交易的实例。斯坦、查姆匹恩和利伯曼掌控着 POW 的董事会,这意味着他们在没有任何独立监督的情况下把这些巨额资金送入了自己的口袋。在 2010 年 12 月 10 日向美国证券交易委员会提交的第一份文件中,POW 公司表示有 97% 的收入来自同一个客户,据推测就是迪士尼。文件中还承认,对公司来说斯坦本人就是一个风险,因为整个公司建立在他的个人品牌之上,如果他失去行为能力,他们将失去所有的投资。这种情况很有可能发生,因为他变得越来越迟钝,心脏也有问题,需要安装起搏器。更糟糕的是,股东桑德曼和巴特聘请了私家侦探贝琪·奥特林格调查 POW,收集信息并在几个月后提起了诉讼。

与此同时,斯坦和他的团队仍在为他们即将揭幕的大项目进行宣传造势。其中一个项目是与漫画出版商 "BOOM! 工作室"(BOOM!

Studios）合作，斯坦负责创造一些新的超级英雄角色，然后由其他人绘制漫画和编写故事。资深漫画作家马克·韦德（Mark Waid）负责这个新项目，他第一时间向我指出，斯坦可不是什么甩手掌柜。尽管在外界看来，上了点年纪的斯坦似乎不管在什么货色上都乐于贴上自己的名字，但韦德说斯坦密切参与了这部漫画的创作和编辑过程。他还说到有一天与斯坦开会，拿新一期作品的草案给他过目，斯坦一边看一边面露异色。"他看到最后，然后说，'我不能把我的名字放在这上面'。我的心顿时沉了下去。"韦德回忆道。好在修改之后的最终版得到了斯坦由衷的首肯，但给韦德留下深刻印象的是，斯坦不愿给自己不欣赏的东西打上他的个人标签。尽管如此，与BOOM！的合作并没有持续很久，每个漫画故事都只出版了短短数期，之后整个项目就被取消了。

这样的结果已经司空见惯了。还有一个项目名为《斯坦·李的超凡七侠》（*Stan Lee's Mighty 7*），计划进军多种媒体渠道，这是一个史诗风格的超级英雄故事，故事中斯坦本人统领了一个由超人类组成的团队。但这个项目一直很不顺利，最终制成了一部直接进入 DVD 影碟市场发售的动画电影。配音演员的组成很杂乱，有吉姆·贝鲁西（Jim Belushi）、肖恩·阿斯汀（Sean Astin）、马伊姆·拜力克（Mayim Bialik）和红辣椒乐队（Red Hot Chili Peppers）的贝斯手弗利（Flea）。但这部电影很糟糕，漫画也在出版几期之后再无后续，甚至留下了许多悬念未解。他们还曾宣布将与演员和前加州州长阿诺德·施瓦辛格合作，启动一个名为《终结者州长》（*The Governator*）的项目，之后却在施瓦辛格的外遇曝光并引起媒体热议后悄悄束之高阁了。在为美国职业橄榄球大联盟创造超级英雄吉祥

第三部分　一夜骤富

物的计划告吹后,POW 又转向了国家冰球联盟并获得了肯定,但那些角色都给人一种廉价感,其中有一些应该是直接抄袭的漫威人物,比如为佛罗里达美洲豹队设计的"美洲豹"看起来就很像漫威的"黑豹"。这些角色自从初次亮相就遭到了毫不留情的嘲笑。

他们还推出了一个斯坦·李的油管(YouTube)官方频道,制作了一些几乎无人问津的垃圾节目,比如"斯坦的抱怨"(Stan's Rants)。在这个系列中,斯坦会坐在办公室里看着摄像机谈论一些令他感到困扰的事情。"这些瓶子里的水是怎么回事?"在一集节目中他曾经问了这样一个问题。他们还高调创立了一个专在军事基地举办音乐会的项目"斯坦·李的 POW 人系列音乐会"(Stan Lee's POW!er Concert Series),但不久后也悄无声息地关闭了。他们甚至还开发了一款"斯坦·李特选古龙香水"——"只要 24.99 美元,你就可以买到一瓶香水,闻起来有'佛手柑、生姜、白胡椒、九层塔和紫罗兰的味道,并带有雪松、香根草和麝香的层次感',但鲜有人为此买单。这些东西都毫无吸引力。

让事情变得更糟的是,亚瑟·利伯曼于 2012 年 5 月去世,这让公司失去了最有力的领导者。同月,桑德曼和巴特发起的诉讼达成和解,但这只是因为他俩已经耗尽了打官司的资金。另外,他俩还有一件事耿耿于怀:据说他们为一部纪录片拍摄的镜头资料被盗用于另外一部纪录片《巨大的力量:斯坦·李的故事》(With Great Power: The Stan Lee Story),这部故弄玄虚的片子是斯坦努力造神的一部分,发布后反响寥寥。当然,斯坦本尊毫发无伤。这部纪录片以一群名人的镜头开场——塞斯·罗根(Seth Rogen)、詹姆斯·弗兰科(James Franco)、林戈·斯塔尔、尼古拉斯·凯奇(Nicholas

Cage)、塞缪尔·L.杰克逊（Samuel L. Jackson）、凯文·史密斯等——他们诉说着斯坦在自己眼中有多么伟大，而漫威那些高价作品吸引着越来越多的热情观众。

斯坦继续忙于各种客串演出，甚至短暂地回到漫威来为一部新漫画短篇策划情节和对话，这是一个关于"神奇四侠"与"石头人"（the Thing）一起欢度光明节的短篇故事，石头人在最近的故事中已被塑造成了正统的犹太人。这是斯坦唯一一次涉足有关犹太教或犹太人的故事，故事很温馨，但略有点古怪，因为在故事结尾，里德（Reed）和约翰尼（Johnny）[1]不是犹太人，却故意在大街上戴上了被称为"kippot"的犹太圆帽，对高度敏感的犹太人群体来说，这种冒犯可不仅仅是"不够尊重"了，也许，这是斯坦对他祖先的方方面面知之甚少的结果。

即使有这些职业生涯的起起落落，我们也有理由相信在这段时期工作和声誉并不是斯坦的主要关注点——最让他头疼的似乎是他的女儿。据熟人所述，JC变本加厉地失去了自控力，经常酩酊大醉并吸食毒品，还对其父母和他人使用辱骂言语。说话柔声细语的布拉德·赫尔曼（Brad Herman）在洛杉矶可是一位大忙人，他最初是通过给演员伯特·雷诺兹（Burt Reynolds）洗车在演艺界起步的。经过几十年的奋斗，他成了包括斯坦在内好莱坞各色人物的业务经纪人和调解人。在他的记忆中，对JC的担忧几乎完全占据了斯坦和琼的心思。"这其中的症结就是'我们怎么做才能平息女儿的问题'？"他说，"我在这里用'平息'这个词就是表达其字面意思——JC·李

---

[1] 译者注：里德和约翰尼是"神奇四侠"成员。

那时候是个火药桶,我猜她现在仍然是那样。我的意思是,她一遇到事就炸,像只斗牛犬。我觉得根本没有办法管好这个人。"他和其他一些人都记得,JC 曾经在几天里打了将近 50 次电话给她父母,冲他们大喊大叫,怪罪他们没有给她足够的资金,或没有给她足够的机会让她依托父辈的名望。斯坦那时都被她和琼榨干了。

拉里·利伯记得,他有时会鼓起勇气打电话告诉斯坦不要再去参加那些会展活动了,因为斯坦已经一把年纪了,身体很虚弱。"有时他会说:'他们给我开的条件太好了,我没法拒绝。'还有些时候他会说:'这钱我想赚啊。'"拉里告诉我说:"有一次,我说,'你需要这么多钱干什么'?然后斯坦就唠叨了一堆关于他妻子和女儿的事情,'她俩太能花钱了。我老婆挥金如土,我女儿有过之而无不及'。"

赫尔曼说不准 JC 到底算是什么病症,但他表示她"健康状况不佳,而且很长一段时间以来都是这样"。艾伦·杜克(Alan Duke)是一名自由记者,在乔治亚州出生,曾为 CNN 工作,他在做了一次关于斯坦的报道之后与斯坦一家有所交往,后来和 JC 成了朋友。据他说,JC 平时是个挺有趣的人,但她有很严重的妄想症。据艾伦回忆,JC 曾决定要录制一首基督教儿童歌曲,名为"小宝贝耶稣"。"碰到任何有点名气、与音乐界有关联的人她都会去谈论这首歌,"他说,"这只是出于虚荣心,完全不可能成功的。"据杜克说,音乐人麦克莫尔(Macklemore)和莱恩·路易斯(Ryan Lewis)当时推出了一首大热歌曲《旧货商店》(*Thrift Shop*),JC 却一口咬定这首歌是从她那里偷来的,因为她曾经遇到过一个根本不相干的人也叫莱恩·路易斯,并且和他聊过音乐。"这完全没有道理。"杜克说。

2013 年，杜克和 JC 开车去拉斯维加斯看喜剧表演，据他说，她喝得大醉并服用了某些药物，开始刁难其中一位喜剧演员。到了场外杜克当面斥责了她并把对话录了下来，在录音里你可以听到 JC 在对杜克叫嚷："我才是该死的有才华的人。你要么尊重我，要么滚出去，你们没有人尊重过我，你现在也不尊重我。"杜克说这件事让斯坦不再将他视为核心交际圈中的一员，然后就发生了传闻中的肢体冲突事件。根据赫尔曼和杜克的说法，2014 年 3 月 16 日，斯坦和琼在家里提前庆祝 JC 的 64 岁生日，并给了她一辆崭新的捷豹汽车。可是，这辆车是租来的而不是买来的，这让 JC 勃然大怒。赫尔曼说，JC 对她父母进行肢体攻击时他就在现场。根据他的描述，JC 抓着琼的一只胳膊，把她推向一扇窗户，这时斯坦大喊："我要把你扔在一间小公寓里，收走你所有的信用卡！"还说，"我受够了，你个忘恩负义的垃圾！"

根据赫尔曼的叙述，JC 随后扼住斯坦的脖子，把他的头朝木头椅背撞去。在杜克的个人网站上现在仍然可以看到一些令人痛心的照片，琼在镜头前展示大面积的深紫色瘀伤，赫尔曼说这些照片是他当场拍摄的。几年后杜克看到了这些照片，然后把照片带去了洛杉矶警察局，但当警察来到斯坦和琼的家进行调查时，夫妇俩却说没有发生过这种虐待行为，于是案件被撤销了。我通过 JC 的律师柯克·申克（Kirk Schenck），询问 JC 对这些说法及其他一些问题有何回应，但没有收到过任何答复。

然而一直以来斯坦仍在给予 JC 经济支援。她最后在洛杉矶拥有两栋房子，旧金山还有一套公寓，尽管她仍然经常入住洛杉矶的马尔蒙城堡酒店。瓦莱丽·弗里德曼（Valerie Friedman）是斯坦和琼的朋友,她说:"是斯坦纵容了JC,她这人太糟糕了,是斯坦的溺爱让JC变成了那样。琼倒是会坚持一些底线,能说出'不,我不会给你买那个28 000美元的手提包'之类的话。但斯坦总是会屈服。"斯坦和琼时常替他们的女儿感到忧心忡忡,他们甚至付钱给一个混迹于好莱坞、妄图攀龙附凤的家伙,名叫杰里·奥利瓦雷斯(Jerry Olivarez),为的是让JC不至于百无聊赖,用杜克的话来说,让他充当JC的"保姆"。

然而,事实证明奥利瓦雷斯本身就是一个大麻烦。他说服斯坦帮他创办了"尊重之手"(Hands of Respect)公司,表面上,这家公司的目标是寻求促进美国白人和黑人之间的合作和理解。公司有一个公开的计划是销售一款别针,设计图案是一只黑色的手握着一只白色的手,销售得来的资金将被用于一些社区项目。斯坦尽心尽力地在媒体和他的社交媒体账号上宣传"尊重之手",但后来事实证明,这家公司纯粹就是为了营利,所有的钱都被收入囊中,从未被捐出去过。有人通过写博客揭露了这一情况,这家公司随即就停止了广告宣传。但奥利瓦雷斯对我说,"等到事情尘埃落定后"他会重新开始运作。总之,凡是与JC这个独生女有关的,很少会有什么好事情。

也是在这同一时期,李氏家族与一位神秘绅士凯亚·摩根(Keya Morgan)建立了密切关系。此人的品行也十分可疑。摩根的过往扑朔迷离。他声称自己有犹太血统,在纽约城出生长大。实际上,他来自蜘蛛侠故事中彼得·帕克所在的皇后区森林山附近,他的母亲菲丝·摩根(Faith Morgan)是一位心理学家,并且如他本人所述,有着"四五个"不同的继父。在一些法庭文件和警方报告中,他的法定姓名为凯亚拉什·马扎里（Keyarash Mazhari），但他告诉我，实际上他出生时的姓名是凯亚·摩根（Keya Morgan），另外那个名字纯粹只是人们的误会，因为他有一个继父姓"马扎里"。

摩根是个手段高明的生意人。通过收集、销售和授权使用玛丽莲·梦露和亚伯拉罕·林肯的纪念物大赚了一笔，他甚至说巴拉克·奥巴马为了林肯的一些随身物件联系过他。他还说自己与小唐纳德·特朗普（Donald Trump, Jr.）私交甚笃，很久以前在纽约的一个醉酒狂欢之夜还救过这个富二代的命，而小特朗普确实在他父亲成为美国总统之前曾多次在推特上热络地转发摩根的推文。当我与他会面时，他向我展示了一期特朗普企业旗下已停刊的杂志，上面有一篇关于摩根经营纪念物品生意的长篇报道。从一些照片上看，他似乎与莱昂纳多·迪卡普里奥的父亲乔治及巴兹·奥尔德林（Buzz Aldrin）十分亲近。最关键的是，摩根说他与流行歌星迈克尔·杰克逊是最好的朋友，虽然他时不时拿自己与其他名流的合影炫耀，却没拿出证据来证明这一点，并且，他说正是杰克逊在 2000 年左右把他介绍给了斯坦。

但是，艾伦·杜克坚称此言不实。根据他的说法，他才是介绍人，他先是为 CNN 撰写了一篇摩根的人物简介，随后在不早于 2010 年的某个时间将摩根介绍给了李一家人。在这份简介中，刺杀了肯尼迪的李·哈维·奥斯瓦尔德（Lee Harvey Oswald）的遗孀说她曾与摩根在其搜罗纪念品的时期有过接触。这可能是她首次在媒体上曝光，仅这点就足以让人感到惊奇。杜克说，他让摩根与李一家人认识后不久，摩根就搭上了 JC，两人交往甚密。事实将会证明，摩根和 JC 的结盟会让斯坦在未来承担巨大的后果。

第三部分 一夜骤富

此外，有一个人一直潜藏在人们的视线之外，那就是彼得·保罗。从SLM被搞垮以来，他的经历跌宕起伏、错综复杂。2003年7月他被从巴西引渡回美国（他说他早就想回去做一个了结，但被禁止这样做），2005年他就SLM一案认罪，但他现在的说法是由于比尔和希拉里·克林顿派代表来向他施压，他才迫不得已认罪。与克林顿夫妇的纠葛对于保罗已经变成一种执念，让他逐渐耗尽心力。保罗起诉他们撕毁了比尔为SLM担任代言人的幕后协议，还诋毁他在希拉里竞选活动中做出的贡献。在立场保守的法律组织"司法守望"的支持下，他仍深陷在这场诉讼中达数年之久，后来他对"司法守望"也发起了诉讼，控告他们没有坚持履行关于前案对他做出的承诺。2009年，他被判处10年监禁，但他最终提前获释并与妻儿一起回到了他的出生地佛罗里达。

其间，他在幕后帮助组织了针对POW、漫威和斯坦的一系列法律攻击。有一些身份不明的SLM投资人将公司重组为一个没有员工的法人实体，并在2010—2020年间发起了一连串让人眼花缭乱的诉讼案。案件细节一团乱麻，但事情本质很简单：这个空壳版的SLM公司声称它是斯坦的名字、肖像和专用语的合法所有人。它还索讨POW在SLM疑云重重的破产过程中买下的SLM资产，甚至还包括斯坦名下创造的所有漫威漫画角色。那些媒体记者抓破脑袋也没弄明白，为什么一家叫"斯坦·李传媒"的公司要起诉斯坦·李本人。有一位联邦法官被这场官司弄得不胜其烦，他在2011年的一次听证会上对所有各方大加抨击："不只是今天，而是已经很长一段时间。这件案子的混乱程度令人难以置信。我想说，这已经快变成一桩困局了。"他还补充道，"这个案子的各方互相纠缠，引发了更多难以解答的问题,却根本没有接近于解决原本相当简单明了的争议。"

虽然在这些诉讼的背后不止保罗一人,但他向我承认他参与其中,他认为发起这些诉讼是正义的,并且必须这么做。保罗说:"我们要的最终结果,就是恢复斯坦·李传媒公司的股东们理所应当拥有的权利,斯坦对这些权利视而不见并偷取了它们。他这样做是为自己的利益。"我问他,他觉得全世界的人会怎样看待斯坦·李传媒公司不仅不雇用斯坦·李,反而积极与他针锋相对。"我愿意开诚布公地谈论这个问题,"他说,"问题的关键是,那些东西已经不再属于他。我是说,这件事要么合法,要么违法。"我指出斯坦是个受人爱戴的人物,许多人会把保罗视为攻击他的恶人,这会对法理上已经重生的 SLM 造成损害。保罗回答:"我的人生经验告诉我,人们往往会罔顾事实,而基于各种各样的理由形成自己的看法,所以我早就不在乎别人怎么看了。"

说到公众形象,漫威和斯坦只差一点就彻底毁了自己的声誉。2014 年,柯比家族的官司经过一再上诉,在美国司法体系中层层递进,到了最高法院也开始准备考虑是否应当聆讯此案的地步。似乎全世界即将公开围观在最高司法级别展开的一场争夺漫威宇宙的恶斗,而迪士尼很可能会落败,这会让整个漫威企业完全陷入混乱,还可能就原创作者的权利开创一个可能撼动整个娱乐产业的先例。但是,就在最后一刻,即 2014 年 9 月 26 日,迪士尼与柯比一家达成了和解,迪士尼支付了一笔具体金额不详但必定数额巨大的款项,保证今后在将柯比的作品改编成电影时将把柯比的名字和斯坦一同列为原创者。在这之前柯比的名字很少被放在应有的位置,这着实

第三部分　一夜骤富

让人感到不公。李、柯比之争从此不会在斯坦的有生之年硝烟再起，但更折磨人的新争端正在等着斯坦。

2015年10月的最后一个周末，"斯坦·李的动漫宇宙展"（Stan Lee's Comikaze Expo）举办期间，在洛杉矶会议中心出了一些问题。几年前，POW与之前就举办过的"动漫宇宙"漫画展达成协议，用斯坦的名字给这个会展冠名，但这一次，斯坦已经是局外人。他参加过为数不多的几次活动和新闻发布会，大多数时候都是展现出睿智老翁的形象，在台上来回走动，有着与92岁这个年龄毫不相称的活力，侃侃而谈重复了50多年的趣闻逸事，虽然可能故事版本略有不同。然而有些时候也会显露出他的力不从心。

在一次关于POW新项目的小范围座谈会上，查姆匹恩向与会者介绍斯坦时称他为"超级英雄之父"，他们互相戏谑了几秒钟，然后斯坦自言自语似的脱口而出，"新电影的名字是《大天使》（Arch Angel）"！人们呆立片刻。查姆匹恩随即在大家面前对斯坦说："不，我们已经改成了《大外星人》（Arch Alien）！"斯坦拍了拍自己的脑门，马上使出他拿手的街头传教士般的手法："大外星人！我只是想测试一下看看他有没有认真听我讲。"他说，"我重复一遍：大外星人！你们一定在想这究竟会是个什么故事。我们不会卖太多关子。我们会给一些提示，但不会把整个故事说出来，因为这个超级英雄故事是史无前例的，它涉及整个宇宙。"然而《大外星人》项目未能实质启动。在一次小型新闻发布会上，斯坦和电影制片人兼商人特里·杜加斯（Terry Dougas）宣布联手出版了一本名为《龙与熊猫》（Dragons vs. Pandas）的儿童读物，斯坦却一度想不起书名到底是什么。就在那次新闻发布会上，斯坦谈到杜加斯时说："不，和他一起合作真是太棒了。工作都是他的，功劳都是我的。没有比这更好的安排了！"——考虑到斯坦历史上的越界行为，这个调侃可非同一般。

斯坦在漫画大会上往往会在展位上坐几个小时，无数的漫威迷排着长长的队付费让斯坦签名（如果愿意付一笔额外费用，你还可以得到一份签名的"认证"），斯坦脸上始终摆着笑容，却看不出是否真正发自内心的快乐。签名展位的旁边是"斯坦·李超级博物馆"（Stan Lee Mega Museum），一个有点古怪的地方。这里的特色是一排又一排与斯坦有关的纪念品。有多年来斯坦赢得的无数奖项，还有电影道具和漫画家特别为他画的画。但超级博物馆中的有些东西真的很难与斯坦扯上关系——他展示了数十本漫威新近出版的漫画书，这些作品显然与他毫无瓜葛，却都被签上了斯坦的名字，因此也被作为受人追捧的物件陈列出来。这种让人吃惊的做法在无意中印证了那些攻讦斯坦的人对他的评价。那些前来参观的人不会想到，这座博物馆有一天也会引发一场波澜，JC 后来指控马克斯·安德森将一些属于斯坦的展品非法占为己有。荧光灯将整个展会大厅照得通透敞亮，然而投下的阴影亦长而又长。

斯坦仍在努力工作、策划新的项目，情况却变得有些不乐观。自《双面艳舞女郎》以来，POW 最接近成功大卖的作品是根据斯坦回忆录改编的图像小说，名为《惊奇、神奇、不可思议：非凡回忆录》(Amazing Fantastic Incredible: A Marvelous Memoir)，由彼得·大卫（Peter David）撰写文字并由画家科琳·多兰（Colleen Doran）创作漫画。但在 POW，这部作品是个例外，公司签下的一个又一个项目，一个又一个协议，要么虎头蛇尾，要么再无下文。2016 年，凯亚·摩根和斯坦想了一个新点子，起名为"尼特隆"（Nitron），计划

第三部分　一夜骤富

在多种媒体领域打造成一个特许品牌,他们把这个题材交给了一位名叫迈克尔·贝纳罗亚(Michael Benaroya)的制作人。摩根和贝纳罗亚至今都不愿意详谈内容细节,因为他们仍然希望有朝一日作品可以问世,但是摩根还是对我说:"'尼特隆'是一颗行星,我从没对人透露过,那上面到处是水晶和银,一个景色壮丽的世界,就在仙女座。"

斯坦和摩根与贝纳罗亚碰面时,这位制作人正在为另一个项目忙碌,是对一本尚未发行的漫画《血液商人》(*Blood Merchant*)进行改编重制,故事的中心人物是一个贩卖血液给吸血鬼并为吸血鬼黑手党工作的人。贝纳罗亚问斯坦是否愿意为这部作品做点宣传或指点一二。贝纳罗亚回忆说:"对于他没怎么参与创作的角色,他不想去沾光或由他去推出。他觉得这个题材有点意思,但会关于故事创作提出不同的想法。"斯坦看了漫画草稿并写了一条标注:"为什么故事的开头场景很奇怪,是关于主角以外的人物? 不是应该直接从核心故事线开始吗?"贝纳罗亚试图解释,"这在后面就会有情节呼应,我们觉得从故事的这部分开始就早早关联比较重要,也更酷一些。"但斯坦看着他说:"我在这一行干了很久了,你说的我都看得出来。"

最终,贝纳罗亚建议等斯坦提供一份完整意见后再由他们来研究。摩根和斯坦向他介绍了关于"尼特隆"的设想,贝纳罗亚欣然同意入伙,于是三人在好莱坞的业内出版物上大肆宣传这部即将出炉的大作会有多棒。尽管贝纳罗亚在讲述这段历史时颇有些自豪,但这整个画面不由得让人有些伤感:一位名人在93岁的年纪,迫于经济绝境来为一本蹩脚恐怖漫画书写注脚,这本书尚未完全存在，就因为行业内漫画改编风潮的过度泛滥而被选中；而斯坦转头又去为另一个低成本项目造势，这个项目在他余生中不会有丝毫实质进展。

更麻烦的是，斯坦还得对付我。2016 年，我写了一篇关于他的个人介绍，发表在《纽约》杂志旗下的艺术文化专题网站"秃鹫"（Vulture）上，文中表达了对斯坦作品原创性的怀疑，这造成了斯坦和摩根两人与魔术师大卫·科波菲尔合作一事搁浅。据摩根说，斯坦对我的文章大为光火，德克兰·奥布莱恩记得就此事给斯坦发过电子邮件，得到的回复是"谢谢，小德。无视他们，别无他法"。

与此同时，POW 向美国证券交易委员会承认公司处于崩溃边缘，无法填补持续亏损，吉尔·查姆匹恩心里明白，是时候放弃这套商业战略了。2015 年左右，他们开始悄悄地寻找公司的潜在买家，并终于在2016年底靠一位顾问瑞克·里克特（Rick Licht）找到了买主：承兴国际集团。2017 年 3 月 15 日，POW 注销了其在美国证券交易委员会的上市公司登记，股东们认为这是为了及时终止美国证券交易委员会对公司的审查，以便应对后续的事务。

根据后来的一项集体诉讼——POW 对指控内容全盘否认——POW"散布了一份内容虚假、误导且不完整的代理声明，建议 POW 的股东投票赞成并购案"。据说这份代理声明书称所有股东都同意并购，如果诉讼内容所言不虚，那么真实情况就是斯坦和查姆匹恩不顾股东反对做出了决定。诉讼内容中还提到，"此外，李和查姆匹恩没有聘请银行家去向潜在买家兜售公司，也没有去获取有关 POW! 真实价值的客观意见。相反，李和查姆匹恩可能仅仅雇用里克特，或者仅仅同意用 POW! 股东的钱去支付所谓的佣金，除此之

第三部分　一夜骤富

外几乎没有任何作为"。

诉讼中还提到，斯坦和查姆匹恩歪曲了并购的成本，向股东收取了交易费用，且从未向他们提供股份价值的准确数字，并且，总体来看，"查姆匹恩和李参与了了一个骗局，其全部目的只在于让他们自己在合并对价中按比例获得的份额之外，还能获得额外利益，并且将额外利益的成本转嫁到不相干的POW股东身上"。查姆匹恩拒绝对此诉讼发表评论，因为此案尚在审理中，但他也急忙指出，严格来说，被起诉的并不是POW公司，而是公司董事个人。当时一般公众没有人知道，在POW和承兴公司高层对媒体长篇累牍的发言背后，还有着更多东西可以证明公司存在不当行为和管理不善的问题。

外行人可能会认为，斯坦至少在2017年7月可以庆祝一番。一部新的蜘蛛侠电影《蜘蛛侠：英雄归来》即将上映。这是又一部归属在斯坦名下的人物为主人公、大红大紫的漫威电影，斯坦再次在电影中客串角色（他扮演一个纽约人，目击彼得·帕克与他的邻居发生争执）。也许最重要的是，这部电影进一步让漫威电影宇宙成为全球娱乐业的领导者。漫威电影宇宙当时所赚得的钱已经足以匹敌一个小国的GDP，它建立在斯坦产生自60年代的理念之上，是一个相互交织、欲罢不能、互文共通的故事世界。斯坦长久以来的跬步终于让《英雄归来》这样的电影一跃千里。但是，正当这部电影上映之时，发生了对斯坦来说更为重大的事情：他的妻子生命垂危。

琼几个月来一直身体状况不佳，终于有一天因中风而入院，于7月6日在医院去世。这对于斯坦是毁灭性的打击，他对妻子的爱一直都那么热切、专情。他没有为琼举行葬礼仪式。瓦莱丽·弗里德曼给斯坦打了两次电话，一方面表示她和罗恩的哀悼，另一方面也为了查看他的状况。斯坦对她说，自己伤心欲绝，已经生无可恋。瓦莱丽感到十分担忧，于是再一次打去电话，却吃惊地发现，"电话线被切断了"。她说，罗恩开车去斯坦家，想看看他是否没事。"有一个人站在那儿，"他回忆道，"我说：'我是来见斯坦的。''不，你不能进来。''为什么？''你不能进来。'"罗恩一头雾水，同时为他的朋友感到害怕，但他只能回家，再设法弄清楚到底发生了什么。

第三部分　一夜骤富

第十章

分崩离析

• 2017—2018 年 •

"我们就是雇佣兵,"乔纳森·博勒杰克(Jonathan Bolerjack)如是评价道,撇着些许南方口音,"如果有人不承认,或者假装是出于什么高尚的原因,那他们是在撒谎。"在 2019 年的纽约动漫展上,这位 30 多岁的年轻人在雅各布·贾维茨会议中心(Jacob Javits Convention Center)明晃晃的灯光下,捋着他那一头帅气的棕发。他谈论的是斯坦最后岁月里围绕在他身边的核心圈子,在那段时间里,斯坦饱受一些品行堪忧者的困扰,包括博勒杰克本人,他自己也承认这一点。博勒杰克为麦克斯·安德森工作,因此在斯坦衰落的岁月里经常和斯坦在一起。"刚开始我只是一个小屁孩,如果你问一个粉丝'嘿,你想和斯坦一起出去玩吗',没人会错过这个机会的,"博勒杰克说,"久而久之,你就慢慢成为他随从中的一员。就像暴力一样,你会习惯它,你会变得麻木,会觉得暴力是一件正常不过的事情。"他继续说,"我们都是普通人,没上过大学,我们平庸得没法再平庸了。从很多方面来看我们根本没有资格,这纯粹靠运气。这点你得看明白,人人都装得好像自己有非凡的才华似的,其实我们这些人都没那样的本事。"

第三部分　一夜骤富

我问他，如果他和他的伙伴们没什么特别的本事，为什么能如此接近斯坦，他可是20世纪最受追捧的作家之一。"我觉得，你唯一需要的本事就是做一个非常善于胡说八道的人，"他笑着说，"凭这个本事你就可以入伙。你要么会溜须拍马，要么能口吐莲花。还有一样，这世上很多事情都是如此，你要有关系，得有人赏识你。如果你能让斯坦也对你青眼有加，那么差不多已经大功告成了。斯坦实际上是很好的试金石，可以检验出你是什么样的人，"博勒杰克说，"因为当你触及斯坦那种层次的金钱和权力时，你的所想所为就能反映出你是一个什么样的人。"

斯坦人生的终章实在很难去粉饰。从琼撒手人寰的那一刻起，再到16个月后他自己辞世长眠，一直有股邪恶势力纠缠着他，试图从这位90多岁病弱、抑郁的老人身上尽可能榨出更多的利益。在斯坦最后的岁月里，除了博勒杰克外，他的身边人都说只有自己才是真心对待斯坦，而且只有他们"奋不顾身"地与那些"寄生虫"进行斗争。

然而，要搞清那些恶人的身份困难重重，我们能看到的只是这段时间里他们的所作所为造成的恶果。大部分的录音资料是凯亚·摩根在几乎秘密的状态下录制的，从这里面我们可以听到斯坦的声音极其焦虑和痛苦，令人震惊。他冲着女儿叫嚷，还因为妄想症而叫嚷着有人即将害他性命。斯坦曾发布过一些公开声明，将其核心圈子中的某个人说成是撒旦的化身，特别是那些他在之前或之后公开宣称为自己唯一真朋友的人。这期间还发生了多起有警方涉入的事件，以及一桩关系到10亿美元的官司。斯坦的朋友和同事努力尝试与斯坦取得联系，然后想解救他，但基本上徒劳无功。当死神终于向这位 95 岁的老人来袭时，法律文书已被修改，钱财也已被卷走，斯坦的"缅怀者们"通常在他们的悼念文稿中剔除最后的岁月中那些不甚美好的细节。可是，如果忽略斯坦人生最后阶段发生的事情，那是对残忍的事实采取回避态度，同时也无助于我们看清斯坦遗产的去向。

表面上看，琼的去世似乎引发了一场权力争夺战，其实这已经酝酿许久。斯坦生活中的"核心五人组"——麦克斯·安德森、杰里·奥利瓦雷斯、凯亚·摩根、JC 以及 JC 的律师兼友人柯克·申克——都在某种程度上互相蔑视。虽然他们在某些情况下也会结成同盟，但那通常只是基于利害的权宜之计，不可能长久。根据后续各个事件的发展，可以看出他们之间一直在伺机把对方逐出舞台。忠心耿耿、时常蛮勇的琼不再能作为保护斯坦的堡垒，再加上斯坦因琼的离世而备受打击，所有人都急于填补斯坦身旁的空缺。第一步，摩根和 JC 的同盟似乎开始着手摆脱安德森、奥利瓦雷斯等众多忠心维护斯坦及其利益的专业人士，正如一位内部人士形容的那样，他俩"沆瀣一气"。在摩根的要求下，斯坦的会计师被解雇，诡异的是，取而代之的是文斯·马奎尔（Vince Maguire），他是扮演蜘蛛侠的明星托比·马奎尔（Tobey Maguire）的兄弟，因此他可以接触到大量的斯坦个人财务文件。有报道说，跟随斯坦多年的管家和园丁也遭到了解雇。摩根改掉了斯坦的电话号码，基本上使他自己成了斯坦和整个外部世界之间唯一的通话渠道。

最让人感觉不妙的是，摩根不知何时在斯坦的家中安装了录音设备（他声称得到了斯坦的同意）并开始记录下那里所有的事情。摩根也承认，他一般不会特别告知访客他们正在被录音，只是在入

第三部分 一夜骤富

口附近的标识上写明该场所有监控。在申克的协助下，摩根和JC试图全方位地接管斯坦的生活，表面的理由是他们觉得安德森和奥利瓦雷斯是居心叵测的坏演员，对斯坦图谋不轨；更深层次的原因则可能是这样做可以给他们自己带来利益。

对于JC来说，动机很简单：她要钱。斯坦和琼建立了一个信托基金，负责在他俩离世后给JC定量发放生活津贴，而不是把斯坦的钱一下子都交给她，他们不希望挥霍无度的女儿很快败光所有的家产，最终因此而穷困潦倒、流落街头。申克是《NCIS》(*NCIS*)的制作人乔治·申克（George Schenck）的儿子，他是一位具有人身伤害诉讼和娱乐法专业背景的律师，曾经受雇代表POW，同时他的副业是混迹于好莱坞底层娱乐圈。他在自己的正式履历中，说他参与了ABC电视台的系列真人秀《交换女主人》(*Wife Swap*)的制作和发行。申克也加入了JC的阵营，就和摩根一样。摩根声称自己只是想保护斯坦，但其动机仍然可疑。"凯亚有某些替代方案，可以让他从中牟利，"一位害怕遭到诉讼而匿名发言的内部人士这样怀疑，"否则，他怎么会和一个基本上整天都在睡觉的95岁老头在一起，还要应付成天冲着他大吼大叫的JC？如果没有某种形式的回报，根本没有理由待在那种环境里。"

与此同时，在公开场合，斯坦在琼死后几乎是立刻就回到了常态。这种情况的确看上去有些怪异。琼逝世仅8天之后，斯坦就参加了迪士尼的D23大会，大会过程中有一个历史性的时刻。迪士尼决定将"迪士尼传奇"称号授予漫威的两位缔造者——斯坦·李和杰克·柯比。杰克的儿子尼尔·柯比（Neal Kirby）曾在诉讼过程中对斯坦进行了非常毒辣的抨击，他代表已故的父亲接受了奖项，并且和斯坦在致辞中对过去的恩恩怨怨都缄口不提。这可是一桩了不得的大事：可以说，两个来自敌对阵营的人，在此为全球流行文化中最重大的艺术争端之一"签署了和平条约"。

　　鉴于 POW 还在不断推出新的项目，公众便更加有理由认为事情仍在正常运作：斯坦参与的一部动画连续剧《反照者》(*The Reflection*)将在日本首映，有个中国公司宣布他们正在联合组建一个电影工作室，将为 POW 制作 5 个项目（POW 近年来在环太平洋地区签了不少生意）。斯坦宣布接下来他会在更多展会上露面。除去本应在悲痛中的斯坦频繁在公众面前亮相这一点，你会觉得一切都进展得不错。但在不为人知的幕后，斯坦似乎是被强推到台前充当公众形象的，他本想用这段时间来哀悼妻子。毕竟，这都关系到钱。"他不想再去那些展会上露面了，"博勒杰克说，"他不喜欢长途旅行，他不想在酒店过夜。这些他都很清楚地表达过，这根本不是什么秘密。如果你是他身边的人，你就肯定听他这样说过。"我问他，那为什么斯坦言行不一呢？博勒杰克的回答相当直言不讳：

　　因为斯坦这个人很容易受人摆布。如果你想让斯坦做某事，并且你了解斯坦这个人，大概说上 4 句话你就能达到目的。斯坦有很强的负疚感。这倒并不是说斯坦知道我们啥都不是，而是他知道有人靠他谋生。他知道当自己退休时，这些人没有本事继续维持生计。只要你愿意，就可以那样攀附他。如果斯坦对你有好感，可能 10 分钟内他就会把房子送给你。他是一个慷慨、轻信的人，很容易被人利用。

第三部分　一夜骤富

据报道，斯坦在8月7日签署了一份声明，可能是出于摩根的授意，斯坦声明安德森和斯坦一直在平均分配超级博物馆的收益，更重要的是，安德森的展品都是借来的。随后几个月一直风平浪静。斯坦的少数几个密友，比如弗里德曼一家，仍想知道斯坦到底怎么了以及在他好莱坞的家中发生了什么。他们不知道，一笔据称是非法来源的巨额交易正在进行中。10月4日，斯坦名下的空壳公司向奥利瓦雷斯的"尊重之手"开了一张30万美元的支票，备注栏上写着"贷款"一词。奥利瓦雷斯始终坚称这份"来自斯坦的贷款"清楚明白，但在12月，斯坦和摩根向警方报告称这张支票是伪造的。几天后，斯坦账户的审计结果发现，有一笔85万美元的提款被奥利瓦雷斯用于在斯坦家附近购买了一套公寓。奥利瓦雷斯表示这笔操作同样获得了斯坦的许可，但斯坦和摩根向警局报案称发生了文书伪造和盗窃。除此之外，最终事实表明，不管使用了何种合法或非法的手段，奥利瓦雷斯的确取得过斯坦的委托授权书。

摩根向媒体曝光了这一切，奥利瓦雷斯被立即逐出了斯坦的核心圈子，再也没有回来。然而在此期间，表面上依然一切如常。12月28日，安德森在比弗利山庄的一家牛排馆为斯坦举办了一个小范围的惊喜生日派对，有大概20—30人到场。凯文·史密斯参加了这个聚会，他说斯坦看上去精神不错。斯坦和史密斯一直在商谈让斯坦在史密斯的下一部电影里亮个相。据史密斯说，斯坦问他："我们什么时候开机？"史密斯回答："我敢保证，应该很快。"然而，有些迹象表明事情并不会顺利。JC当时坐在史密斯的旁边，但史密斯长期以来一直鄙夷她的贪得无厌，他认为JC总想利用斯坦的名声来美化自己的形象。就在他说电影即将开机拍摄的时候，JC马上插嘴说:"除非也带上我,否则他不会参加拍摄。"史密斯被激怒了,他向斯坦道了句生日快乐,然后便走开了。

斯坦肯定出了什么事。博勒杰克说他在 2017 年 12 月末见到斯坦,"他还是斯坦,非常敏捷活跃,我不知道怎么形容,那种精气神都在。可之后在 1 月 2 日见到他时,他就变了,成了一个完全不一样的人,肯定出什么事了。从那以后,他再也不是以前的那个斯坦了。"博勒杰克揣测斯坦可能中风了,但他拿不出什么证据。他继续说:"我向他身边的一些医护人员谈过我的担忧,但都被无视了。没人当回事,他也更加任人摆布了,他那时根本没有任何的抵御力。"

很少有人愿意正式谈论这段时间内发生的事情,所以一旦有人这样做就会让人有些吃惊。私家侦探保罗·卡茨(Paul Katz)就是个例子。他以前与摩根有过接触,卡茨与玛丽莲·梦露有些无关紧要的关系,所以摩根在制作一部关于梦露的纪录片时,拍摄过对卡茨的访谈,但此片尚未发布。卡茨一直认为摩根是个怪人,卡茨说:"我们打电话时,他会突然说'我现在不能和你聊了,特拉沃尔塔[1]在另一条线上'。"卡茨回忆说,有一天,"他突然打电话问我觉得为斯坦·李工作怎么样?"卡茨说自己很感兴趣,并应邀去 JC 的某处住宅会面。但怪异的是,"凯亚告诉我,必须穿笔挺的西装,特别是指甲一定要修剪干净,因为她很在意这点,"卡茨说,"会面时我把一根手指在嘴里含了一秒钟,结果 JC 用了半个小时谈论指甲有多脏。我开始觉得越来越沮丧。然后她从文胸里拿出 2000 美元现金,都是 20 美元面额的钞票。她把钱递给我,说'帮我对付这些人。我

---

[1] 译者注:此处应指好莱坞明星约翰·特拉沃尔塔。

第三部分 一夜骤富

想知道这个杰瑞（奥利瓦雷斯）是怎么回事。我们要收回我们的委托授权'之类的话。"

卡茨同意了。"凯亚说自己是出于好心，他喜欢这些人，想保护他们，"卡茨说，"我心想，有人盗用了他们的授权，那帮助他们的确是件好事。"但是，当卡茨被告知去代表斯坦的律师汤姆·拉勒斯（Tom Lallas）的办公室参加会议时，他才开始明白真实情况。卡茨到了那边，十分惊讶地发现奥利瓦雷斯也走进了会议室，对于此类案件来说这太不寻常了。卡茨说："我心想，这是怎么回事？我很生气。"他说正当他准备起身离开时，摩根给了他一个提议。"凯亚把我拉到外面，说：'是这样的，我们必须把授权拿回来，如果你我联手，我们可以把这份委托授权改到我俩名下！'"卡茨说："我回答，'如果你要这么干，那是你的事。我可不想要他们的授权。'"

此外，据卡茨表述，经常向人吹嘘自己从一些电影大项目中赚了数百万的摩根，要求卡茨把 JC 付的酬劳分给他 10%，因为他也在这个案子中出了力。卡茨回忆道："我对他说，'你刚刚才告诉我你是怎么赚到了 2000 万、甚至 4000 万美元的，而且你说过帮他们做这些事情纯粹是出于好心'。"当我向摩根问起卡茨对他的指控时，他其实并没有反驳，只是评价卡茨是个"失败者"以及"绝对只是个无名小卒"，"从未见过斯坦"，并且和 JC 只是"在她家见过一次，JC 给了他 4000 美元现金，买了秘密窃听器和录音设备安装在斯坦的房子里"。但摩根声称他制止了这些安装窃听器的人。卡茨非常愤怒，他在会议结束后找拉勒斯谈了谈，在他的帮助下就所见所闻发表了一份正式声明，然后斩断了与摩根的联系。卡茨记得，他曾告诉拉勒斯，"你应该雇用安保服务，这案子水很深。"

斯坦的粉丝们开始在公众中散布这一评论。2018年1月9日，一则爆炸性新闻发布了。当时《每日邮报》的一篇报道中，指控斯坦对在其家中工作的女护士有猥亵行为并要求其进行不雅行为，新闻还称这家未被透露名称的护理机构正在计划起诉斯坦。仅仅两天后，依然是《每日邮报》报道称，去年4月，斯坦在芝加哥对一名女按摩师进行了性侵害，后来确认这位女按摩师名叫玛丽亚·卡巴洛（Maria Carballo）。斯坦的团队坚决否认这些说法。虽然考虑到这些事件的道德严重性，我们应该非常严肃地看待这些报道，但这里有3个因素需要斟酌：一方面，那家护理机构最终并没有像报道中所说的那样采取法律行动；另一方面，卡巴洛带着她的案子走访了两家律师事务所，随后销声匿迹，因此很难直接查明有关她本人或其指控的相关信息；最关键的是，考虑到斯坦的年龄和虚弱的身体状况，斯坦周边圈子里的许多人，包括博勒杰克，都觉得这些性侵犯事件是不可能发生的。

当然，如果说所有这些不当行为真的发生过，那也是完全可能的，但把这些消息泄露出来的目的是定点清除某人。毕竟，这些事件的连带伤害都落在了摩根的竞争对手安德森身上：作为团队经理人，他被指控放任芝加哥性侵害事件的发生，在第一篇报道中，还揭露了安德森曾经虐待妻子和儿子的历史。另外，摩根似乎之前就向撰写这些文章的那位《每日邮报》写手提供过新闻材料，但摩根轻描淡写地称其为"我和斯坦在一起时曾致电给我的100多名记者"中的"某位记者"。我与摩根交谈时，他经常谈到以前在外出旅行路上，安德森如何安排"性工作者"与斯坦发生性接触，并说他有录音证据，但从未在我面前出示过。他还告诉我，他认为这些性侵指控"是由麦克斯精心算计并在他被斯坦踢出局后一手导演的",并且"(卡巴洛)把麦克斯也列为起诉对象,那只是为了干扰人们的视线,为了误导大家"。

不管事实如何,现在焦点集中在安德森身上。安德森似乎打算拼死一搏来扭转局势,他驱使斯坦签署了一份法律声明,列举了他的家庭生活支离破碎陷入混乱的种种方面,将矛头指向奥利瓦雷斯、摩根、申克和JC,并补充说JC精神状态不稳定且资不抵债。这可能还不是安德森反击的全部:我得到了一段录像资料,一位女性据称是斯坦的护士之一,她一边抽泣,一边向JC和其他一些人描述安德森是如何给她5万美元换取她做出关于JC的不实证词。但不管安德森是否做过挣扎,那些都不足够有效。2月15日,洛杉矶警察局和成人保护服务处接到报案后,来到斯坦家调查有关安德森殴打、盗窃和虐待老年人的指控。摩根后来说,他就是那个打电话报案的人。随着又一个障碍被扫除,摩根终于牢牢掌控了"漫威先生"的生活。

凯亚·摩根是这样一种人。一方面,如果他认为对他有好处,他就会不断地与你联系。在为本书所做的调研过程中,他每天都会通过电话或短信主动与我联系,大谈特谈来自他的故事版本,宣称他绝对清白,并拿所有他认识的名人来吹嘘。他常说他刚刚挂掉和罗伯特·德尼罗或阿尔帕西诺的电话,谈论他与许多电影明星的关系有多亲密。这让我感受到他的另一个特质,即他完全不知何为谦逊。我从来没有听过他为任何事情道歉,或以任何方式承认错误,相反,他经常责怪周围的人造成了所有的麻烦。他发誓他是唯一照顾斯坦的人,这倒似乎所言不虚,至少他的确带斯坦去看医生,证据就是他手上有大量斯坦在诊所拍摄的私密照片。

这让凯亚在谈到他自称"深切关爱的斯坦"时，表现出一种令人不安的、暴露狂一般的方式：他会给你看大量隐私性质的照片，比如斯坦躺在医院病床上，看起来痛苦而苍老；或者，斯坦当时在服用的药物清单，甚至是可以看出斯坦有心脏问题的检验报告单。摩根还是个狂热的推特用户，经常在那里大发议论，维护正遭到性侵犯指控的迈克尔·杰克逊，或是抨击记者撰写的关于他的"假新闻"，他说他会起诉并打垮他们当中的许多人。如果他怀疑我有可能打算引用一些关于他的负面言论，他就会用舆论攻击来威胁我。然而，他的某些举动又好像是在努力自我诋毁，和他对自己的道德评价相矛盾，他曾经打电话和我谈到一个完全违反道德、甚至可能是违法的提议。"我有一个朋友克隆了斯坦·李的电脑硬盘，"他在电话里这样告诉我，"他想知道对你来说这值多少钱。"我拒绝了这个提议，挠了挠头，有点搞不明白是什么样的人，会在录音谈话中对一个记者说出这样的话。

斯坦去世后不久我就联系了摩根，但他在将近一年之后才与我见面。他很早就说"等那边暖和一点时"我们会在纽约城里碰面，可一直等到芳菲夏日，他还那么说。到我差不多已经不抱希望时，他在 2019 年 9 月主动联系我，说他想在洛杉矶与我会面，给我听一些可以还他清白的录音。我们约定 10 月份在洛杉矶郊外的一家意大利连锁餐厅见面，他告诉我他会带一名武装保镖，"因为我从没见过你"。到了那天，约定的时间已过，我收到摩根发的短信，他通知我必须换到另一个地点，因为这个餐厅不安全。他带来了一名武装保镖盖文·万诺威（Gaven Vanover），此人先前也曾为斯坦工作过，万诺威到餐厅后,护送我去依然保密的第二个会面地点。当我们穿过购物中心时,我问万诺威我们为什么要换地方。"安全原因,"他说,"只是出于安全原因。"

我们到了一家牛排馆坐下闲聊了几分钟,接着摩根来了,他戴着墨镜,着深色西装,拿着笔记本电脑、一堆书和杂志。他没有带律师,考虑到他正在为虐待斯坦一案的庭审做准备,我觉得这有点不寻常。后来我了解到,他是想在会面伊始表明他的诚意。他为我一一展示了那些书和杂志的内容,指给我看在哪里提到了他,通常都只是因为他为刊登林肯或玛丽莲的照片给予了使用权许可。也有一些内容是有助于提升他个人形象的访谈或专访,但这些似乎都没有提及任何关于他的具体背景细节。摩根告诉我,不要相信记者艾伦·杜克撰写的 CNN 人物介绍中的内容。他有些不情愿谈论他的个人历史,每当我问到一些具体细节,他都会急切地切换话题。

最后,他打开笔记本电脑,开始给我播放斯坦和他身边人的一些录音,据说这都是在斯坦的许可下录制的,但我必须承认,斯坦在录音中所说的话令人震惊,完全与其公众形象不符,我甚至怀疑,如果他真的事先知道在录音的话,是不是老人家说着说着就把录音这事给忘了。这些编辑过的录音文件,都是从摩根不断声称拥有的"成千上万小时"斯坦录音中挑选出来的,这些录音的内容令曾经痴迷斯坦的我感到寒心。

在摩根为我播放的 20 段录音中,绝大多数都涉及斯坦与他女儿的关系。这段关系看来千疮百孔,非常糟糕。有很多次,我听到斯坦的声音,要么是冲着女儿大喊求她让他安静一会儿,要么是他在向别人倾诉做她父亲是有多难。录音不包含任何上下文,所以这里只能借用 T. S. 艾略特的诗句，"一堆破碎的形象"[1]。"叫他告诉她[2]滚出去，我快被她气死了！"斯坦在和摩根谈到 JC 时曾这么说。在另一盘录音带中，摩根向斯坦转达 JC 的电话留言，说她爱她的父亲，斯坦回答说："见鬼去吧，她根本不懂什么是爱。"还有，"我不想每次她打电话来都不舒坦"。还有一段录音，JC 指责斯坦"和琳达有一腿"，这可能是指他的护士琳达·桑切斯（Linda Sanchez），斯坦咆哮道："滚出我的房子！"再有一段，JC 大喊："你为你女儿做过什么？""你停了我的信用卡！"斯坦告诉 JC，作为艺术家她已经搞砸了："我希望你能创作一点我可以放在画廊里的作品，那样我才会为你感到骄傲。"斯坦指责 JC 患有躁郁症。JC 则告诉斯坦，她恨他，因为斯坦不支持她创作一部关于 FBI 的漫画。斯坦还说 JC "总是搞得我想自杀"……种种父女间不和谐的事例，很刺耳，并且无穷无尽。

这里还有一些非常让人不适的录音。好几次我听到斯坦对 JC，或在说到 JC 时使用一些种族主义、恐同和厌恶女性的言辞。"我觉得你是我认识的白人女性中最蠢的一个！"他对着她大喊大叫，她回答："滚去死吧，斯坦！"在另一段录音中，斯坦与摩根谈及 JC，说她"本应是一位有魅力的女性"，然而，她实际上"是你能想象的最差劲的女同性恋"。再如 JC 告诉斯坦她打算领养一个非裔婴儿（核心圈内的人说她曾一度执迷此事），斯坦对她冷哼一声，说："你为啥见鬼地想要一个黑人孩子？"这些话无疑让斯坦的狂热崇拜者们感到震惊，他们长期以来一直把斯坦看作进步或者至少自由主

[1] 译者注：出自艾略特的作品《荒原》。
[2] 编者注：指 JC。

第三部分　一夜骤富

义的宽容和平等价值观的拥护者。实际上，就我所知，有件事情或许暗示了斯坦是个公开的种族主义者：有一个名叫卡尔·梅西（Cal Massey）的不知名非裔美国漫画家，他讲述了在20世纪50年代初期与斯坦合作的故事，梅西称斯坦向他转述了美国内战之前的一首吟游歌曲《玛萨被埋在冰冷的地下》（*Massa's in de Cold Ground*）的内容，当作一种"恫吓策略"。梅西的叙述是这样：

> 我走进房间时斯坦说："梅西被埋在冷冰冰的地下。"我坐下时他又说，"梅西好邋遢。"然后我起身准备离开，斯坦问我去哪里。我说，"我以为在纽约已经不会有这种事情了。祝你今天愉快。"……斯坦是在拿一首奴隶制时期的美国南方歌曲的歌词来引人注意，我不喜欢他这样。他对我解释说，"我只是想测试一下，看看你的性格如何。"

然而，除了梅西的那段回忆之外，人们在斯坦身上很难找到明显的事例来证明他头脑中的偏见。他的崇拜者和合作伙伴都尊崇他为勇士，并且与当下的消费者有着相同的价值观。但是，与其说斯坦是一个可以舒舒服服交往的人，倒不如说，他可能更大程度上依然是一个20世纪20年代的孩子。

摩根给我听的录音中有一类都是和麦克斯·安德森有关。在数份录音中，斯坦告诉摩根，他觉得安德森虽然当时已经被他赶出了内部圈子，但他可能会回到斯坦家里来进行报复、伤他性命。一直以来，摩根都在积极煽动斯坦心里的这些恐惧情绪。在一盘录音带中，斯坦谈到安德森，"他这人很疯狂，什么事都可能做，"他担心安德森会回来寻仇，"你带枪了吗？"他问摩根，摩根说没有。然后斯坦开始想象一个可怕的场景，例如安德森可能会用枪托砸破摩根的车窗，然后补上一句，"我也应该有把枪……我们去买几把怎么样？"后来，斯坦又谈到安德森，"他会在杀了我们之前还折磨我们""我们不知道他打算怎么报复，但他肯定在计划""他会毫不犹豫地杀了你或我"……对于最后一点，摩根表示认可斯坦的观点，并补充道，"他这人视人命如草芥。"摩根还与斯坦谈到了他认为斯坦需要搬进一个具备高级安保措施的公寓，这样才能避开安德森。摩根后来试图将此计划付诸行动并因此被指控绑架。值得一提的是，其他人对我说，安德森似乎并没有太大的威胁，摩根和申克只是为了自己的利益，才谎称安德森很危险，他们试图控制斯坦的房子。关于绑架的指控可能并不可靠，因为斯坦肯定对搬家表示同意，但问题是，他的同意是否曾被传达出去。

然后是最后一组录音，我觉得摩根放给我听，是为了激起对他善行的赞赏。录音中，斯坦说自己很痛苦，觉得自己濒临死亡边缘。"如果我今天死了，我觉得那样挺好，"斯坦在一段录音中说，"我已经没有什么可留恋的了。"摩根对他说，这种态度是"自私的"，"我们需要你。"但斯坦不为所动，他补充说，"我不喜欢做个老头"，"一点也没意思。仅仅是……还喘口气。"我和摩根大概会面了5个小时，然后挥手作别。我花了数年时间研究斯坦，但仍然被斯坦的话语震撼。概括来说，刚刚听到的那么多录音让我猛然意识到了一个事实：传记作者可能永远无法真正掌握一个人的真实自我。

斯坦这条小舟正在驶入更加猛烈的风暴。前文中提到斯坦的前任护士琳达·桑切斯，她提交了一份法律声明，其中包含了一些关

第三部分 一夜骤富

于摩根、申克和JC的惊人内容，情节堪比离奇刺激的电视剧。这里有一些控诉JC的内容为例：

> JC经常以言语虐待她的父亲。她冲他大喊大叫，试图恫吓他，并对她父亲大声说出可怕的侮辱性言辞，这导致他的血压每天都有升高的情况。举例来说，不管他们同处一室还是在电话上交谈，JC都会对她的父亲高声喊叫，试图让他对JC自身的问题感到内疚，她会说"就是因为你，我的生活才这样一团糟"之类的话。JC试图操纵李先生的心理，使他感到内疚，对他造成精神损伤……就在最近，我听到JC刻意说"我是女王"，以及"我要接过王位"……李先生曾表示，他认为他的女儿JC需要进行精神病评估并进入医院或机构进行治疗，因为JC"不正常"。令人震惊的是，我曾听到JC告诉她的父亲："在你把我送进精神病院之前，我会先把你送进精神病院。"……JC经常把李先生的钱称为"我的钱"……

这样的内容还有很多很多。桑切斯作证说斯坦曾受到申克的恐吓，并且她的声明里包含了一些生动的描述，涉及身体虐待（"我知道当JC喝醉或吸过毒后，她会把脚放在李先生的脸上"）、欺骗（"摩根试图强迫李先生相信自己不拥有其住宅的所有权"）、抑郁（"李先生私下告诉我，经历了这种日复一日骚扰之后，他已经不抱希望，并且觉得自己现在能做的只有'去睡觉'和'等待死亡'"），以及怀疑（"李先生在和我交谈时曾提到，他不信任摩根，不喜欢摩根，摩根是一个危险的人，李先生想要摩根离开他和他女儿JC的生活"）。

斯坦的助手迈克·凯利（Mike Kelly）也随之发表了一系列声明，详细说明了摩根如何控制斯坦的工作和个人生活，包括不让他进入POW办公室，在凯利与斯坦的任何交流中全程陪同，不许斯坦私下谈论自己的情况。声明中还详细谈到了某夜，摩根和JC在没有事先通知或批准的情况下，前往POW公司办公室取走了数个盒子，内容物品不明。让斯坦更加感到扑朔迷离的是，摩根和JC称在银行电汇交易过程中丢失了140万美元，而且无法确定罪魁祸首，警方又一次来到斯坦家进行调查（但没有得出任何结果）。所有关注斯坦的人都开始觉察到，斯坦的世界遭受着极权和混乱的双重困扰。

让人困惑的事情还不止这些，公众对来自斯坦的信息也心生疑窦。摩根有用苹果手机给斯坦拍摄视频的习惯，他让斯坦直接对着镜头讲述自己的生活，表述的内容通常都是尊崇摩根，并责备那些说斯坦身陷泥淖的人。有一段视频值得在这里完整引用，可以让我们觉察到斯坦像是经历了怪异的转变，成了一个屈从于偏执妄想、满口污言秽语、声嘶力竭的疲惫老人。这段录像的受众不明，未写明对方名称，很可能是某家媒体：

> 嗨，我是斯坦·李，我代表我自己和我的朋友凯亚·摩根发言。你们这些人最近一直在发布关于我、我的朋友凯亚和其他一些人极为可恨、伤人的内容。这些全是错的，完全是毁谤。等我有机会，完全可以告得你翻不了身。你们对我和我的朋友们的指控如此天方夜谭、不可置信，我都不知道该说什么好。这就好像突然之间你们对我和与我共事的人们有了什么私人过节。好吧，我想让你明白，我即使倾家荡产也要阻止这种事继

续下去,让你后悔不该突发奇想、单枪匹马地出来给某人添麻烦,你在没有证明、没有证据、什么都没有的情况下就认定有人在虐待我,就要发表你那些文章。我会尽我的财力请最好、最贵的律师,我要让你明白,如果你不罢手并公开撤稿,我会把你告到光屁股。

另一个值得全文引用的例子,是斯坦在一段视频中用非常强烈的语言为摩根辩护,以至于人们不禁怀疑这些话是否出自斯坦本意:

嘿,各位英雄。我是斯坦·李,有一条紧急信息要告诉你们。当然,我的每一条消息都很紧急。我注意到有很多公司的很多人都声称在与我合伙,和我共事,但事实并非如此。除了凯亚·摩根,我没有任何合作伙伴,他全权代表我,我大部分事务的合作伙伴都是他。所以,如果你想与我联系,你必须先联系凯亚。不要去理会那些律师、公司或是其他什么人。每当有人有所图谋,他们就会说,'哦,对了,我代表斯坦·李'。他们根本不是。凯亚·摩根是唯一能代表我的人。你可能不喜欢他,他非常古怪,因为他是在代表我。他工作干得很棒。如果你想与斯坦·李合作,他就是你要联系的人。当然,你也可以联系我,但通常你会更容易找到他。好了,说了这么多之后,我想祝你们一切顺利,并以"精益求精"结束这段话。

摩根还拍下了一些相同风格的私密视频,在我们初步沟通的过程中,他时不时会发给我一些。这些视频让人感觉毛骨悚然、不寒而栗，有人甚至指责这些视频类似于人质录像带，在镜头开始拍摄之前，说话人已经被训练好了该说些什么。这一点没有直接证据，但如果其他指控都是真的，这件事也不会太令人意外。例如，在一段视频中，斯坦在对一个他称呼为"医生"的人说（摩根告诉我这是斯坦想要联系的一名精神病医生）他认为JC需要住院。"她有精神分裂症，她有偏执妄想，"他说，"我已经用了很多很多年想找人帮她，从我们还住在纽约时就开始了，但一直找不到。而年复一年，日复一日，她的情况越来越恶化，越来越糟，"他继续说，"她现在开始威胁我们，她想加入我们的公司，为我们写故事——各种各样的要求。可她对什么都一无所知。她完全不谙世事。"

然而，一般公众对发生了什么并不会有多少了解。斯坦仍然要去参加各种展会，只是10多年来第一次没有安德森随行。但紧接着，他开始取消在各个地方的露面，据说是由于他得了一场肺炎。POW并没有披露双方是否有任何分歧，并继续推进所有与斯坦有关的项目，但他对任何项目都不再做太多宣传活动。除了要面对那些说斯坦被困在自己家中之类的媒体报道，他还必须直面自己健康状况与日俱下的事实，他需要有人提供全职护理服务。有一家高端私密的护理服务机构负责斯坦的日常需求，桑切斯是团队负责人，但事情在2月28日变得复杂起来，《每日邮报》（除了他们还有谁？）报道说，斯坦一直在护士身上获得性服务，他和桑切斯有着不当亲密关系。

但对桑切斯一事的打探很快就被另一桩惊天大事覆盖了。3月10日，自由记者马克·艾伯纳（Mark Ebner）在《野兽日报》（*Daily Beast*）上发表了一篇关于斯坦情况的报道，标题非常引人注目，《"被

第三部分　一夜骤富

秃鹰分食》：斯坦·李的最后时日》("Picked Apart by Vultures", The Last Days of Stan Lee)。艾伯纳说话慢条斯理，厚脸皮地自称是个"倦怠了的嬉皮士"，他写过一些有关真实罪案的书，其中大部分与名人有关。艾伯纳从一位他依然保密的线人那里，得到了一些关于李家族内部一团糟的消息。他对漫画书、超级英雄或斯坦都没有什么特别的感情，但他还是沿着这条线索查了下去，并对他的发现感到震惊。在这篇报道中，读者看到了JC的贪婪、摩根的阴暗历史、奥利瓦雷斯涉嫌的盗窃以及李氏团队的总体混乱状况。这是大多数人第一次了解到这位95岁的漫威传奇人物处于一个多么糟糕的境地。但这不会是他们最后一次读到类似的内容。

　　4月8日，摩根带斯坦参加了硅谷动漫展并安排他参加签名会，之后发生了另一件让公众震惊的事情。有旁观者用手机拍下了斯坦签名的视频，并迅速在漫威迷圈子里疯传。视频中可以看到，斯坦几乎快昏厥了，但还努力地抓着笔，摩根穿着深色西装、戴着圆顶礼帽在一旁告诉他，他名字的拼写是"S-T-A-N L-E-E"。就在这条视频被发布在网上的同一天，更多的坏消息显露出来：绝望中的安德森与凯文·史密斯联系，请求把斯坦从摩根和JC手中救出来，于是史密斯联系了他在《好莱坞报道》的熟人，由此在4月10日刊发了一篇由记者加里·鲍姆（Gary Baum）撰写的调查文章，标题是"斯坦·李正待英雄搭救：虐待老人的指控和为了年迈的漫威缔造者的战斗"(STAN LEE NEEDS A HERO: ELDER ABUSE CLAIMS AND A BATTLE OVER THE AGING MARVEL CREATOR)。这里面又是一系列的灾难。文中包含了《野兽日报》报道中的各种指控，还加上了一些奇怪的流言蜚语，例如谣传说斯坦"在他的家中藏了数百万美元现金"。

在发表上述视频和文章的同一天，一个面向极客的新闻博客"酷到流血"（Bleeding Cool）发表了一篇文章，文中提及 JC 告诉记者，她计划在斯坦的支持下开办一家潜水艇三明治连锁店。在接下来的几天里，斯坦发布了一些摩根拍摄的手机视频，声明一切都情况良好，号召大家无视那些不怀好意的报道，以此来驳斥自己遭受虐待的说法。4 月 13 日，斯坦（以及暗地里的摩根）起诉奥利瓦雷斯盗窃和欺诈，包括声称奥利瓦雷斯试图在未经斯坦许可的情况下取得他的血液样本以用于一次漫画书的宣传活动。

诉讼中描述道，在这个"魔鬼般邪恶和残忍的计划"中，奥利瓦雷斯打算从斯坦身上抽取血液，让人用化学方法将其与墨水混合，然后用这种墨水在《黑豹漫画》（Blacle Panther Comics）上盖印戳，最后在拉斯维加斯的漫威展览会上出售——当然，价格肯定不菲。"尊重之手"在自己的网站上证实这一切属实，但表示这个计划得到了斯坦的"全力支持"。当我向奥利瓦雷斯询问此闹剧时，他说诉讼案和媒体报道都没有能准确描述实际情况，但又拒绝提供他的说法。几天后，斯坦微笑着在红地毯上为超级大作《复仇者联盟：无限战争》（Avengers: Infinity War）站台，摩根在一旁如影随形。关于此事，很难判断到底应该相信哪一方，但显然看上去斯坦已经穿过镜子进入了一个不合常理的魔幻世界。

斯坦的友人和粉丝们对报纸上的内容感到非常震惊，无法与斯坦取得联系也让他们开始恐慌。"正如一些专业人士说的那样，斯坦·李身上一定有事在发生，"漫画写手彼得·大卫（Peter David）在他的博客上写道，"他的私人助理麦克斯·安德森被解雇了，并且

第三部分　一夜骤富

被禁止与斯坦有任何接触，而斯坦最近身体状况不佳，正在与肺炎进行斗争。所有的报道似乎都来自斯坦的'阵营'，然而他阵营中人物的身份值得探究。"其他人虽然担心，但保持沉默，因为他们感到无能为力。漫威工作室的前任负责人阿维·阿拉德（Avi Arad）说："这事太恶心人了。"他说曾在这段时间里联系了斯坦。"他告诉我发生了什么事，我对他说，'你明白的，没人能帮你解决这个问题，因为你身边有很多寄生虫，这就像消灭蟑螂一样难'。说这样的话对斯坦太残酷，因为他已经没有人可信赖，而他这个人又很愿意相信别人。"

超级明星漫画家和玩具企业家托德·麦克法兰（Todd McFarlane）长期以来都一直与斯坦保持着友谊，他曾顺路造访斯坦的家，看望了这位 90 多岁的老人，并报告说情况并没有那么糟糕。据麦克法兰说，"我们谈到了他在纽约的成长经历、他对漫画的热爱、他对已故妻子琼的热爱以及他的健康情况。他告诉我变老是件很糟的事情，但又毫无办法。"话虽如此，麦克法兰说，斯坦被一种厌世情绪笼罩，他告诉麦克法兰，"我只想和小琼在一起"。拉里也为他的哥哥担心。大约也是在这段时间，他接到了斯坦打来的一个神秘电话，他哥哥的声音听起来很疲惫，仿佛是弥留之际，斯坦说，"拉里，你是我唯一可以相信的人"。

敏锐的读者会注意到，这个故事中还缺少一方。它的名字是 POW 娱乐公司。该公司于 4 月 12 日发布了一份声明，解释了他们之前为什么保持沉默，说他们"在斯坦处理个人和生活的剧变期间尊重（斯坦的）隐私"，但他们"觉得必须同广大粉丝和漫画创作者一起，发出自己的声音，"他们总结道，"你的想法很重要，请找到你心中的想法，为斯坦发声！"但即便他们真的做了什么实际的努力来解救斯坦，也并未为人所见。反之，POW推进的却是，宣布将根据70年代斯坦的旧作品之一《维拉·瓦良特的美德》拍摄一部电影，仿佛一切安好。两天后，事情变得清晰起来，斯坦和他表面上的雇佣公司之间显然存在问题：斯坦的那位由摩根任命的律师宣布斯坦正在起诉POW，声称对方非法主张自己的姓名权和肖像权，并以此要求索偿令人惊骇的10亿美元。看上去在这个时候斯坦似乎确实不是POW的粉丝。摩根给我寄来了听上去并非正式演讲时偷录的录音，斯坦在其中大声斥责着："15年来，POW从未拍过一部电影，我一直和他们在一起，永远无法理解我们怎么会在15年里一事无成。"

然而，光凭摩根的录音是无法明白真相的。这起诉讼是否其实由他主使还是由斯坦发起，这个问题也很难说。POW当然持怀疑态度，并发表声明称，"这些指控完全没有根据"，"关于李先生并非有意识地授予POW他名下作品以及他身份的排他性权利，这个说法是极其荒谬的，所以我们不得不怀疑李先生是否亲自主导了这起诉讼"。更奇怪的是，斯坦在社交媒体上的表现开始更像摩根而不是斯坦，发推谴责《好莱坞报道》上的文章是假新闻，还说他脸书（Facebook）和照片墙（Instagram）的账户都已被黑客入侵，甚至还发布了吹捧实业家埃隆·马斯克的推文。

如果说POW掉了链子，斯坦的大多数朋友也都感到无能为力，但是斯坦的一小部分同事和崇拜者的反应有所不同。2018年春天，曼哈顿的著绘者尼尔·亚当斯（Neal Adams）——斯坦在漫画艺术学院时代的老搭档——觉得已经忍无可忍了。无论多年来他与斯坦有何歧见，他喜欢这个人，不忍心看到他受到虐待。"我们这些在外的人只是希望，事情不会恶化到伤及斯坦的生命，"亚当斯在谈到媒体报道所描述的混乱情况时说，"我们这些圈外人不能直接干涉……我们很难接触到他。我们知道那里有些坏人，知道警察只是粗略地调查一下，把这些看作基本上可以搁在一边的家庭纠纷。"作家兼编辑克利福德·梅斯（Clifford Meth）试着给斯坦发送电子邮件时，也有着同样的担心。"凯亚·摩根打电话给我，"梅斯说，"这意味着凯亚·摩根在读斯坦的电子邮件。他试图聘请我为斯坦做宣传，但实际上是为凯亚本人以及他与斯坦的关系做宣传。"梅斯和亚当斯感到必须要付出行动，因此他们开始着手拯救斯坦。梅斯曾为纽约州议员多夫·希金德（Dov Hikind）工作，于是他去联系了这位官员，此人决定帮助大家与洛杉矶地区检察官办公室和洛城警局直接取得联系。

他们的努力可能在接下来的事情中发挥了作用。在现在依然不为人所知的某种情况下，摩根在5月30日和31日两次拨打了911。摩根说，这两次都是他为试图阻止可疑的访客伤害斯坦。第一次，摩根报案说斯坦被3名带有武器的人员勒索金钱，于是警察到达现场逮捕了这些人，但是后来的法律文件和警方报告声明说来访者实际上是在成人保护服务处的要求下对斯坦进行探访的警察。第二天，摩根再次拨打911，这一次他告诉接线员："这里有一个非常好斗且具有威胁的人，我们想要他离开。"并说他携带了武器。随后警方报告反驳说，这名男子是摩根为斯坦挑选的保镖之一，他只是就摩根要求他签署的一份保密协议与摩根进行了口头对质。罗伯特·雷诺兹（Robert Reynolds），响应摩根在克拉吉斯词条（Craigslist)[1]上发布的广告并受到其聘用的律师,表示自己当时正在房子里与斯坦会面以确定他的状况,摩根打了第二个电话后,特警队和警用直升机就从天而降,来到了这座名人的住宅。雷诺兹说摩根描述的那些情形并没有实际发生并称:"要我说的话,那是一个非常戏剧性的夜晚。"

第二天,警察来到斯坦家中与他面谈,斯坦告诉他们摩根和JC都很好,把他照顾得很好。于是摩根又顺势发布了一段斯坦的视频,视频中他赞美摩根为自己最好的朋友。6月10日又发了一段视频,斯坦说摩根是他唯一的商业伙伴和业务经理。可以理解的是,公众和执法当局并没有被这些混淆视听,再加上亚当斯及其同伴们的努力,事情终于迎来了转折点。6月11日,摩根被捕,并被控在911电话事件中向警方提供虚假报告,警方针对摩根发出了一份临时限制令以保护斯坦(而且奇怪的是,这份限制令的保护职责也包括拉里,虽然拉里告诉我他从未要求被包括在内)。摩根再也不会见到斯坦了。"到了那个时候,我就没有再继续跟踪这件事了,因为情况似乎略有改善,"亚当斯回忆道,"但主要问题无法解决,从那开始变得更加糟糕。"

幸福的人生一般都是在孩子的照顾下安享晚年,可是当斯坦的女儿在他的生活中发号施令,他就不可能有太平日子了。在斯坦余下的日子里,他变得越来越悄无声息,因为再也没有警察来访,也没有公证处来查证大木偶剧场[2]那样的情况。但根据我们对斯坦和

---

[1] 译者注:美国的一个分类广告网站。
[2] 译者注:大木偶剧场是法国巴黎一处以恐怖剧著名的演出场所。

第三部分 一夜骤富

JC关系的了解，从证词和他自己记录的话语中，我们只能推测他私下里的生活仍然如地狱般煎熬。正如与李一家熟悉的人士所说，JC"非常恐惧"并且容易诉诸语言暴力。"会因为一些简单的小事，"此人描述道，"比如'哦，我忘记买牛奶了'，然后就突然被JC劈头盖脸地骂'你这人太糟糕了，你只是想方设法利用我'！在李家里常发生那种事情，让相处变得十分困难。这对一个人的毒害无法想象。"此外我们还有一些配角：护士、管家、申克，还有斯坦的保镖博勒杰克，不知为何他在前雇主安德森离开后仍留了下来，因为他发量很多，所以斯坦一般称呼他为"发胶"。一切安排就绪后，JC成功地撤销了遗产信托，这意味着她将在斯坦死后马上拿到斯坦所有的钱。6月18日，JC向"酷到流血"网站发布了一段视频，视频中她和斯坦表现出和睦的家庭氛围，并且祝所有的观众父亲节快乐。

7月，斯坦放弃了对POW的诉讼，让大家进一步看到了和平的前景。POW继续公布一些与斯坦相关的项目。其中有一个名为"秘密渠道"（Back channel）的在线漫画，由斯坦参与编写，还有前所未有的"斯坦·李上海漫画大会"在中国首次开幕[1]。然而，大会的名称只是流于形式，斯坦并没有到场。8月5日，博勒杰克告诉"酷到流血"网站，斯坦不再打算进行公开签名活动。斯坦和POW发表声明说，之前有人盗用了他的社交媒体账户，但现在已经把账户收回。斯坦还向"酷到流血"网站发布了一份声明，据说斯坦在文中谴责了摩根，说他的那些视频都是"人质录像"。他还指责摩根

---

[1] 编者注：此次大会因其管理混乱、内容乏味，而使得大量的中国漫威迷大失所望。

偷他的东西，并且称 JC 和申克在很好地照顾他。似乎已经看不出任何恶劣关系的外在迹象，但很难相信事情能自行解决得如此滴水不漏。

斯坦重新回到了公众视线中，而这种看似一切正常的表象也开始逐渐剥落。数月来，摩根一直试图向记者提供有关 JC 的指控作为报复，说她虐待父母、试图卷走父亲的钱，甚至伤害她养在家里的好几只宠物狗。当申克听到这个事情的风声后，他进行了迂回进攻，通过在《每日野兽》发表过深刻揭露文章的自由记者艾伯纳，撰写了申克自己的说法，从而让对方的报道边缘化。艾伯纳来到斯坦的家，这里仿佛是个有些古怪的"波将金村"[1]，里面住着一个只知道名叫凯恩（Kane）的武装保安、一名护士、博勒杰克和申克。艾伯纳与斯坦、JC 以及申克交谈了大约一个小时，发表的对话记录并没有什么爆炸性，但的确让人觉得有些怪异可怕。艾伯纳写道，申克把他拉到一边说，"我能想到的最接近事实的描述是（斯坦和 JC）的关系有点类似肯尼迪夫妇。他们有时互相嚷嚷，但斯坦一辈子都很疼爱她，虽然她名声不好。"

斯坦试图努力驱散关于孝道风波的传言，"真的没有那么多戏，"他说，"在我看来，我们的生活很美好。我真是太幸运了。我爱我的女儿。我希望她爱我，我不敢奢求更好的生活。"不过，他也时不时显得虚弱和糊涂，一时间喃喃自语："我不会去想要一个更好的女儿了……更好的女儿……更甜美……更优秀……有爱心……对不起，

---

[1] 译者注：指徒有其表装饰门面的东西。在沙皇时代俄国，为取悦女皇叶卡捷琳，大臣波将金下令在她巡游经过的地方搭建了许多造型悦目的假村庄。

第三部分　一夜骤富

· 353 ·

我的嗓子……我是……所以，我只是说，我说不出来什么……如果你问我……在那之前我会怎么想……"然后就渐渐没有声音了。与此同时，JC和申克正在设法让他的声音听起来更高兴一些，并告诉艾伯纳现在一切都上了正轨，而JC则含沙射影地指责"科学真理教会"以某种方式参与了对她父亲的虐待。只要稍加关注，估计没有人会相信在斯坦的世界里一切都没有问题。事实也将证明，这是斯坦最后一次接受采访。

也正是在这个时候，斯坦以往人生中的两个人物最后一次有机会与斯坦重聚。彼得·保罗一直在他佛罗里达州的家中冷眼旁观舞台上的所有混乱。他和JC取得了联系，据保罗说，有一次斯坦和JC都在房间里时，JC和他曾经说过话。"她想让斯坦和我谈谈，但斯坦还没准备好。"他回忆道。就在那时，斯坦家又来了一位访客，这个人曾与斯坦发生过很多次激烈的冲突，但最后还是原谅了斯坦并拥抱了他，这人就是斯坦的门徒罗伊·托马斯。他们进行了友好的交谈，并一起回忆了"蜘蛛侠"的创作、马丁·古德曼对他的疑虑，以及托马斯刚刚在塔辛（Taschen）出版社出版的画册，这本超大尺寸的画册描述了斯坦的人生，仿佛是一部圣人的传记。托马斯有一张两人当时的合影。罗伊微笑着，斯坦则看起来状态糟糕，但也在微笑。"我想他已经准备好离开了。"托马斯后来说。此后再也不会有老朋友来访了。

两天后，也就是2018年11月12日，据知情人士透露，斯坦在家中昏倒，他的保镖和护士当时也在场。他们叫了救护车，把斯坦送到了西达塞纳医疗中心（Cedars-Sinai Medical Center），在那里他被宣布死亡，死因是充血性心力衰竭和呼吸系统问题导致的心脏骤停。在他去世的消息传遍全球之后不到一天，JC 就出现在网络超级小报《TMZ》(*TMZ*)的电视节目中，激情洋溢地谈论她将如何很快揭晓她和父亲一起创造的一位新的超级英雄"泥土人"(虽然内部人士说那只是她一个人搞的)，POW 的母公司承兴集团则发布了一项声明，呼吁粉丝们不必担心，因为依然有很多斯坦·李的作品和项目即将面世。

凯亚·摩根向我暗示，在某种程度上 JC 应对斯坦的死负责，不论是攻击他还是只是单纯地严厉斥责他，都可能对他造成压力，导致他的心脏崩溃。此外，在斯坦去世后不久，有人向艾伦·杜克等记者发送短信，声称斯坦是被谋杀的(杜克怀疑向他们发短信的人是摩根，但摩根予以否认)。我没有看到涉嫌谋杀的证据，我的消息来源告诉我，如果说有值得怀疑的地方，那就是斯坦的死有点过于"草草收场"了。之所以那样说，是因为 JC 没有允许做尸体解剖，而且以杰克·利伯会感到憎恶的、违背犹太教戒律的方式，很快就把斯坦火化了。虽然 POW 发表声明，说将举行一场"私人追思会"为斯坦送行，但很多人告诉我并没这回事，围绕着 JC 的仍然是一番乱象。

我们不知道斯坦临终时感受如何，博勒杰克可能终究比大多数人都更了解斯坦的生活方式，他说，我们不必太过忧心斯坦离世前的所思所想。在他最后的几星期，"他每天都在做他想做的事，"博勒杰克回忆道，"不是很多事情，这就是他想要的，就是无所事事，静坐、冥思、谈天、休憩及睡觉。这些就是一个 95 岁男人想做的事。"经历了将近一个世纪的人生之后，凯旋和悲伤、宏伟壮丽的梦想和令人沮丧的现实编织在一起。在这段时间里，一个人可以目睹世界

第三部分　一夜骤富

逐渐变得完全不同，并且明白他在这世事变幻中发挥了不可忽视的作用。他经历了痛苦和无序的结局，最终，斯坦也许已经找到了他休养生息的方式，并且满足于这样的生活。"我会告诉每个问起的人，"博勒杰克笑了起来，"斯坦一生都是个自由人。"

彼得·保罗说 JC 曾这样告诉他。"她说，在她打电话告知父亲丧讯的所有人中，"他向我自我标榜，"明显非常难过的只有我一个。"他是 JC 想要通知的为数不多的人之一，我对此表示惊讶，保罗和李氏家族的人居然仍有如此程度的亲密关系。他对此气不打一处来，"尽管我一直受到诽谤，但 JC 知道，遇见我是斯坦最大的福气，"他这样对我说，"因为如果没有我的干预，你能想象漫威会怎样对待他吗？"然后他开始了无休止的自我辩解以及对各种财务细节的说明，例如"本来可以有一份为期两年的合同，但珀尔马特会整死他的"等。

即使到了现在，保罗对斯坦的未来也有着一份计划。他坚信根据 1998 年的合同内容，他的空壳 SLM 公司是斯坦·李的名字、肖像和专用语句的真正所有人。借助他的商务伙伴、前漫威副总裁希瑞尔·罗德斯的金口，他十分低调地公布了在中国创建斯坦·李电影工作室的计划。他甚至鼎力相助 JC 对承兴公司提起诉讼，他们于 2019 年夏天宣布指控该公司并不真正拥有那些能带来丰厚利润的注册产权。事实上，保罗的梦想并非不可能成真。中国相关部门也已经在 2019 年初启动对承兴集团的调查程序。很可能，在世界的另一端，未来斯坦的神话将被由他多次谴责并与之绝交的人掌握。

更让人震惊的是，保罗仍然对斯坦表示嫌恶，尽管他希望从其个人品牌中牟利。那天，月光映在保罗的室外游泳池上，他坐在厨房的桌子边，告诉我他觉得斯坦和琼都是铁石心肠的人。我请他详细说明一下。"从他们对待女儿的方式，以及他们能做到将自己与教女遇到的问题完全分割开来就可以证明这一点，"他说的教女是指自己的女儿，"他做过这样的事情，把人推出去担责。那可是好大一个责任，他不带丝毫犹豫。"

我提出一个类比："这么说来，你想做的就是像迪士尼公司对待沃尔特·迪士尼一样，他们现在闭口不提这个人了。"

保罗点点头。"我想把'斯坦'变成一个生活品牌。"他说。

"那会有点背离他的实际身份。"我说。

保罗再次点头。"这无关紧要。他本来就表里不一。"

吉姆·舒特在听到噩耗后悲痛万分。"大约有30个朋友给我发了电子邮件或打电话，在接下来的几天，我做的就是接受一些采访、向斯坦致哀等事情，并且有接不完的电话。"这位身材高大的前漫威主编这样告诉我，他宽阔的背稍有些前弯，像倾斜的石崖一样。我们在他朋友的狭小公寓里，离他在纽约州罗克兰县的家不远。他带来了几本装订相册，里面有很多和斯坦相关的物品：有他们两人的合影、斯坦寄给他的信、一幅描绘他们在70年代的两个办公室的画等。我们花了几个小时逐页浏览，面孔棱角分明的舒特全程提供着解说。舒特这些年过得并不好。他在七八十年代掌管漫威的经历，因为与创作者无休止的冲突而染上了污点。和斯坦一样，舒特对公司应当如何重生有着自己宏大的愿景，但他钢铁的意志和固执的微观管理手段总是让作家和画家们恼火不已。在很多方面，他都和斯坦一样，唯独缺少了斯坦的那份魅力。因此，舒特鲜活地证

第三部分　一夜骤富

明了，魅力在斯坦的成功之路上至关重要。舒特在"创意之家"漫威以及随后从事独立漫画事业的过程中都没有给自己留下退路。他多年的奋斗并没有留下多少可以展示的东西，有的只是讲不完的故事，其中很多内容是关于自己如何遭受他人的误解（无论出于何种原因，在与斯坦接近的人当中这种情况很常见），但也有许多都是关于他过去和斯坦之间的交往。他被人恨过，但他十分珍视斯坦曾经给予的关照。舒特偶尔仍会被邀请参加会议，他与斯坦的最后一次相遇是在2016年的一次会议上。舒特说，他等了几个小时之后，那些排着长队为了付费和伟大的斯坦合影的粉丝们才开始慢慢变少。人群散去后，斯坦热情地向他的老朋友打招呼。"他站起来，因为他已经坐了一整天，然后说，'可把我累坏了'。"舒特回忆道。他接着说：

我说："不是你的问题。即使只是坐在那里，也会让人精疲力尽。"所以我们坐在那里聊了一会儿。我好几年没见过他了，但我们迅速恢复了以往的熟稔。我们相处得非常愉快。斯坦每天晚上有个固定时间要回到旅馆房间，给他妻子打电话。所以助手们催他："斯坦，你得上车了，我们得走了。"他说："不，等等！咱俩得拍张照片！我要和吉姆合影！"然后他的助手们说，"上车吧，明天也行！"他说："不！我们已经在拍了！我要现在就印出来，我要在照片上签字！"

舒特一边回忆一边笑了。"斯坦很擅长这样，"他说，"他会让你感觉很开心。"他开始在句子之间稍稍停顿一下，努力让自己平静下来。"斯坦像是我的第二个父亲,"他说,"他是我工作上的父亲,我在为罗伊·托马斯写的一篇文章中用了这句话。罗伊问我:'你愿意为斯坦写一篇悼词吗?'我首先想到的就是,我写的每一个字……"他停了下来,轻轻地抽泣了一下,继续说道,"……都是对斯坦的悼念。"

当拉里·利伯得到消息时,他正一个人待在曼哈顿的逼仄公寓里,一如平常。2018年9月,他结束了长达数十年作为《蜘蛛侠》连环漫画家的生涯,之后大部分时间都无所事事。他正在尝试写故事,他把与所爱女子的经历写成了一个短篇故事并开始写一部小说,同时还在构思一部回忆录。偶尔,漫画业的老朋友们会在他家所在街区边上的小餐馆与他共进午餐。每隔一段时间,漫威会邀请他去纽约观摩他们的新电影。不过,拉里理解不了那些玩意儿到底在讲什么故事,你必须看过并记住全部故事才能明白一些头绪。他大部分时间都在看有线电视网上播出的老电影,追忆逝水流年。

正是在这样的生活状态下,他接到了一位记者的电话,问他对兄长的离世有何评论。这是拉里第一次知悉此事,JC和她的团队没有通知他。他脑子里只有两个念头。第一个是为斯坦感到解脱:"他逃出了女儿的魔掌,据我所知,他女儿有本事逼疯任何人。"拉里说。但第二个念头让他更为不安。"我心想,我……"他的声音逐渐消失。"我的意思是,我认识的每个人或是长眠地下,或是行将就木。我当时在想,我算是失去他了吗? 你会失去一个你从未拥有过的人吗? 我拥有过他吗?"他停顿了一下,"我不知道。"

拉里没有参加他哥哥的葬礼,但从某种角度说,他很久以前就被埋葬过一次了。他老了,他有书要写。他已经不在乎那些官司和

第三部分 一夜骤富

刑事调查以及斯坦死后发生的一切了。让疯子们去执着这些吧,他累了,是时候继续前行了。经过几个小时的谈话,冬日的太阳早已从纽约的天空中消失不见,拉里试图总结他对哥哥的情感。"那句很有名的台词是怎么说的来着? 那个电影——你大概知道——《双虎屠龙》(The Man Who Shot Liberty Valance)里的?"他对我说,然后想了起来,"当传奇落入现实,现实也能铸就传奇。"

致　谢

说完成一本书是很多人合作努力的结果,这的确有点陈词滥调,但我现在明白,人们之所以反复提到这点,是因为这是千真万确的事实。决定了这本书能否问世,或者让这本书至少还值得一读的人有许多,会是一个相当长的名单,但我会尽量在这里提到其中的一些人。

或许这中间最重要的人是我的同事、《纽约》杂志的前编辑大卫·华莱士威尔斯(David Wallace-Wells)。是他在2015年夏末的一天踱步来到我的办公桌前,扔下一本斯坦·李的《漫威之父:超级英雄的诞生》(*Amazing Fantastic Incredible: A Marvelous Memoir*)校样本,说我可以拿它"做点什么"。我是个经常浮想联翩的人,于是我认定他是要我写一本斯坦的人物介绍,所以我马上开始安排采访和查阅资料。

几周后,当我向大卫汇报我的成果时,他告诉我他的原意是让我写一篇简要的书评。天啊,搞错了。但大卫并没有让我已经付出的努力付诸东流,而是鼓励我继续做下去。作为一名职业编辑,他给予了我许多非常专业的指导,我们因此得以完成迄今为止我笔下最长且反响最大的作品,并在2016年2月发表。

这里就要谈到另一个不可或缺的人:本书的编辑,威尔·沃尔夫斯劳(Will Wolfslau)。他读了那篇人物介绍,并在斯坦于2018年11月离世之后和我那个出色但有点固执的经纪人罗斯·哈里斯(Ross Harris)取得了联系,询问我是否有兴趣完完整整撰写一本斯坦的传记。我差一点就回绝了,因为关于写书这件事我是一窍不通。但在与威尔会面时,他对我讲述了他头脑中的愿景,让我对合作的前景由衷地激动了起来。自那时起,他就一直是我的指路明灯和宝贵源泉。

如果我没有一个出色的调研助理团队帮助我处理调查和编辑过程中的各种难题,我可能会把很长时间都花在漫无头绪和随波逐流上。第一个与我合作的是芭芭拉·鲍嘉(Barbara Bogart)。保存于怀俄明大学的斯坦·李档案中有数千页文件都是我所需要的,芭芭拉把它们都扫描了下来。而我只有5天的时间来完成这些。如果没有她,我大概只能拿到这些资料的一小部分。接下来是布里蒂娜·程(Britina Cheng)和大卫·戈德堡(David Goldberg)。两位思维敏捷头脑灵活的好心人,完成了把采访内容转为文字这项枯燥的工作,而这件事我自己已无暇顾及,以及种种其他的任务。布里蒂娜还担任了本书的事实核查员,这真是一项吃力不讨好的任务,还不止一次帮我修订了大错。当我面对法语资料时,米特拉·莫安(Mitra Moin)为我做了很棒的翻译。玛利亚·玛德丽娜·伊利米亚(Maria Mădălina Irimia)在罗马尼亚为我做了大量调查,这才让本书成为据信是第一本谈及1890年博托萨尼大骚乱的英文出版物。丹·尤尔卡(Dan Jurca)也在罗马尼亚做了额外的调查,并找到了斯坦父亲的出生记录，意义重大。说到翻译，马丁·斯旺特（Martin Swant）为我解读了一大堆财务报告，谢尔－特雷蒙特律师事务所（Sher-Tremonte LLP）的瑞安·波洛克（Ryan Pollock）查找了许多专业法律资料库和文件，并用像我这样的外行也能理解的语汇来解释他的发现。莱拉·拉比诺维奇（Lara Rabinovitch）、丹尼尔·索耶（Daniel Soyer）和黛博拉·达什·摩尔（Deborah Dash Moore）都为我了解20世纪上半叶罗马尼亚和纽约犹太人的生活状况提供了重要的背景资料。寻根公司（We Go Way Back LLC）的家族谱系专家梅丽尔·舒马克（MerylSchumacker），在她的专业领域为在这方面一无所知的我挖掘出了十分珍贵的信息。雷·宾斯托克（Rae Binstock）整理了备注部分的格式，这是项十分辛苦的工作，我将永远心怀感激。还有一个人我必须提到，他并不是我的调研助理：电影制片人纳特·西格洛夫（Nat Segaloff）向我提供了他为1995年A&E传记系列剧斯坦的出场集而采集的斯坦和大量相关人士的原始采访录像。

　　还有三个人提供了至关重要的协助，他们恰好也是本书中叙述到的人物。一位是凯亚·摩根，他非常慷慨地向我提供了斯坦人生中关键人物的联系方式以及关键性的文件和录音。另一位是彼得·保罗，他提供了成堆的文件和长达数小时的录像资料，都与斯坦和他自己卷入的法律诉讼有关。最后是私家侦探贝基·奥特林格，她为我提供了在斯坦的后三分之一人生中出现的一些个人和组织的宝贵信息。

　　倚借许多漫画研究者的坚实建树，我才得以一瞥漫画世界的精彩。在我读了肖恩·豪（Sean Howe）的书《漫威宇宙：一部从未被讲述的漫威秘史》（*Marvel Comics: The Untold Story*）之后，他鼓

致　谢

励我进入漫画新闻行业，并帮助我与许多漫画专业人士建立了联系。马克·埃瓦尼尔亦为我提供了巨大的帮助，既是我的信息来源，又让我得以一窥他的研究内容和联络网。帕特里克·福特和迈克尔·希尔为了杰克·柯比的内容细致地、不断地挖掘真相，让一些被遗忘在角落和缝隙中、我可能永远无法触及的信息重见天日。乔丹·拉斐尔（Jordan Raphael）和已故的、伟大的汤姆·司珀真（Tom Spurgeon）两人都为我如何着手为斯坦撰写传记提供了指导。汤姆于 2019 年底辞世，想到我永远无法知晓他会如何评价这本书，我着实心情沉重。

我还必须感谢怀俄明大学的美国历史遗产中心（American Heritage Center），他们慷慨地让我细细阅览和使用这些珍贵的档案资料。我要感谢我的家人及亲属，感谢他们的支持和鼓励。我还要感谢我那群有着精辟、独到见解的朋友和同事，尤其是记者 S.I. 罗森鲍姆（S. I. Rosenbaum），感谢他们拨冗阅读此书并提供了很多真知灼见。要感谢的最后一个人则是我挚爱的人生伴侣，如果没有她，写这本书的过程肯定会无趣百倍。